Albert Soesman
Die zwölf Sinne

ALBERT SOESMAN

Die zwölf Sinne

Tore der Seele
Eine Einführung in die Anthroposophie

Aus dem Niederländischen
von Marianne Holberg

VERLAG FREIES GEISTESLEBEN

Die Originalausgabe erschien
1994 bei Uitgeverij Vrij Geestesleven, Zeist

Die Deutsche Bibliothek – CIP-Einheitsaufnahme
Soesman, Albert:
Die zwölf Sinne: Tore der Seele / Albert Soesman.
Aus dem Niederländischen von Marianne Holberg. –
3. Aufl. 1998 – Stuttgart: Verlag Freies Geistesleben, 1995
Einheitssacht.: De twaalf zintuigen ‹dt›

ISBN 3-7725-1454-5

3., überarbeitete und erweiterte Auflage 1998
Verlag Freies Geistesleben, Landhausstraße 82, 70190 Stuttgart
internet: www.geistesleben.com
Illustrationen: Harm van der Meulen und Roel den Dulk

Schutzumschlag: Walter Schneider
Druck: Greiserdruck, Rastatt

Inhalt

«Die Leute sagen heute: Das ist kein richtiger Wissenschaftler, der nicht ganz logisch die Beobachtung und das Experiment interpretiert, der nicht von Gedanke zu Gedanke fortschreitet, wie sie nur nach den richtig ausgestalteten Methoden fortschreiten dürfen. Der ist kein richtiger Denker, der das nicht tut.

Wie aber, meine lieben Freunde, wenn die Wirklichkeit eine Künstlerin wäre und unserer ausgestalteten dialektischen und experimentellen Methode spottete, wenn die Natur selber nach Kunstimpulsen arbeitete? Dann müßte der Natur wegen die menschliche Wissenschaft zur Künstlerin werden, sonst käme man der Natur nicht bei! Das aber ist ja nicht der Standpunkt der heutigen Wissenschafter. Deren Standpunkt ist: Mag die Natur eine Künstlerin sein oder eine Träumerin, das ist uns gleichgültig; wir befehlen, wie Wissenschaft zu treiben ist. Was geht es uns an, ob die Natur eine Künstlerin ist? Das geht uns gar nichts an, denn das ist nicht unser Standpunkt.»[1]

Rudolf Steiner

*

In diesem Buch wurde eine kompositorisch-phänomenologische Betrachtungsweise angestrebt.

Vorwort

In den vergangenen Jahrzehnten habe ich regelmäßig Kurse und Vorlesungen über die Sinneslehre Rudolf Steiners gehalten. Häufig wurde ich nach einer solchen Veranstaltung gefragt, ob ich das mündlich Dargestellte nicht zu einem Buch umarbeiten wollte. Ganz offenkundig nämlich fühlen sich viele Menschen zwar angesprochen von Rudolf Steiners Erkenntnissen über die Sinnesorgane – schließlich haben wir es in jedem Augenblick mit unseren Sinneswerkzeugen zu tun! –, kommen aber kaum oder gar nicht zurecht mit dem, was man zu diesem Thema in seinen (mitstenographierten) Vorträgen findet. Das ist um so bedauerlicher, als Rudolf Steiner nicht, wie allgemein üblich, nur fünf, sondern wohlgemerkt zwölf Sinnesorgane unterschied.

Dennoch habe ich immer wieder die Bitte meiner Kursteilnehmer und Zuhörer nach einem selbst geschriebenen Buch über die Sinneslehre abschlägig beantwortet. Das hängt einerseits mit meiner Tätigkeit als Hausarzt zusammen, die es nicht erlaubte, einmal in Ruhe alles zu Papier zu bringen, aber andererseits auch mit der Tatsache, daß ich inzwischen festgestellt hatte, wieviel stärker ich mich dem gesprochenen Wort als dem geschriebenen Wort verbunden fühlte. Als Redner kann man sich auf die Reaktionen seines Publikums einstellen, auf die fragenden Mienen, eventuelles Gähnen usw. Als Schreiber weiß man nicht, wen man vor sich hat.

Die Nachfrage nach einem Buch wurde jedoch immer dringlicher, so daß ich schließlich nach langem Zögern meine Zustimmung dazu gegeben habe, daß der Text eines solchen Kurses von sechs Abenden auf Band aufgenommen, redigiert und zu einem Buch umgearbeitet wurde, und zwar unter der Voraussetzung, daß der Charakter des gesprochenen Wortes erhalten bliebe. Das Ergebnis dieser Arbeit, die durch den Verlag «Uitgeverij Vrij Geestesleven» geleistet wurde, findet in dieser Publikation seinen Niederschlag.

Ich hoffe von Herzen, daß die Leser sich ein wenig in die Rolle der Zuhörer im Saal hineinversetzen können. Vieles von dem, was ich sage, müssen Sie bildlich verstehen. Ich versuche immer, gemeinsam mit meinen Zuhörern nach und nach ein Gesamtbild zu modellieren. Und geradeso wie beim Modellieren mit Ton ist der Anfang eine formlose Masse, in die von einer bestimmten Stelle aus langsam aber sicher etwas Form gebracht wird. Die gesamte Form jedoch, der Zusammenhang der einzelnen Teile, die Verhältnisse untereinander, all das wird erst sichtbar, wenn das ganze Bild ausmodelliert ist.

In diesem Kurs ging es mir in erster Linie darum, dasjenige, was Rudolf Steiner in seinen komplizierten Vorträgen vom 23., 25. und 26. Oktober 1909 in Berlin über die Sinnesorgane ausführte,[2] auf eine solche Weise zu erzählen und zu erklären, daß diese Materie jedem zugänglich wird. Dabei habe ich immer versucht, sowohl die Art und Weise des Herangehens als auch meine Beispiele so zu wählen, daß diejenigen, die nicht mit der Anthroposophie vertraut sind, einen Zugang zur Geisteswissenschaft bekommen (denn so ist dieser Kurs anzusehen: als ein einführender Kurs in das anthroposophische Menschenbild!), daß es aber auch für diejenigen, die sich schon mit Rudolf Steiners Werk beschäftigt haben, spannend und inspirierend ist.

Die Leser dieser Schrift werden feststellen, daß ich mich mit der Beziehung befasse, die zwischen jedem Sinnesorgan und einem ganz bestimmten Tierkreiszeichen besteht. Diejenigen, die sich ausführlicher mit diesem Thema beschäftigen wollen, werden hierzu vor allem in den Vorträgen, die Rudolf Steiner am 20. Juni und am 18. Juli 1916 in Berlin hielt, weitere Angaben finden.[3]

Schließlich will ich noch auf die schematischen Darstellungen aufmerksam machen, die im Anschluß an den letzten Vortrag aufgezeichnet sind. Obgleich schematische Darstellungen immer die Gefahr bergen, daß etwas, das bildhaft und lebendig gebracht wurde, erstarrt, hielt ich es doch für richtig, sie an dieser Stelle mit aufzunehmen. Jeder, der hieran eine Stütze findet, kann nach der Lektüre der sechs Vorlesungen die Zusammenhänge in komprimierter Form vor sich sehen.

Zur zweiten Auflage

Der warme Empfang der 1. Auflage hat mich sehr bewegt. Vor allem ist die Hoffnung, die ich insgeheim hegte, daß der Leser durch dieses Buch zur Eigenarbeit angeregt würde – individuell oder in Gruppen –, in Erfüllung gegangen. Für die 2. Auflage habe ich Kommentare und Hinweise in bezug auf sprachliche Mängel und andere Schwächen dankbar angenommen. Mein Dank gilt auch allen, die mich durch ihr sorgfältiges Studium dieses Buches angeregt haben.

Möge diese Neuauflage weiter dazu beitragen, der göttlichen Schöpfung immer mehr die Liebe zuzuwenden, nach der sie «sehnsüchtig verlangt».[4]

Zur dritten Auflage

Zu den Kursabenden, die ich gab, gehörte immer auch eine Nachbesprechung. Vieles von dem, was dabei zum Vorschein kam, habe ich jetzt im Zusammenhang aufgeschrieben. Sehr viel Dank schulde ich meinem guten Freund Ruud van Renesse, der sich bereit erklärt hat, mit geradezu unendlicher Geduld als «Zuhörerpublikum» zu fungieren, damit ein gut verständlicher Text entstehen konnte. Auch hat es mir sehr geholfen, daß er die modernen Techniken beherrscht.

Die Behandlung des Wärmesinns steht jetzt in einem viel umfassenderen Zusammenhang. Der Ich-Sinn wurde um ein eigenes Kapitel erweitert. Auch der Zusammenhang der Sinnesorgane mit dem Tierkreis wurde weiter ausgearbeitet.

Viele Ungenauigkeiten und auch Fehler hoffe ich mit dieser Ausgabe beseitigt zu haben. Selbstverständlich bleibe ich weiterhin für Verbesserungen und Ergänzungen dankbar.

Den Haag, Januar 1998 *Albert Soesman*

1.

Der Tastsinn und der Lebenssinn

Es gibt viele Wege, die zum Verständnis der Anthroposophie führen. Unter denen müssen wir natürlich eine Wahl treffen. Jeder wird dies auf eine andere Art tun. Ich werde es von einem bestimmten Thema aus angehen. Man kann bei der allgemeinen Anthroposophie beginnen und dann auf ein bestimmtes Thema zuarbeiten; das Interessante ist aber, daß man auch von einem Thema ausgehen und von da aus zur Anthroposophie hinaufsteigen kann – zumindest, soweit dies in wenigen Vorträgen möglich ist. Ich hoffe, daß es gelingen wird, mit Ihnen diesen umgekehrten Weg zu beschreiten, anstatt also vom Allgemeinen zum Besonderen kommend, vielmehr von dem Besonderen auszugehen, um zum Schluß zu einem Ganzen zu gelangen.

Unser Ausgangspunkt wird die Sinneslehre Rudolf Steiners sein. Rudolf Steiner hat einmal gesagt, daß die Sinneslehre eigentlich das «erste Kapitel» der Anthroposophie darstelle. Er meint damit: das «nächstliegende». Denn die Sinneswerkzeuge sind die Instrumente, mit denen wir der Welt begegnen. Es ist also nicht unwichtig, daß wir etwas von diesen Instrumenten wissen: Wie arbeiten sie, was lassen sie uns erleben, wie zuverlässig sind sie eigentlich? Davon hängt doch viel, wenn nicht gar alles ab. Dieses «erste Kapitel» bedeutet also nicht, daß es sich um etwas Einfaches handelt. Nein, es handelt sich um etwas Zwölffaches. Und nicht einfach so zwölf, nicht zwölf als das zufällige Ergebnis einer Additionsaufgabe, sondern eine Einheit von zwölf. Wir werden in diesem Kurs erkennen, daß die Sinnesorgane nicht gesondert voneinander zu verstehen sind, daß sie vielmehr ein Ganzes darstellen, eine Komposition bilden. Dabei muß ich Sie um eines bitten: um Geduld. Sie müssen ein wenig Geduld haben, bis diese Komposition überhaupt zur Erscheinung kommt. Sie können es vergleichen mit dem Töpfern. Zu Beginn sehen Sie nur einen Klumpen Ton, aber so nach und nach werden Sie merken, was da letzten Endes Gestalt annehmen wird.

Diese Sinneslehre, mit der wir uns beschäftigen werden, stammt also von Rudolf Steiner. Sie alle wissen zumindest so viel von Rudolf Steiner, daß er gern über die geistige Welt sprach und uns in gewaltige Höhen mit hinaufnimmt. Das tut er auf der einen Seite – aber auf der anderen Seite kann man sich keinen praktischeren Menschen vorstellen als diesen Mann, der für die alltäglichsten Dinge Ratschläge geben konnte. So gesehen, ist der Weg über die Sinneslehre in die Anthroposophie ein äußerst angenehmer. Alles, was ich darstellen werde, ist nachprüfbar, denn es handelt sich ja um unsere alltäglichen Sinneswerkzeuge.

Die Anthroposophie schenkt uns eine Geisteswissenschaft, die eine Ergänzung und Vertiefung der Naturwissenschaft sein will. Und so werde ich denn auch viel Material aus der gewöhnlichen Naturwissenschaft anführen und Sie erkennen lassen, daß viele Rätsel der Naturwissenschaft gelöst werden können, indem man die geistige Hälfte dazutut, die geistige Hälfte ergänzt. Dabei werde ich vielleicht vieles erzählen, was Sie schon wissen, doch haben Sie es vielleicht noch nie in diesem Zusammenhang gesehen.

Sie wissen, daß wir eine Anzahl von Sinnesorganen haben. Ich nenne nur einige: Sehsinn, Gehörsinn, Tastsinn. Die kennen Sie natürlich. Aber viel weniger bekannt ist es, daß eine Beziehung zwischen diesen Sinnesorganen besteht. Rudolf Steiner zeigt als das ganz Originelle, Neue, daß diese Sinnesorgane miteinander eine *Ordnung* bilden, oder, um ein gutes altes Wort von Pythagoras zu benutzen: Sie bilden miteinander einen *Kosmos*. Das ist eigentlich das Überraschende, was zum Vorschein kommen kann, wenn wir nun sechs Mal miteinander tätig sein werden: Das eine ist unauflöslich mit dem andern verbunden, und alle Sinnesorgane miteinander bilden eine prachtvolle Komposition. Durch diese Komposition versteht man erst die einzelnen Teile. Eigentlich kann man kein einzelnes Sinnesorgan beschreiben, wenn man nicht zugleich auch alle anderen kennt. Das ist in Wirklichkeit das Neue. Und so kann ich denn auch nicht einfach willkürlich einmal das eine, dann wieder das andere Sinnesorgan behandeln. Ich werde diesen Kosmos, diese Ordnung berücksichtigen müssen.

Ich werde nun anfangen, indem ich Ihnen diese «Ordnung» vorstelle. Ich fange mit etwas ganz Bekanntem an, das ist der *Tastsinn*. Dann kommt wahrscheinlich etwas Neues für Sie, der *Lebenssinn*. Dann der *Eigenbewegungssinn*. Danach wieder eine bekannte Erscheinung: das *Gleichgewicht*. Im Anschluß daran bekommen Sie den *Geruchs-*, dann den *Geschmacks-* und den *Sehsinn*. Dann kommen wir zum *Temperatur-* oder *Wärmesinn*. Danach zum *Gehör*. Danach kommen für Sie wahrscheinlich noch unbekannte Sinnesorgane, nämlich der *Sprachsinn*, der *Vorstellungs-* oder *Gedankensinn* und zum Abschluß der *Ich-Sinn*.

Wenn Sie nun Zahlen davorstellen, kommen Sie auf die Zahl 12. Sie erkennen schon an der Zahl selbst, daß sie einen Kosmos ausdrückt. Wenn Sie sich nämlich diesen «Kosmosbegriff» zu eigen machen, werden Sie verstehen, daß der Mensch nicht zufällig irgendeine Anzahl Sinnesorgane hat und er ebensogut ein paar mehr oder weniger hätte besitzen können.

Ich will heute mit dem *Tastsinn* anfangen. Den kennen Sie alle. Wir alle können etwas tasten. Und jetzt kommt sofort die große Schwierigkeit. Um ein Sinnesorgan verstehen zu können, müssen wir uns natürlich auf dieses eine Sinnesorgan konzentrieren. Ich habe Ihnen aber schon gesagt, daß das nicht möglich ist, weil jedes Sinnesorgan für sich nur zu verstehen ist, indem man die anderen dazunimmt. Da sehen wir schon das gewaltige Problem. Und Sie werden es auch sofort verstehen, wenn ich zum Beispiel diesen Tisch ertaste. Ich fühle den Tisch: Er ist kalt. Ja, aber das ist nicht der Tastsinn, das hängt mit dem Temperatursinn zusammen. Zugleich indem ich taste, stoße ich mich in gewisser Weise davon ab. Ich verändere mein Gleichgewicht. An der Mühe, die es mich kostet, mein Gleichgewicht zu verändern, wird nun tatsächlich das Tasten deutlicher. Jedoch benutze ich dafür nicht nur meinen Tastsinn. Ich habe zur selben Zeit meinen Gleichgewichtssinn nötig. Ich kann natürlich auch über den Tisch streichen, und dann stelle ich fest, daß er rauh ist, oder gerade glatt. Aber – auch wenn das jetzt wahrscheinlich noch schwierig zu verstehen ist, ich komme später darauf zurück – daran ist wieder mein Eigenbewegungssinn beteiligt. Das ist das Sinnesorgan, durch das ich merke, daß ich mich selbst bewege. Niemals ist ein Sinnesorgan für sich allein tätig. Es braucht immer die Hilfe der andern. Es wird für uns ein bißchen schwierig dadurch, daß wir aus unserem Denken all die anderen Facetten, die auch noch an einem Sinnesorgan mitarbeiten, herauslösen müssen. Wir müssen versuchen, uns darauf zu konzentrieren, welches denn nun das Geheimnis dieses einen Sinnesorgans, des Tastsinnes, ist.

Stellen Sie sich einmal vor, daß dieses Sinnesorgan für sich allein tätig wäre. Was zeigt es uns dann? Was offenbart es uns eigentlich? Welches Seelentor öffnet sich? Welches Land betreten wir durch dieses eine Sinneswerkzeug?

Der Tastsinn läßt mich nicht fühlen, ob etwas kalt oder warm, rauh oder glatt ist. Ich spüre nicht, daß sich mein Gleichgewicht verändert. Was spüre ich denn eigentlich, wenn ich nur taste und alles andere fortlasse? Was verbleibt dann noch in mir, und was sagt dieser Tastsinn dann noch? Lassen Sie uns eine Übung machen! Dazu müssen wir erst einmal das Licht ausmachen, denn wenn wir normalerweise etwas tasten, schauen wir auch dorthin. Nun müssen wir versuchen, im Stockdunkeln nur Tastwesen zu sein. Seien Sie mir nicht böse, aber versuchen Sie jetzt einmal, ein nackter Wurm zu sein. Stellen Sie sich jetzt einen Wurm vor, nichts als einen Wurm, im Stockdunkeln! Das können Sie heute nacht ohne Pyjama ausprobieren. In Ihrem eigenen Zimmer ist das allerdings sehr schwierig, denn sowie Sie gegen einen Stuhl stoßen, sehen Sie in Ihrer Vorstellung diesen Stuhl vor sich. Sie müssen also heute nacht alle in ein anderes Zimmer umziehen. Erst dann bekommen Sie ansatzweise so ein bißchen eine Vorstellung davon, wie der Tastsinn arbeitet: In einer völlig fremden Umgebung, ohne Wiedererkennen, ohne Erinnerungen. So gelangen Sie in eine neue Welt, in die Sie nackt hineinkriechen. Und das zum ersten Mal in Ihrem Leben.

Was würden Sie jetzt erleben? Jedes Wort ist schon viel zu kompliziert. Aber wir sind nun einmal an das Denken gebunden, das sich immer der Worte bedient. Welches Gefühl hätten wir, wenn wir zum ersten Mal den Tastsinn feststellen würden? Widerstand? Ja, Sie fühlen tatsächlich einen Widerstand, ein Hindernis. Aber eigentlich ist auch «Widerstand» noch ein zu kompliziertes Wort. Es gibt eigentlich nur ein Wort – auch wenn dies in Wirklichkeit auch nicht gut ist, denn jedes Wort drückt die Tätigkeit vieler Sinnesorgane aus –, das man dabei denken kann, und das ist: «etwas». Stellen Sie sich vor, Sie hätten nun einmal keine Sinneswerkzeuge und Sie würden als erstes diesen Tastsinn bekommen und Sie würden gegen einen Kieselstein «anwurmen». Was erleben Sie dann? Widerstand? Soweit sind Sie noch nicht. Sie erleben, Sie fühlen «etwas». Es entsteht so etwas wie ein erstes «Wachwerden». Lassen Sie es mich so ausdrücken: Der Widerstand kommt von außen, aber es geschieht auch etwas innerhalb der menschlichen Seele, wenn wir an etwas rühren, also nur als Wurm vorläufig: *wir erwachen.* Nun ist Erwachen ein ganz komplizierter Prozeß, aber ein klein wenig Bewußtwerdung – nochmals: jedes Wort ist viel zu kompliziert –, es geschieht eigentlich eine erste Form von Aufwachen an «etwas». Wir wecken einen Menschen via Tastsinn; ein zartes Streicheln genügt. Ein Eimer kaltes Wasser oder Anbrüllen ist nicht nötig.

Sie haben also etwas sehr Merkwürdiges erfahren. Sie stoßen gegen «etwas» an, irgendwo in der Welt, aber zugleich kommt «etwas» gegen Sie an. Das ist eigentlich das Merkwürdige am Tastsinn, daß ein Teil von mir selbst wach wird an einem Teil, an etwas von der Welt. Ein Teil meiner selbst: Ich rühre an etwas mit dem Finger, dann mit der Wange, mit dem Knie und so weiter. So nach und nach werde ich mir so meines Hautmantels bewußt.

Sie sehen, daß dies «Aufwachen» mit einem ganz bestimmten Phänomen zusammenhängt, nämlich mit einem *Grenzerleben*. Auf einmal merken wir: Grenze stößt an Grenze. Wir werden uns also *unserer* Begrenzung langsam aber sicher bewußt. Nun müssen Sie sich vorstellen, daß dies sehr langsam vor sich geht. Wir wissen leider allzu wenig davon, wie es war, als wir noch klein waren. Sie können sich einfach die theoretische Frage stellen: «Weiß ein Säugling, wo die Wiege anfängt und wo er selbst aufhört? Weiß er jetzt, wo seine Hand anfängt und wo die Wiegendecke?» Es ist sehr überraschend, wenn man sich einmal diese Fragen stellt. Denn dann begreift man, daß ein Säugling das natürlich nicht weiß. Das muß er sehr langsam lernen, er muß sich erst hunderte Male an der Wiege stoßen. Und das geschieht mit dem Tastsinn. Der Mensch gelangt damit sehr weit.

Viele Tiere kommen längst nicht so weit. Denken Sie nur einmal an eine Seeanemone: So ein Hohltier mit einem kleinen Mündchen und mit kleinen Tentakeln, die es einziehen kann. Es ist sehr hübsch anzusehen, was geschieht, wenn ein Fisch an diese Tentakel kommt. Der Polyp erschrickt, und alles schießt nach innen, danach entfaltet er sich langsam wieder, bis die Tentakel zum Beispiel an einen Stein kommen. Der Polyp erschrickt dann wieder und zieht seine Tentakel wieder zusammen. Das macht er genau so lange, bis er sich endlich «traut», diesen Stein zu berühren. So etwas macht ein Wurm nie. Wenn er gegen einen Stein kommt, schmiegt er sich an den Stein an. Aber wenn Sie mit einem Finger einen Wurm berühren, erschrickt er. Mit anderen Worten: Ein Wurm ist schon weiter. Es bedeutet einen Unterschied, ob etwas gegen ihn stößt oder ob er gegen etwas kommt. Fühlen Sie den Unterschied? Wenn ein Steinchen an den Wurm stößt, erschrickt er, wenn aber er gegen einen Stein stößt, so gleitet er in aller Ruhe an ihm entlang. Das lernt so ein Polyp nie. Der braucht jedes Mal wieder Zeit, um herauszubekommen: «Komme ich gegen etwas, oder kommt das Etwas gegen mich?» Sie sehen also, daß so ein Polyp noch kein eigentliches Grenzerlebnis seiner eigenen Körperlichkeit in Beziehung zur Welt hat, der Wurm aber sehr wohl. Es ist also noch nicht das Niedrigste, ein nackter Wurm zu sein!

Das ist dieser bemerkenswerte Vorgang, den Sie sich dramatisch vorstellen müssen: «Wie komme ich auf die Welt und wie komme ich dahinter, wie groß ich bin? Wie ist meine Begrenzung?» Das ist ein sehr mühsamer Prozeß über Jahre und Jahre hinweg, und er beginnt mit der Geburt.

Vor noch gar nicht so langer Zeit wußten die Menschen noch, wie wichtig die Bedeutung des Tastsinns ist. Mit außerordentlich großer Sorgfalt umgab man das Kind hinsichtlich seiner Kleidung, und dabei kam es nicht darauf an, ob das Kind niedlich und nett aussah. Darum bekamen die Babys früher auch immer einen Strampelsack an. Vor allem mit seinen Füßchen übte das Kind dadurch ganz prächtig den Tastsinn. Der Strampelsack wurde so ausgemessen, daß bei ausgestreckten Füßchen die Schulterbänder gestrafft waren, denn sonst zappelten diese Füßchen im Nichts. Vielleicht denken Sie: «Na und?» Aber die Füße im Nichts zu haben, ist in diesem Falle ähnlich wie das Hineinschauen in einen Nebel. Konturlosigkeit bewirkt Unsicherheit.

Nun, wo wir uns dies so im Großen angeschaut haben, können wir es auch im Kleinen, im Mikroskopischen verstehen. Der Tastsinn ist nämlich sehr einfach gebaut. Auf der sehr stark vereinfachten Zeichnung sehen Sie die Oberhaut, die Lederhaut und das Unterhautzellgewebe,

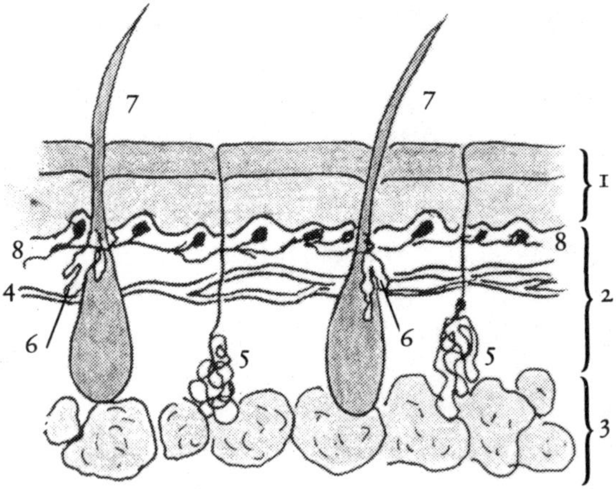

1	Oberhaut	6	Talgdrüsen
2	Lederhaut	7	Haare
3	Unterhautzellgewebe	8	Nervenfasern mit Tastkörperchen
4	Blutgefäße		
5	Schweißdrüsen		

Querschnitt durch die Haut

dazu alle Blutgefäße, Schweißdrüsen, Talgdrüsen, Haare und so weiter. Durch die Lederhaut laufen Nervenfasern, und die enden in sogenannten Tastkörperchen. Unser Tastsinn ist also nicht so gebaut, daß er «aus der Haut fährt». Es sind keine ausgestreckten Nervenfasern. Wenn der Tastsinn so gebaut wäre, würden wir nie eine Grenze erleben. Wir kommen später darauf zurück, wenn wir den Geruch behandeln. Der Geruch nämlich ist sehr wohl so gebaut; beim Geruch haben Sie nie das Gefühl: Grenze an Grenze. Aber beim Tastsinn landen Sie *nicht* in einer andern Welt, in der Außenwelt, Sie bleiben in Ihrer eigenen Welt stecken. Sie müssen das, was der Tastsinn vermittelt, also wirklich als ein Grenzbild auffassen. Das ist gerade das Überraschende am Tastsinn, daß er uns nichts über die andere Welt sagt. Wir erleben lediglich «etwas»: daß es eine andere Welt geben muß und daß wir an dieser anderen Welt zunächst einmal irgendwo aufwachen. Nie also landen Sie mit dem Tastsinn wirklich in der Welt; die Welt wird, schlicht gesagt, nur dazu benutzt, Sie Ihrer selbst bewußt zu machen, und zwar auf eine körperliche Art. Sie beginnen sich selbst als umgrenzt zu erleben. Durch den Tastsinn nimmt das kleine Kind Abstand von dem noch völligen Einssein mit dem Kosmos, um sich nach und nach als eigene Körperlichkeit erleben zu können, und zwar an einem bestimmten Ort auf der Erde. Daß Sie in diesem Augenblick hier sind, daß Sie erleben, daß Sie hier sind, kommt durch den Tastsinn.

So sehen Sie mit einem Mal den Sinn eines Sinneswerkzeugs: Wenn wir den Tastsinn nicht hätten, würden wir alle miteinander vollkommen eins sein, wir würden uns wie ein Wassertropfen im Meer auflösen. Selbst mit einer Elefantenhaut würden wir uns, hätten wir den Tastsinn nicht als Sinnesorgan, wie ein Tropfen im Ozean fühlen. Das ist wahrscheinlich ein hinreißendes Gefühl, nur würden wir gar nichts davon merken. Denn um zum Bewußtsein zu kommen, sind zwei Dinge nötig. Ich werde Ihnen das in einer Skizze zeigen.

Stellen Sie sich vor, Sie wären völlig eins mit dem Kosmos. Sie würden dann ganz und gar schlafen, Sie würden dann kein Bewußtsein in diesem Kosmos haben. Stellen Sie sich nun vor, Sie gerieten aus irgendeinem rätselhaften Grunde aus diesem Kosmos heraus und Sie würden völlig losgelöst: Sie hätten dann immer noch kein Bewußtsein. Sie wären dann eine verlorene Gestalt ohne Bewußtsein. Sie bekommen erst Bewußtsein, wenn Sie den Kosmos

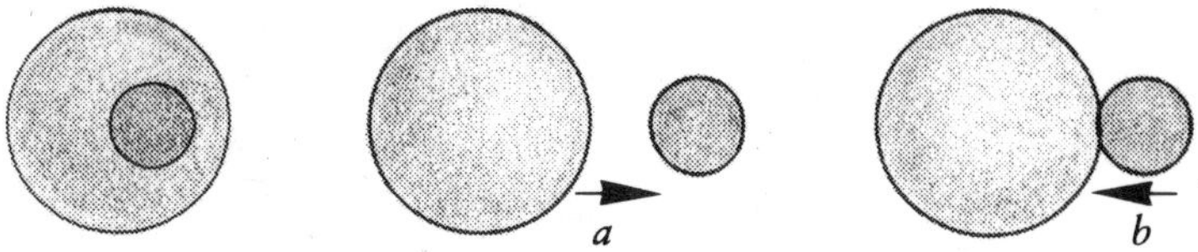

verlassen und sich dann sofort gegen ihn stellen, wie es in der Zeichnung primitiv angedeutet ist: Sie gehen zuerst nach dieser Seite (Pfeil a), und dann kommen Sie wieder zurück (Pfeil b). Wenn dieser Kosmos sich dann zur selben Zeit vor Ihnen schließt, dann erst bekommen Sie ein Erlebnis Ihrer selbst.

Damit haben wir ein bekanntes Bild beschrieben: Ursprünglich waren wir eins mit dem Kosmos, dann haben wir uns von ihm getrennt, und alles menschliche Streben ist nichts anderes als der Versuch, wieder an dem Haus anzuklopfen, aus dem wir vertrieben worden sind. Doch die Tür ist verschlossen. Jede Tasterfahrung ist nichts anderes als ein Anklopfen an dem Haus, aus dem wir vertrieben worden sind. Das hat durchaus nichts Tragisches an sich, denn weil wir dort herausgeworfen worden sind, kommen wir nun wirklich zum Bewußtsein unserer selbst.

Der Tastsinn hat eine ganz bestimmte Aufgabe für den Menschen: Wir geraten heraus aus dem göttlichen Ganzen, und zugleich entsteht die Sehnsucht, dorthin zurückzukehren. Deshalb haben wir fortwährend ein tiefes Bedürfnis danach, die Dinge zu ertasten. Aber darum benutzen wir den Tastsinn auch auf zwei völlig entgegengesetzte Arten. Die erste Art ist ganz konkret. Mit ihr entdecken wir ein Stäubchen im Auge, ein Sandkorn, eine Gräte im Mund, ein Knötchen in der Brust. Dann erst haben wir Sicherheit. Auf diese konkrete Seite des Tastsinns machen wir zum Beispiel auch aufmerksam, wenn wir sagen, daß etwas Bestimmtes «mit Händen zu greifen» sei.

Aber zugleich benutzen wir den Tastsinn ganz anders. Nicht, um zu erfahren, ob etwas wirklich vorhanden ist, sondern um eine *Intimität* auszudrücken. Wenn beispielsweise ein kleines Kind hereinkommt, und die Sonne scheint auf das Haar, dann ist es schier nicht möglich, die Finger von dem Haar zu lassen. Dann haben Sie wirklich das Bedürfnis, es zu streicheln: Sie gebrauchen den Tastsinn auf einmal ganz intim. Das ist das Charakteristische: Wir benutzen den Tastsinn abwechselnd ganz objektiv und ganz subjektiv, innig. Wir dürfen beides nur nicht vertauschen. Wenn beispielsweise ein Arzt seinen Patienten untersucht und diese beiden Dinge nicht auseinanderhält, wird seine Untersuchung fragwürdig.

Es ist ein merkwürdiges Paradox im Tastsinn, indem Sie einerseits fühlen, daß ein Stück Holz ein hartes Ding ist, aber andererseits fühlen können, daß es ein prächtiges Stück Holz ist. Sie können fühlen: Wie schön ist das, was für ein herrliches Gefühl ist es, daran entlang zu streichen. Im Tasten drückt sich die Ursehnsucht des Menschen aus, weil er tief innen weiß, daß der Tastsinn ihn von irgend etwas abschließt, von irgend etwas ausschließt, mit dem er doch *verwandt* ist. Wir sind aber nicht völlig vom Kosmos abgeschlossen. Stünden wir nämlich völlig außerhalb des Kosmos, so hätten wir keine Sehnsucht nach dem Kosmos. Da wir aber immer wieder an den Kosmos anstoßen, mit ihm zu tun haben, bleibt uns die Sehnsucht, uns immer wieder mit jener eigentlichen Welt, mit der wir einstmals verbunden waren, zu verbinden. Der Tastsinn bildet also eine Grenze, er trennt uns von den Dingen. Wir sind aus dem Ganzen herausgeraten, und wir kommen gleichzeitig ganz nahe an das Ganze wieder heran.

Viel schöner als ich Ihnen das erklären kann, sagt es Novalis in seinen *Fragmenten:* «Berührung ist Trennung und Verbindung zugleich.» Dies ist ein tiefes Geheimnis des Kosmos. Unsere gesamte Evolution ist durchzogen von dieser Ablösung vom Ganzen; aber zugleich bleibt im Menschen das Gefühl, doch damit verbunden zu sein. So ist es denn auch nicht zufällig, daß der Tastsinn in den Fingerspitzen am ausgeprägtesten ist. Daß wir uns mit unseren Fingern selbst abtasten können, ist eigentlich merkwürdig. Sie werden sagen: «Ja, aber das kann ich mit meinen Augen auch!» Aber mit Ihren Augen können Sie nur ein Stück von sich selbst abtasten. Mit Ihrem Tastsinn können Sie sich ganz und gar selbst abtasten. Das ist auch ein besonderes Geheimnis des Tastsinns: Sie können sich von außen her mit dem Tastsinn als ein abgeschlossenes Ganzes bestimmen. Genauso, wie Sie um die Erde herumlaufen können, können Sie mit Ihrem Tastsinn um sich selbst herumlaufen. Ein Baby kann das nicht. Ein Kind muß ungefähr zwei bis drei Jahre alt sein, bevor das gelingt. Erst, wenn das Kind anfängt, richtig «ich» zu sich zu sagen, sind seine Ärmchen so lang, daß es sich selbst vollständig abtasten kann.

Sie spüren sicher, daß dieser Tastsinn bei der Erziehung eine gewaltige Rolle spielt. Denn ein Kind kann natürlich auf verschiedene Arten aus dem «paradiesischen» Zustand, in dem es lebt, mit der Welt in Berührung kommen. Ein einfaches Beispiel: Es muß doch ein unglaublich großer Unterschied für ein Kind sein, ob es die Mutterbrust tasten kann oder eine Saugflasche. Das spürt doch wohl jeder, daß das etwas anderes sein muß. Sie haben wahrscheinlich wohl auch von Kindern gehört, die keine Abwehrkräfte haben, die in einer sterilen Glaskammer gehalten werden müssen und daher nirgendwo einen Berührungs- oder Streichelkontakt haben. Man wird abwarten müssen, wie diese Kinder, die infolge eines tragischen körperlichen Zustandes von der Mitwelt ausgeschlossen sind, hierauf reagieren. Wie wunderbar ist es auf der anderen Seite doch, wenn man als Kleinkind von Mutter, Vater oder einem anderen Menschen liebkost und gestreichelt wird; das hilft uns, aus dem Paradies herauszukommen, ohne die Ursehnsucht zu verlieren. Schon immer wußte man, daß es gut ist, Kitzelspielchen mit Kindern zu spielen: «Es kommt die Maus die Trepp' herauf ...» Das ist eigentlich ein unglaublich tiefsinniges Spiel, denn damit lehrt man das Kind ganz allmählich, sich von der paradiesischen Welt zu lösen. Es ist lustig, aber ein ganz kleines Kind empfindet das Kitzeln nicht als solches. Dafür muß es älter sein, dazu muß man wirklich schon etwas vom Paradies losgelöst sein, bevor die Mutterhand etwas kitzeln lassen kann. Doch ist es ein wonnigliches Gefühl, dieses Kitzeln, das erst später wirklich kitzelt. Sie können sich niemals selbst kitzeln. Das wäre doch herrlich: Sie sind traurig, und dann kitzeln Sie sich selbst unter den Achseln. Das funktioniert jedoch nicht!

Alle diese einfachen, alltäglichen Dinge haben einen sehr tiefen Hintergrund, und das ist das Besondere an der Anthroposophie. Es geht in der Anthroposophie wirklich nicht darum, daß wir in gewaltig hohe Welten aufsteigen. Diese hohen Welten befinden sich dicht um uns herum. Sie können lange darüber nachdenken, wie es kommt, daß Sie sich nicht selbst kitzeln können. Es hat doch eine tiefe Bedeutung, daß nur etwas Fremdes Sie kitzeln kann. Sie sind sich selbst nicht so fremd wie ein anderer Mensch, darum geht es. Und dies alles hat etwas mit unserem Tastsinn zu tun. Denken Sie sich einmal hinein in den Unterschied, ob ein Kind mit feinen Dingen in Berührung kommt, wie gutes Holzspielzeug oder Seidenpuppen, oder ob es hauptsächlich mit Plastikspielzeug spielt. Die

Qualität des Tastsinns wird wirklich anders entwickelt bei einem Kind, das mit natürlichen Materialien aufwächst, als bei einem Kind, das mit einer ganz anderen Sorte Material groß wird.

Und so landen wir wieder beim Paradoxon des Tastsinns. Er stößt uns mit Gewalt – auch wenn es viele Jahre dauert – aus der Welt heraus; unweigerlich stehen wir dann der Welt gegenüber. Und zugleich ist noch immer derselbe intime Drang da, uns mit der Welt zu verbinden. Aber tastend erleben wir stets die Enttäuschung: Niemals kommen wir ganz in sie hinein. Die Welt wird durch den Tastsinn gerade zum Rätsel. Das erleben Sie auch, wenn Sie etwas vor sich liegen haben. Sie haben zum Beispiel einen schönen Stein und erfühlen ihn; in Ihnen bricht gleichsam eine Bewunderung für die Welt auf, wenn Sie den Stein betasten. Sie rühren daran und merken: Ich habe es in Händen, ein Stück Welt, aber das Rätsel wird nur größer und größer. Ich habe einen Amethyst in meinen Händen, ich fühle, daß es ein Amethyst ist, ich bin so dicht daran, aber je dichter ich daran bin, desto weiter bin ich davon entfernt.

Rudolf Steiner hat über das eigentliche Rätsel des Tastsinnes gesagt, der Mensch würde ohne Tastsinn nie zu einem Gottesbewußtsein kommen! Nie wären wir ohne Tastsinn religiöse Menschen. Denn sobald wir etwas ertasten, haben wir das magische Gefühl: Da ist eine Welt, von der ich Abschied genommen habe und die unergründlich ist. Das nennen wir das Metaphysische. Gerade an dem scheinbar ganz Physischen, am physischen Sinneswerkzeug, erleben wir das Metaphysische, das Transzendente. Hart gegen hart: Wir sind so dicht daran, und wir sind endlos weit davon entfernt. Die leibliche Grundlage – denn alles ist aus dem Leiblichen entwickelt – ermöglicht es uns, zu einem Gottesbewußtsein zu kommen. Anders würden wir das nie können. Das werden wir auch im Folgenden noch sehen: *Alle Sinnesorgane sind erhabene Lehrmeister des Menschen*, wenn er sein Geistesohr dafür öffnet. Sie können sehr lange darüber philosophieren, wie Gott entsteht, ob das Phantasie ist oder eine Freudsche Vaterfigur. Wenn Sie aber über den Tastsinn nachdenken, so kommen Sie zu dem innerlichen Erlebnis, daß durch diesen Tastsinn der Mensch später, wenn er denken kann, zum Verständnis einer göttlichen Welt kommt.

Das ist das eigentümliche Gefühl beim Tastsinn: Sie sind nahe daran, Sie halten es in Ihren Händen – und zugleich ist es endlos weit entfernt, Lichtjahre weit! Sie erleben die gewaltige Größe dieser Welt in Ihrem kleinen Mikrokosmos, den allein Sie umtasten können. Doch auch ihre eigene Leiblichkeit bleibt ein ewiges Rätsel. Das Rätselhafteste, dem Sie überhaupt im Zusammenhang mit dem Tastsinn begegnen, ist eigentlich zugleich ganz charakteristisch.

Sie können sich, wenn Sie die Apostel Thomas und Johannes ansehen, die Frage stellen, wer von beiden denn tiefer mit der Christuswesenheit verbunden gewesen ist. Der eine lag an seinem Herzen, der andere durfte an seine Wunden tasten, weil er zweifelte. Jedoch, er tat es nicht! Er erlag nicht, mögen wir vielleicht sagen, dieser Versuchung. Wäre Thomas zu einem tieferen Verständnis gekommen, wenn er doch getastet hätte?

Das eigentlich stellt der Tastsinn für den Menschen dar: den großen Lehrmeister der Tatsache, daß wir abgesondert sind. Abgesondert von was? Vom großen Kosmos. Es handelt sich also darum, innerlich den Prozeß zu erleben, den der Tastsinn uns offenbaren kann.

Ich möchte jetzt zum zweiten Sinnesorgan übergehen. Der Begriff ist für Sie vermutlich ein wenig seltsam: der *Lebenssinn.*[5] Ich zitiere Rudolf Steiner. «Der Lebenssinn: In den wenigsten Seelenbetrachtungen der äußeren Wissenschaft finden Sie überhaupt von diesem Lebenssinn gesprochen. Gewöhnlich redet man ja nur von den fünf Sinnen, den Sinnen des Tages, des wachen Bewußtseins. Aber das braucht uns ja nicht weiter anzugehen. Es ist dieser Lebenssinn der Sinn, durch den wir unser Leben in uns fühlen, aber eigentlich nur, wenn es gestört wird, wenn es krank wird, wenn uns dies oder jenes schmerzt oder gerade weh tut; dann kommt der Lebenssinn und zeigt uns an: Dir tut es da oder dort weh. Wenn das Leben gesund ist, ist es getaucht in die Untergründe, so wie das Licht nicht da ist, wenn die Sonne im Skorpion steht, überhaupt in einem Nacht-Sternbild steht.»[6]

Der Lebenssinn ist bei den einzelnen Menschen sehr unterschiedlich entwickelt. Das weiß ein Arzt sehr gut. Ich gebe immer sehr drastische Beispiele, das haben Sie schon gemerkt. Also, es gibt Menschen, die zu mir kommen und sagen: «Doktor, ich fühl' mich nicht gut!» Das ist bei einem Patienten natürlich nichts Überraschendes. Also frage ich: «Na, was ist denn?» und dann sagt er: «Ja, ich fühl' mich nicht gut!» Dann frage ich wieder: «Und was heißt das?» Und dann sagt er: «Tja, ich fühl' mich ekelhaft!» «Und was meinen Sie damit?» «Ich fühle mich krank!» Als Arzt muß man da endlos fragen. Man kommt aber nicht dahinter. Man muß den Patienten ganz sorgfältig untersuchen, und dann sagt er plötzlich: «Da sitzt es!» Dann ist man als Arzt natürlich sehr stolz, daß man es gefunden hat.

Es gibt auch andere Patienten. Die kommen zu einem, und dann sagen sie, wobei sie auf ihr Herz zeigen: «Es sitzt hier, und es strahlt langsam aus, aber nur nach links, und dann geht es in kleinem Bogen nach rechts, dann wird es ein bißchen wärmer, und es ist genauso, als würden drei Äste davon ausgehen.» Solche Patienten können ihr Leiden lange beschreiben. Ich könnte wirklich ganze Bücher darüber schreiben, was Patienten an ihrem Lebenssinn erleben. Dies alles ist nicht als Spöttelei gemeint. Es ist unglaublich interessant, zu erfahren, wie der eine ein Bild vor Augen hat und der andere nichts sieht. Der Lebenssinn ist wirklich ein Sinnesorgan, mit dem der eine Mensch viel mehr verbunden ist als der andere. Er ist bei dem einen Menschen mehr entwickelt als beim anderen.

Nun können Sie diesen Sinn bei jedem Menschen auf eine geradezu niederträchtige Weise entwickeln. Da sehr viele Dinge durch andere Sinnesorgane verwischt werden, ist es nicht so einfach, den Lebenssinn getrennt von den anderen wahrzunehmen. Aber lassen Sie uns nun einmal einen Menschen in einen absolut geräuschlosen Raum setzen, und zwar ins Stockdunkle, nicht als Wurm, sondern ganz normal als vollständigen Menschen, der nichts sieht und nichts hört, keinen einzigen Laut – und irgendein Laut ist immer da, es muß also wirklich ein spezieller Raum sein, ein absolut geräuschloser dunkler Raum. Darin wird ein Mensch völlig verrückt! Er fängt auf einmal an, alles zu spüren. Er hört sein Blut rauschen. Er dreht geradezu durch von alledem, was er jetzt innerhalb seiner Konstitution bemerkt.

Offenbar hat jeder Mensch ein Sinnesorgan, das sich über den ganzen Körper ausbreitet. In der Wissenschaft nennen wir das die sympathischen und die parasympathischen Nerven. Alles ist von ganz kleinen Nerven durchzogen, die den Menschen seine Konstitution wahrnehmen lassen: der Lebenssinn. Wir merken mit Hilfe dieses

Sinneswerkzeuges auch, daß wir Hunger oder Durst haben. Ja, woher wissen wir denn, daß wir essen müssen, woher wissen wir, daß unser Körper zu essen verlangt oder daß er Wasser haben muß? Das haben wir tatsächlich diesem Lebenssinn zu verdanken. Sie können es hier auch *Konstitutionssinn* nennen, das Wort ist unwichtig, es geht darum, daß Sie etwas damit verbinden.

Wir müssen uns die Frage stellen: Womit haben wir es denn zu tun beim Lebenssinn? Beim Hunger und Durst merken wir es schon ein klein wenig. Wir würden auch ganz hübsch in Schwierigkeiten geraten, wenn wir das nicht merken würden! Stellen Sie sich einmal vor, daß Sie auf die Uhr schauen müßten, um zu wissen, daß Sie essen müssen oder daß Sie einen Schluck trinken müssen! Das wäre doch sehr merkwürdig. Es geht jedoch noch viel weiter. Und damit kommen wir an eine schmerzhafte Seite dieses Lebenssinnes, das ist nämlich der *Schmerz* selbst. Sie verstehen wohl, daß wir ohne Lebenssinn auch keinen Schmerz fühlen könnten. Schmerz ist eigentlich nichts anderes als eine extreme Äußerung des Lebenssinnes. Nun wird in unserer Kultur alles getan, um den Schmerz so weit wie möglich auszuschalten, denn Schmerz ist natürlich sehr unangenehm. Doch ist es gut, zu überlegen, was der Schmerz alles bewirken kann. Das kommt einem schockartig zu Bewußtsein, wenn man das Entgegengesetzte erlebt.

Vor einiger Zeit, in den sechziger Jahren glaube ich, stand ein aufsehenerregender Artikel in der Zeitung. Es wurde von einem Jungen in Amerika berichtet, dessen Eltern für nur kurze Zeit fort waren. Als sie nach Hause kamen, sahen sie, daß ihr Söhnchen eine Kerze angesteckt hatte und nun herrlich mit seinen Fingern darin spielte. Der Junge schien das sehr schön zu finden, denn es stank furchtbar und es knisterte so gemütlich, so mit den Fingern in der Kerze. Sie empfinden sicher, daß in den Eltern etwas anderes vorging als in dem kleinen Jungen.

Hier haben wir es mit dem extremen Fall eines Kindes zu tun, dessen Schmerzsinn sich auf rätselhafte Weise nicht entwickelt hatte. Was muß in einem solchen Fall geschehen? Es ist natürlich entsetzlich, wenn man sieht, wie das Kind da so zugange ist. Und doch können wir von solch einem wirklichen Vorkommnis etwas lernen. Es muß im Prinzip ein gewaltiges Bewachungssystem eingesetzt werden. Wenn Vater nicht schaut, muß Mutter oder jemand anders schauen: Permanent muß das Kind bewacht werden, weil bei dem Kind selbst kein *Warnsystem* existiert. Menschen müssen also etwas übernehmen, was sonst durch den Lebenssinn geschieht. An diesem extremen Fall können wir erleben, daß der Lebenssinn eigentlich ein Warnsystem darstellt.

Sie sehen, daß es doch von Nutzen ist, daß wir unseren Lebenssinn haben. Wir werden dadurch eigentlich unaufhörlich kontrolliert in allem, was in unserer Leiblichkeit geschieht. Auch, ob etwas zu sauer ist, oder zu fett, oder zu viel. Auch in den Fällen werden wir gewarnt. Allerdings merken wir es oft zu spät, aber im gegebenen Augenblick dringt es doch zu einem durch, so daß Sie, nachdem Sie vielleicht zehn Pfannkuchen mit Speck gegessen haben, nicht etwa sagen: «Mein Magen macht mir zu schaffen», sondern: «Ich mache meinem Magen zu schaffen!» Denn dann sehen Sie ein, daß Sie selbst es sind, der in Zukunft etwas verbessern kann. Darauf beruht alle «Bekehrung». Es ist interessant, ohne unseren Lebenssinn würden wir nie dazu gelangen. Was wäre ein Mensch ohne Schmerzen? Auch hierzu hat Novalis etwas sehr Schönes gesagt. Er sagte: «Man sollte stolz auf den

Schmerz sein – jeder Schmerz usw. ist eine Erinnerung unseres hohen Rangs.» Sie sehen, Novalis dachte anders über Schmerz, als wir es in unserer heutigen Gesellschaft gewohnt sind. Und das, obwohl er sehr gelitten hat und sehr jung gestorben ist.

Sie sehen also, daß Sie eine Beziehung bekommen zum Problem des Schmerzes, wenn wir über den Lebenssinn sprechen. Was ist nun eigentlich Schmerz, wozu haben wir ihn? Es wurde schon gesagt: Er stellt eine Warnung dar. Aber woher kommt diese Warnung? Das ist die Frage, die wir uns stellen müssen. Der Schmerz gibt uns die Warnung, daß irgend etwas nicht in Ordnung ist. Dann muß diese Warnung auch aus einem Bereich kommen, wo man weiß, was «sehr wohl in Ordnung» besagt. Sie können nun einmal nur dann jemanden warnen, wenn Sie wissen, wie es sein müßte. Das ist nun beispielsweise bei einem Weichensteller ziemlich einfach, aber wo ist die Instanz, die weiß, wie es in unserer Leiblichkeit auszusehen hat? Die muß aus einer höheren Ordnung stammen.

Rudolf Steiner hat jenen Mächten, jenen Wesen, die das Geheimnis unserer Leiblichkeit kennen, Namen gegeben. Und diese sind natürlich unglaublich hoch. Denn was verstehen wir von unserem Körper? Jeder bescheidene Professor, der sich auskennt in der Anatomie und Physiologie, wird zugeben, daß wir nichts davon verstehen. Sie können doch immer wieder in den Zeitungen lesen, daß wir mit dem Karzinomproblem kaum weiter gekommen sind, wir wissen nicht einmal richtig, was Krebs ist. Wir können in Wirklichkeit nur registrieren: Wenn dies geschieht, geschieht als nächstes wahrscheinlich das. Aber – warum das alles so verläuft? Das ist ein außerordentlich großes Geheimnis. Früher sagte man, daß der Körper des Menschen das Allerhöchste ist, was es auf der Welt, im

Kosmos, gibt, daß er der Tempel des Geistes ist. Und die Instanz, die – um es nun einmal sehr primitiv zu sagen – ein vollständiges Wissen von diesem Körper hat, wird in der Anthroposophie im Gegensatz zum leiblichen Menschen der *Geistesmensch* genannt. Es ist einfach ein Begriff, der andeutet, woher die Macht kommt, die dazu in der Lage ist, uns all diese Warnungen zu geben. Denken Sie nur an den wunderbaren Satz von Novalis, der in dieselbe Richtung weist.

Nicht jeder Schmerz hat diesen warnenden Charakter. Nicht wahr, die Geburt ist für eine Frau ein sehr schmerzhaftes Erlebnis. Aber hier ist der Schmerz eigentlich eine Ausnahme, denn Gebären ist doch etwas Gesundes. Diese Ausnahmesituation haben wir der Tatsache zu verdanken, daß der Herrgott bei der Vertreibung aus dem Paradies sprach: «Ich will dir viel Schmerzen schaffen, wenn du schwanger wirst; du sollst mit Schmerzen Kinder gebären» (1. Mos. 3, 16). Glücklicherweise ist, wenn alles vorbei ist, der Schmerz vergessen und die Freude dafür riesengroß. Immer ist Gebären, Hervorbringen mit Mühe und Schmerzen verbunden, und es ist eine rechte Gnade, daß die Freude dann den Schmerz ausgleicht. Unter Schmerzbetäubung zu gebären, nimmt der Frau das größte Freude-Erlebnis, das möglich ist.

Manche Frauen gebären wirklich schmerzlos; das ist sogar erblich. Als Arzt steht man dann unbeholfen daneben. Man kann als Mensch nichts tun, nicht sein Mitleiden zeigen, nicht ermuntern und ermutigen, nichts.

Um wieder zur «normalen» Schmerzerfahrung zurückzukommen: Der Mensch würde sich nie entwickeln können, wenn er nicht das Schmerzgefühl besäße. Denn der Schmerz durchdringt alle Schichten der Seele. Wir lernen unseren Platz auf dieser Welt durch eben diesen Schmerz kennen. Wir sagen nicht umsonst: «Gebranntes Kind scheut das Feuer», und wir beobachten, wie oft dieses Kind hinfällt, um unermüdlich wieder aufzustehen und weiterzulaufen. Stellen Sie sich einmal vor, daß Sie niemals hinfallen dürften. Der Schmerz nach dem Fallen lehrt uns das richtige Treppensteigen, lehrt uns, ein bißchen Abstand von gefährlichen Dingen zu halten. Der Schmerz gibt uns also auf eine unglaubliche Art und Weise eine Orientierung im Leben. Dieser hohe Geistesmensch sorgt im körperlichen Bereich dafür, daß wir gewarnt werden. Unseren großen und unseren kleinen Schmerzen haben wir alles zu verdanken. Es ist grandios, wie schnell ein kleines Kind alles lernt. Ein kleiner Junge weint, weil er sein Knie verletzt hat, aber wenn er wieder Fußball spielen will, so springt er wieder auf und macht wieder mit; er paßt nur vielleicht ein bißchen besser auf. Und wie groß dieses «Bißchen» ist, hängt von der inneren Reife ab. Bei dem einen Menschen dauert das viel länger als beim andern. Aber wie dem auch sei, wir können vom Schmerz immer etwas lernen.

Etwas anderes, das wir zur Zeit immer stärker beobachten, ist, daß Kinder viel zu viel vor physischer Ermüdung bewahrt werden. Sie dürfen nicht zu weit mit dem Fahrrad zur Schule fahren, also nehmen sie den Bus oder werden mit dem Auto gebracht. Und wenn ein zu starker Wind weht, oder wenn es regnet, wollen wir sie auch davor behüten. Nichts jedoch ist besser für ein Kind, als die Erfahrung physischer Ermüdung. Natürlich kennen sie die sehr wohl, wenn sie nach sehr viel passivem Verhalten auf einen Schlag anderthalb Stunden hinter einem Fußball herrennen. Auch viele Erwachsenen kennen das: Nach einer Woche hinter dem Schreibtisch, im Auto und vor dem Fernseher meinen viele, sich sonntags auf einmal trimmen zu müssen. Das hat jedoch wenig mit einem gesunden Wechsel zwischen physischer Anspannung und Entspannung zu tun. Eigentlich kennen wir immer weniger die Form von Ermüdung, die so gut für die Entwicklung des Lebenssinnes ist. Wir kennen hauptsächlich – und dies gilt leider auch immer häufiger für Kinder – eine andere Form von Ermüdung, nämlich die Ermüdung aus Langeweile, oder die Ermüdung durch ein Zuviel an Eindrücken. Wie stellen Sie sich zum Beispiel die Kinder vor, die jeden Morgen, anstatt radzufahren, mit dem Auto zur Schule gebracht werden? Die können doch nur müde werden von all dem, was sie unterwegs vom Auto aus haben vorbeigleiten sehen. Ich kenne einen Lehrer, der seine Kinder morgens erst einmal physisch tätig sein läßt, bevor er mit dem Lehrstoff anfängt – zum Beispiel, indem er kräftig Gedichte sprechen läßt, begleitet von Stampfen und Klatschen –, weil er die Kinder sonst kaum erreichen kann mit dem, was er sie lehren muß. Auch dies hat etwas mit dem Lebenssinn zu tun. Es handelt sich also nicht darum, daß sich die Kinder entspannen, daß sie «relaxen», sondern daß sie sich in ganz gesunder Weise Mühe geben.

Wir können sogar noch weiter gehen. Sie müssen sich einmal die Frage stellen, ob Sie eigentlich überhaupt etwas lernen können ohne den Lebenssinn, also ohne Schmerz und Ermüdung. Eins wissen Sie mit Sicherheit: Wenn Sie keinerlei Schmerzen hätten, würden Sie nichts, aber überhaupt nichts tun. Denn auch das Lernen als solches bereitet Schmerzen. Ich sehe Sie hier, wie Sie mir mit furchtbar schmerzhaften Mienen zuhören, und dafür bin ich außerordentlich dankbar, denn Sie würden nichts von mir aufnehmen, wenn Sie nicht ein klein wenig Schmerz fühlten. Sie müssen sich nämlich anstrengen. Sie ertöten dauernd etwas in sich selbst. Und Sie wissen, auch in der Schule können Sie unmöglich etwas lernen ohne die Anstrengung, dem Dozenten zuzuhören und Dinge von ihm anzunehmen. Mit fortwährendem Dazwischenreden und mit der sogenannten Freiheit lernen Sie nichts. Über folgendes müssen Sie einmal nachdenken: Warum haben wir so viele Betäubungsmittel in unserer Zeit? Sollte nicht vielleicht ein tiefer Zusammenhang bestehen zwischen all den Betäubungsmitteln und der sogenannten Freiheit des Menschen? Wir wollen eine Erziehung ohne Schmerzen. Wenn ein Kind etwas fragt, muß es sofort eine Antwort haben. Daß es nur ja nicht in die schmerzhafte Lage kommt, einen Augenblick warten zu müssen! Und will das Kind etwas Leckeres haben, so bekommt es das auch, denn es tut weh, wenn man es ihm nicht gibt. Das ist doch unmenschlich!

Sie müssen einmal bis zu Ende durchdenken, was es bedeuten würde, wenn Sie ein Kind ohne Schmerz erziehen wollten: Dann fingen Sie schon mit der Betäubung an! Und denken sie auch einmal an die Art, wie Kindern häufig Märchen erzählt werden! Wie oft geschieht es doch, daß Märchen korrigiert werden? Denn es ist doch furchtbar, wenn ein Kind sich ängstigen muß? Der böse Wolf ist doch verbrecherisch? Und daß sein Bauch aufgeschnitten werden muß, ist ganz und gar unheimlich und grausam. Das Kind darf keinen Schmerz, darf keine Angst erleben. Alles muß in Watte verpackt sein. In dem Augenblick, in dem das Kind seinen eigenen Weg suchen muß, bekommt man die Extreme nach der anderen Seite. Das läuft nun einmal parallel, denn ein Mensch will das andere auch haben. So ist es denn auch das Grandiose aller guten Volksmärchen, daß sie ganz auf dem Lebenssinn, auf der Konstitution des Kindes gegründet sind. In jedem Märchen gibt es ein ausgezeichnetes Gleichgewicht zwischen

Kummer und Freude. Es kommt zu einer Apotheose im Märchen. All die gruseligen, all die spannenden Momente in einem Märchen sind bedeutsam, mag es auch oft noch so drastisch zugehen. Die böse Stiefmutter muß von einem so gewaltigen Mühlstein zerschmettert werden. Das ist doch herrlich! Wie soll das Böse denn sonst vernichtet werden? Wir dürfen natürlich nicht anfangen damit, das Ganze wörtlich aufzufassen. So ein Kind stellt sich natürlich nie einen Mühlstein vor. Wer das behauptet, erzählt Unsinn. Das Kind genießt die Märchen noch mit seinen Lebenskräften, mit seiner Konstitution. Und darin muß es ein Gleichgewicht zwischen dem Negativen und dem Positiven geben. Ein Märchen ist immer harmonisch aufgebaut: Am Schluß kommt immer das Aufatmen. Die einzige Möglichkeit, wodurch das Kind die Angst und die Spannung durchstehen kann, ist, das Märchen ganz genau so zu erzählen, ohne sanftere Formulierungen, genau mit denselben ursprünglichen Worten. Mögen diese für den Erwachsenen auch manchmal grob klingen, für ein kleines Kind besteht das Wort grob überhaupt nicht. Geradeso wie ein Kind Hunger und Durst spüren muß, so muß es auch durch den Hunger und den Durst des Märchens hindurchgehen.

Schon sehr früh also tritt das Kind in den Lebenssinn ein. Leider haben immer weniger Mütter den Instinkt, das Wissen, daß ein Säugling eine Schreistunde braucht. Ich erschrecke immer, wenn eine Mutter sagt: «Was haben wir doch für ein hinreißendes Kind, nie weint es!» Dann mache ich mir schon große Sorgen; dann stimmt irgend etwas nicht mit diesem Kind. Natürlich ist das Weinen sehr traurig, aber man spürt zugleich, daß es gesund ist. Man merkt es an dem genüßlichen Schmatzen danach. Sie spüren schon, durch den Schmerz lernt der Mensch, sich zurückzuhalten. Er lernt, daß er ganz gut noch ein bißchen warten kann. Muß er jetzt sofort zu Tisch gehen oder kann er noch ein bißchen warten? Kann er nicht eben einen Spruch oder ein Gebet sprechen, oder muß er direkt «darüber herfallen»?

Diese Dinge reichen sehr tief. Das Konstitutionsorgan kommt aus denselben Sphären, aus denen die Märchen kommen. Diese kommen aus der unglaublich hohen Sphäre, in der man noch wußte, daß es überhaupt nicht um Wahrheit oder um Unwahrheit geht. Diese Begriffe bestehen bei dem Kind noch gar nicht. Was ist denn eine Lüge für das Kind? Das gibt es doch erst viel später. «Man muß einem Kind immer die Wahrheit sagen», behaupten viele Eltern. «Den Klapperstorch gibt es natürlich nicht!» Dann müssen die Kinder am mütterlichen Bauch horchen, denn da drin ist das Kindchen. «Wieso gibt es den Storch nicht?» ist dann meine Frage. Wissen Sie, ich habe schon so einiges an Geburtshilfe im Laufe meines Lebens geleistet. Aber ich habe noch nie ein Kind aus der Mutter kommen sehen. Nie kommt ein Kind aus der Mutter. Ja, sein Körper natürlich, daran zweifele ich nicht. Aber wer glaubt denn, daß er *selbst* aus dem Mutterbauch kommt? So etwas Verrücktes kann doch niemand glauben! Das Kind kommt nicht aus einem Körper, es muß gerade *in* einen Körper hinein kommen. Und woher kommt das Kind? Dieses Rätsel hat man immer so beantwortet: «Von einem Engelwesen, von einem höheren Wesen». Nun kann man zu einem Kind natürlich nicht «höheres Wesen» sagen, aber als wir noch Störche hatten, konnte man auf die Störche zeigen und sagen: «Von dorther kommst du!» Das hat man natürlich vergessen, wir müssen weit fahren, um Störche zu sehen, und dann sehen wir, daß es eigentlich Engel sind, wenn sie so mit ihren großen Flügeln über die Städte und Täler schweben. Das ist ein unglaublicher, gewaltiger Anblick. Vielleicht verstehen Sie jetzt, daß dieser Klapperstorch gar nicht mal so dumm ist.

Sie merken, diese Lebensgesetze sind einem völlig abhanden gekommen, man versteht eigentlich nichts mehr vom Leben. Und das ist das Grandiose am Lebenssinn, daß er die Menschen noch immer auf ihren hohen Rang aufmerksam macht. Ich sagte es vorhin schon, in unserem Tastsinn haben wir die göttliche Welt verlassen, aber so, daß wir noch diese erinnernde Sehnsucht danach haben, uns immer wieder mit ihr zu verbinden. Der Lebenssinn, der uns letzten Endes den Schmerz lehren kann, gibt uns dagegen einen Schlüssel zu jenem Tor unserer Seele, hinter der unser höheres Wesen wohnt. Sie können sehr viel von unserer gewissenlosen Zeit verstehen, wenn Sie wissen, daß viele Probleme gerade dadurch entstehen, daß alles gleichgemacht werden soll, kein Leid auf Erden sein darf usw. Natürlich entsteht dadurch nun gerade eine ganz andere Art von Leid. Sie können einen Kessel natürlich zustopfen, wenn er unter Druck steht, aber auf eine andere Art kommt der Dampf dann doch heraus.

Hier kommen wir auf das ganze Problem der Betäubung zurück. Das ist auch eine Art Schmerz. Menschen, die wirklich den normalen täglichen Schmerz erfahren, halten auch den Schmerz des Schicksals aus. Wenn man jedoch versucht, den Schmerz des Schicksals auf alle mögliche Weise zu umgehen, dann kommt der Schmerz auf ganz anderen Wegen, auf sehr finsteren Wegen. Dann flüchtet er in alle möglichen Betäubungen. In unserer Kultur findet ein großer Kampf um das Gewissen statt. Werden wir es in dieser dramatischen Zeit noch schaffen, unser Gewissen doch noch aufzuwecken? Denn dieser Schmerz durchzieht die ganze Natur. Paulus sagte: «Auch die Natur harrt sehnsüchtig der Erlösung.» Wir sind jedoch nicht so sehr damit befaßt, die Natur zu erlösen! Wie wichtig das ist, sehen wir erst, wenn eine gewaltige Katastrophe wieder auf den Menschen zurückschlägt. Und genauso, wie es sich abspielt, wenn ein Mensch nicht auf sich selbst aufpaßt und, weil er nicht richtig mit seinem Körper umgeht, zugrunde geht, so geht auch der ganze Makrokosmos zugrunde, wenn der Mensch nicht mit etwas mehr Gewissen mit ihm umgeht.

2.

Der Eigenbewegungssinn und der Gleichgewichtssinn

Wer vom Ziel nicht weiß,
kann den Weg nicht haben,
wird im selben Kreis
all sein Leben traben ...
Christian Morgenstern

Beim vorigen Mal haben wir mit dem Tastsinn angefangen. Wir haben gesehen, daß wir mit dem Tastsinn nie in der Außenwelt landen, sondern gerade in unserer eigenen Körperlichkeit. Durch den Tastsinn werden wir uns unserer eigenen Körperlichkeit bewußt. Dies im Gegensatz beispielsweise zum Auge. Wenn Sie etwas anschauen, befassen Sie sich nicht im geringsten mit Ihrem Auge. Wenn Sie sehen, haben Sie niemals das Gefühl: «Da stößt etwas an mein Auge!» Das ist vielmehr charakteristisch für den Tastsinn. Wenn Sie tasten, sind Sie wirklich an Ihre eigene Leiblichkeit gebunden. Ich habe versucht, Ihnen zu verdeutlichen, daß wir so nach und nach in unserer Kindheit – schon in der Wiege – belehrt werden, von der ursprünglichen Einheit, in der wir uns befunden haben, Abschied zu nehmen; so umgrenzen wir allmählich unsere Leiblichkeit. Das Merkwürdige ist, daß innerhalb des Tastsinnes ein Paradoxon bleibt: Tief in uns vergessen wir niemals, daß wir einstmals mit dieser Welt verbunden waren, und in der Tiefe des Tastsinnes lebt noch immer die Sehnsucht, uns mit der ursprünglichen Welt zu verbinden. Daher auch unser Bedürfnis, alle Intimität mit dem Tastsinn auszudrücken. Wir hoffen immer noch, mit diesem Tastsinn sehr wohl in diese Welt zu gelangen, doch wir stoßen immer gegen eine Mauer. Sie kommen, wie Sie wissen, niemals hinein. Eigentlich ist es eine große Illusion, wenn wir etwas oder jemanden liebkosen oder streicheln. Aus dieser großen Sehnsucht, die auf dem Grunde des Tastsinnes lebt, aus dieser Ursehnsucht heraus kann im erwachsenen Menschen jenes Gefühl aufsteigen, das wir so beschrieben haben: Es gibt eine göttliche Welt. Dies Gefühl haben wir also eigentlich dem Tastsinn zu verdanken. Mit anderen Worten: Würden wir uns nicht abgrenzen, hätten wir später nie die Gottessehnsucht. Wir erkennen jetzt: Mit dem Tastsinn nehmen wir nicht die äußere Welt, sondern unsere eigene Leiblichkeit wahr.

Ganz anders steht es mit dem Lebenssinn. Das ist das Sinnesorgan, mit dem wir unsere Konstitution wahrnehmen und uns aller Lebensprozesse bewußt werden. Durch unseren Lebenssinn bemerken wir, ob wir uns wohl oder unwohl fühlen, ob wir ermüdet sind oder kurz davor sind, krank zu werden, ob wir Hunger oder Durst haben. All diese Beobachtungen sind Wahrnehmungen unserer Lebensprozesse, die wir ganz abstrakt als unsere «Konstitution» bezeichnen können. Und in der Anthroposophie wird statt des abstrakten Ausdrucks «Konstitution» lieber von einem ganzen Komplex von Lebensprozessen gesprochen, den wir auch analog zum Griechischen den *Ätherleib* des Menschen nennen können. Rudolf Steiner nannte ihn oft den «Bildekräfteleib», den Baumeister unserer Gestalt. Es sind also eigentlich die feinen ätherischen Lebensprozesse im Menschen, die wir mit unserem Lebenssinn wahrnehmen. Zumindest deren Befindlichkeit. Für den Arzt ist es daher auch ein äußerst dankbares Sinnesorgan. Denn erst durch die Signale des Lebenssinnes kommt jemand darauf, einen Arzt zu konsultieren.

Mit dem Lebenssinn nehmen wir also unseren Ätherleib, unseren Lebensleib wahr. Wir haben gesehen, daß uns im extremen Fall dieses Sinnesorgan als Schmerz bewußt wird. Wir haben ausführlich über den Schmerz gesprochen, haben erkannt, daß Schmerz doch in gewissem Sinne sinnvoll in unserer Kultur ist, und daß dort, wo der Schmerz vermieden wird, wo er weggeblasen, betäubt wird, etwas sehr Wichtiges niemals auftreten wird: das Mitleid. Sie könnten niemals Mitleid mit einem anderen Menschen empfinden, wenn Sie selbst nie gelitten hätten, das könnten Sie nicht. Und darum fällt wohl jedes Kind einmal die Treppe herunter, will es unbewußt immer wieder leiden, und darum muß es, wenn es draußen spielt, mit wenigstens fünf Schnittwunden und fünf Beulen nach Hause kommen. Tief in unserer Seele wissen wir: Würden wir das Leiden nicht fortdauernd üben, so könnten wir niemals einem andern Menschen auf diesem Gebiet helfen.

Daher suchen wir als Erwachsene auch ganz bewußt schmerzhafte Erfahrungen. Viele Gesellschaftsspiele beruhen ja gerade darauf, daß man sich gegenseitig neckt, ärgert, verulkt. Überlegen Sie nur einmal, was es bedeutet, wenn ein Mensch es nicht erträgt zu verlieren, wenn er schon beim Kleinsten und Geringsten beleidigt ist! Ein solcher Mensch überlegt dann immer wieder, welche furchtbaren Dinge ihm angetan worden sind, und gerät leicht in die Fänge böser Mächte, nämlich der Rache, der Vergeltung. Wo soll das enden!

Vergessen wir auch nicht, daß sich die Kraft des Mutes, also der Überwindung der Angst, niemals ohne Schmerzerfahrung entwickeln könnte. Deshalb sucht der Mensch von Jugend auf die Gefahr, will unbekannte Orte erkunden, die schwierigsten Berge besteigen, im Zirkus den Schauder erleben, der von den Kunststücken der Akrobaten und den Raubtierbändigern ausgeht. Ohne Schmerzen kein Wagnis, kein Mut.

Gerade durch das Schmerzbewußtsein ist der Menschheit ein unglaublich wichtiger Impuls gegeben, aus dem das Mitleid entsteht. Das geschieht durch etwas ganz Merkwürdiges. Denn von woher werden wir, wenn wir Schmerz empfinden, gewarnt? Diese Warnung muß doch von einer unglaublich hohen Instanz kommen. Wer weiß denn «in Gottes Namen», wann etwas in unserem Körper nicht stimmt? Und in der Tat ist dieses Wissen nur in Gottes Namen möglich; denn es muß von jener Instanz her kommen, welche die ursprüngliche *Idee* des ganzen Leibes als Möglichkeit in sich trägt. Ursprünglich ist die leibliche Gestalt doch eine Idee, keine kleine Fabrik oder so etwas, kein zusammengesetzter Zufall, sondern eine Geistesidee. Man kann den Leib des Menschen nicht sehen, so verrückt sich das auch anhört, man sieht nur den Stoff, die Füllung. Was aber nun wirklich ein Leib ist, das ist eine gewaltige, großartige Gottesidee. Für diese großartige Idee der menschlichen Gestalt wird in der Anthroposophie der Ausdruck *Geistesmensch* benutzt. Und diese Instanz, dieser Geistesmensch, ist es, von dem wir abweichen, wenn wir Schmerzen bekommen. Dann weichen wir von dem göttlichen Urbild des Menschen ab, das fühlen wir. Bei jedem Schmerz schrumpft man eigentlich zusammen, man verliert gleichsam seine Weite. Jeder Schmerz, jedenfalls dessen Ursache, ist ein Abschatten unseres allerhöchsten Wesens, des Geistesmenschen.

Wir gewöhnen uns heute immer mehr an astrologische

Ausdrücke. Die meisten Menschen kennen ihr Sternbild ganz genau, vor allem bezüglich der guten Eigenschaften, die zu diesem Sternbild gehören. Auch unsere Sinnesorgane hängen mit den Zeichen des Tierkreises zusammen. Sie müssen sich dabei nicht vorstellen, daß ein bestimmtes Sternbild solche Schwingungen aussendet, daß dadurch ein bestimmtes Sinnesorgan entsteht. Besser beschreibt man es so, daß es in der Welt ganz bestimmte Urbilder, Urmotive gibt – man könnte auch von formschaffenden Ideen sprechen –, und daß diese Urmotive im Makrokosmos zu Sternkombinationen führen und im Mikrokosmos, zu unserem Leib, zu Sinnesorganen. Beide entstehen also aus einer Quelle.

Beim Tastsinn habe ich gesagt, daß es ein ganz subtiles Spiel ist, in dem der Mensch sich auf dem Umweg über die Welt seiner selbst bewußt wird. Das ist ein *Waage*prinzip (♎). Am Makrokosmos wägen Sie ab, daß Sie eigentlich ein Mikrokosmos sind. Denn so müssen Sie sich eigentlich die Waage vorstellen: Das Verhältnis des Makrokosmos zum Mikrokosmos wird abgetastet. Das geschieht auch beim Tastsinn. Mit ihm werden Sie sich Ihres eigenen, mikroskopisch kleinen Ganzen bewußt durch den großen Kosmos, weil Sie immer gegen ihn anlaufen. Aber es gibt noch einen interessanten Aspekt der Waage. Stellen Sie sich jetzt einmal eine Waage vor, am besten eine ganz einfache: ein Balken mit zwei Schalen an den beiden Enden, der Balken selbst in der Mitte aufgehängt an einem Stab oder an der Wand, beweglich aufgehängt natürlich. Was wollen wir in die eine Waagschale legen? Dorthinein legen wir etwas Unwichtiges: Steine, Gewichte. In die andere Schale tun wir etwas «Wertvolles»: Äpfel, Schmuck, Käse, was Sie wollen. Was wiegen wir jetzt? Wir wiegen nur die Bindung an die Erde, das Gewicht. Was wir nie wiegen können, das ist der Wert. Wert existiert nur in einer Welt, die der Waage nicht zugänglich ist, der bleibt verborgen. Genauso ist es mit dem Tastsinn: «Etwas» ist da, das ist sicher, aber was es ist, bleibt das unzugängliche Rätsel. Mit Quantum kann man Qualität nicht messen.

Das nächste Tierkreiszeichen ist der *Adler* oder *Skorpion* (♏). Der Adler, das können Sie vielfach wiederfinden, ist das erhabene Urbild des Menschen. Der Kaiseradler kann eine Flügelspannweite bis zu drei Metern erreichen. Er baut sein Nest in höchsten Höhen und kann von seiner Sonnenhöhe aus mit seinen Teleskopaugen die kleinste Beute auf der Erde präzis unterscheiden; diese Beute ergreift er im Sturzflug und trägt sie dann mit sich hinauf in die Höhe. Der ängstliche, das Licht scheuende, am Boden haftende achtfüßige Skorpion, der mit seinen Scheren sein Opfer vom Boden hebt und ihm hinterlistig mit seinem Schwanzstachel tödliches Gift einspritzt, ist dazu der größte Gegensatz. Es gibt Skorpionarten, deren Exemplare 3 cm groß werden, andere, die bis zu 17 cm erreichen. Von allen Tierkreistieren ist der Skorpion der kleinste. Astrologisch können wir auf die Frage, was Schmerz eigentlich ist, antworten: Schmerz ist der Schattenwurf des Adlers, der dann zum Skorpion wird. Der große Gegensatz, der als Polarität im Tierkreis besteht, der Adler, der stürzend zum Skorpion wird, ist überall vorhanden: Ein Sturz kann nur dort stattfinden, wo ursprünglich etwas hoch oben ist. Der tiefste Sturz innerhalb des Tierkreises findet daher auch gerade aus der allerhöchsten Region statt. Sie wissen, daß auch der Teufel ein Engel, ein höheres Wesen war, dem die Flügel verbrannt sind. Und Sie können noch viele derartige Bilder anführen. So weist auch der Schmerz beim Menschen auf den

Sturz desjenigen in ihm, das am allerhöchsten ist, so wie der Skorpion gleichsam die Schrumpfung des Adlers ist.

Nun gehen wir zu einem anderen Sinnesorgan über, das ist der *Eigenbewegungssinn.* Damit beobachten wir einen ganz anderen Bereich. Unter Eigenbewegungssinn müssen Sie sich nicht vorstellen, daß Sie sich selbst bewegen können. Das können Sie, Sie haben die Fähigkeit, sich zu bewegen. Sie sind jedoch auch dazu in der Lage wahrzunehmen, daß Sie sich bewegen. Wenn Sie einen anderen Menschen sich bewegen sehen, *sehen* sie, daß dieser andere Mensch sich bewegt. Wenn Sie selbst eine Hand oder ein Bein bewegen, erfahren Sie das nicht dadurch, daß sie es von außen her ansehen, sondern Sie *fühlen* von innen her, daß Sie sich bewegen. Das ist der Eigenbewegungssinn. Dieses Sinnesorgan wird in der naturwissenschaftlichen Literatur meist als Tiefensinn oder Muskelsinn bezeichnet.

Es ist sehr merkwürdig, daß Sie einen Körper haben, in dem Sie nicht überall der Herr im Haus sind. Sie können nicht einfach so, wenn Sie eine krumme Nase haben, daraus eine gerade Nase machen. Auch können Sie Ihr Herz nicht ein Weilchen anhalten oder die Nieren ein bißchen kräftiger arbeiten lassen. Versuchen Sie das mal! Viele Gebiete beherrschen wir nicht. Nur in einem bestimmten Gebiet unseres Körpers haben wir etwas zu sagen. Ich kann meine Hand von links nach rechts bewegen. Ich kann mein Bein anders hinstellen. Das funktioniert dann mit Hilfe der quergestreiften Muskeln und so weiter. Und das alles ist wiederum durch die Lebensprozesse möglich. Das ist zumindest ein Gebiet unseres Körpers, das uns gehorcht. Und dieses «uns», das nehmen wir wahr. Ich nehme tatsächlich wahr, daß ich mich bewege. Ich weiß auch, daß *ich* es bin, der sich bewegt. Ich würde ganz schön erschrecken, wenn mein Arm sich plötzlich bewegte, ohne daß ich es wollte. Das kommt gelegentlich schon mal vor. Das ist dann ein sehr unangenehmes Gefühl, wenn sich Ihr Arm bewegt, zum Beispiel bei einem Nervenzucken, ohne daß Sie es selbst tun. Aber normalerweise hat jeder die Herrschaft über seinen Körper. Er kann sich äußern, sich in seinem Körper bewegen. Das nimmt er wahr, und das nennen wir den Selbst- oder Eigenbewegungssinn oder kurz den Bewegungssinn. Und die Fähigkeit, uns zu bewegen, dieses dynamische Prinzip wird in der Anthroposophie der *Astralleib* genannt. Die Pflanzen haben ihn nicht; sie können sich nicht bewegen. Ich komme später noch darauf zurück.

Astral bedeutet: das, was mit den Sternen – also auch mit der Sonne – zusammenhängt. Vielleicht kann ich es Ihnen auf folgende Art etwas verdeutlichen: Wie die Sonne gleichsam die Energie spendet und durch ihre Energie alles erst möglich macht, so ist bei uns der Astralleib die Energiequelle. Von einem Augenblick zum nächsten bringe ich Energie in meinen Körper; ich kann dieses Stück Kreide ergreifen, ich kann ein bestimmtes Gewicht heben, ich kann Energie ausüben. Und diese Energiequelle nennen wir den Sonnenleib im Menschen, den Astralleib, den Sternenleib. Es kommt nicht darauf an, welchen Ausdruck wir benutzen, es geht um das, was wir dabei erleben.

Wie kommt diese Bewegung nun zustande? Rudolf Steiner hat etwas sehr Merkwürdiges über die Bewegung des Menschen gesagt. Er sagte: «Sehen Sie, wenn ich da ein Glas mit Wasser stehen habe, und meine Hand geht hin zu dem Glas Wasser, um es zu ergreifen, dann sage ich als normaler Mensch: «Meine Hand geht von mir weg auf das Glas Wasser zu.» Das ist soweit ganz logisch. Für einen Hellsehenden sieht das aber ganz anders aus. Der sagt: «Nein, die Hand geht nicht von hier nach da, die Hand geht von dem Glas Wasser zu mir hin. Eine unsichtbare Hand geht von da nach hier.»

Nun hat Rudolf Steiner aber immer wieder darauf hingewiesen, daß wir nicht einfach glauben müssen, was er gesagt hat, sondern daß wir die Sachen auch selbst studieren und entdecken sollten. Lassen Sie uns darum einmal einen schönen und deutlichen Fall nehmen. Ich habe zum Beispiel einen Nachbarn, der hier in A. wohnt. Ich sehe den Mann jeden Morgen aus seiner Tür treten, und – ich bin ihm regelmäßig gefolgt – er geht immer in die Stadt B. Das macht er jeden Tag, also kann ich ihn ganz genau beobachten; ich habe Zeit genug, mein Studienmaterial in großem Stil zusammenzustellen. Und so nehme ich auch einen Stab wissenschaftlicher Mitarbeiter. Wir haben meinen Nachbarn gefragt, ob er sich zur Verfügung stellen wolle, ja, und das tat er. Er muß alle halbe Stunde kurz anhalten und Wasser lassen, so daß wir seinen Urin untersuchen können. Auch ein Arzt kommt mit und ein Blutdruckmesser. Alles an meinem Nachbarn untersuchen wir, seine Schweißabsonderung, seine Atemzüge und so weiter. Alles wird genauestens untersucht, denn wir wollen wissen, wie er von A. nach B. kommt. Wir haben auch einen Meteorologen eingestellt, der die Windstärke, die Temperatur und den Luftdruck mißt. Auch haben wir einen dabei, der etwas von geologischen Prozessen versteht, so daß wir die Erdstrahlen und den Magnetismus untersuchen können; wir wollen nun einmal ganz genau wissen, warum mein Nachbar sich jeden Morgen von A. nach B. begibt. Nun, Sie merken es schon, das kann man jahrelang untersuchen, und man wird zweifellos die interessantesten Sachen herausbekommen, ganze Bücher könnte man schreiben darüber, was man alles herausbekommt, wenn dieser Mann von A. nach B. geht, allerdings eins erfährt man nicht: *warum* er nach B. ging. Mit all den Fakten werde ich nie dahinterkommen, obwohl ich alle Kurven von Blutdruck und Herz kenne, auch wenn ich sein EEG kenne. Was ich auch untersuche, allein oder mit einem Stab von hundert Gelehrten mit der fortschrittlichsten Meßapparatur, ich werde nie erfahren, warum dieser Mann von A. nach B. geht. Danach kann ich lieber die Menschen in seinem Haus fragen. Und dann werde ich zur Antwort bekommen: «Oh, in B. wohnt seine Freundin.» Das ist auch die einzig richtige Antwort: «Er geht nach B., weil er zu seiner Freundin geht.» Und was sagen wir nun auf einmal? Er geht nach B., weil er den *Plan* hat, nach B. zu gehen. Er geht niemals nach B., wenn er den Plan nicht hat. Dieser Plan ist schon vorhanden, wenn er aus der Tür tritt. Seine Gedanken sind schon in B. Da er den Plan hat, nach B. zu gehen, ist er schon in B. Und damit meine ich nicht, mit seinem Körper, sondern natürlich mit etwas Übersinnlichem. Wenn Sie also vom «Plänewesen» des Menschen ausgehen, beginnen Sie tatsächlich in B. Der Wissenschaftler sieht nur den Körper meines Nachbarn von A. nach B. gehen. Mein Nachbar selbst ist mit seinen Gedanken schon in B, in Wirklichkeit ist er schon da, und von dorther zieht er seinen Körper zu sich hin. Das ist ein ganz normales Phänomen, das Sie alle kennen. Auch mein Arm landet in Wirklichkeit da beim Glas, weil er schon bei dem Glas ist. Mein Arm käme niemals da beim Glas an, wenn ich nicht den Plan hätte, das Glas zu nehmen. In dem Moment, in dem ich das Glas haben will, fängt es schon an: Mein Arm folgt nur dem Plan, der schon da ist. Wir sind es so wenig gewohnt, übersinnliche Dinge einzubeziehen, und sie sind überreichlich bei uns vorhanden. Sehen Sie sich einmal den Verkehr auf der Straße an! Warum fahren all diese Menschen so? Weil sie alle einen Plan haben, der eine will ins Kino, der andere will zu mir, der dritte will zu Ihnen. Jeder hat einen Plan, aber den sehen Sie nicht. Was regelt eigentlich diesen Verkehr? Alle diese Pläne! Wenn also Rudolf Steiner den Anfangs- und Endpunkt einer Bewegung austauscht, meint er, daß ein Hellsichtiger dazu in der Lage ist, auch den «Plänemenschen» zu sehen. Und so ist es mit allen Dingen, die etwas mit der Bewegung des Menschen zu tun haben: Sie können eine Bewegung nie erklären, ohne den dahinter befindlichen Plan mit einzubeziehen.

Natürlich spüren wir: Ein Glas Wasser zu nehmen oder von A. nach B. zu gehen, das sind kleine Teile eines viel größeren Ganzen, eines viel größeren Planes, und den nennen wir den *Lebensplan,* in der Anthroposophie auch als *Karma* bezeichnet. Darüber kann uns auch Goethe sehr viel lehren: «Willst du dich am Ganzen erquicken, so mußt du das Ganze im Kleinsten erblicken.» Nicht wahr, jede Bewegung, die ich mache, ist nur ein kleiner Teil meines Lebens. Das Ganze ist das menschliche Leben.

Das Verwunderliche ist: Wenn ich sage «mein Leben», so ist dieses Leben ganz erfüllt von «den anderen». Wenn ich jemanden frage: «Wer bist du?» – wird er mir von seinen Eltern erzählen, von seiner Familie, seinen Freunden und Lehrern, seinen Arbeitskollegen, seinem Lebenspartner, davon, was er gerne liest (was also andere geschrieben haben). Wie oft fragen wir doch in einem Gespräch: «Sag mal, kennst du den und den auch?» In die Biographie eines jeden Menschen ist die vieler anderer hineinverwoben. Viele Tiere leben in einem Herdenzusammenhang, also zusammen mit gleichartigen Tieren. Wir leben in einer «Herde», in der jedes der «Tiere» gerade vom anderen verschieden ist.

Und wie sieht das menschliche Leben aus? Das ist die große Bewegung, die jeder Mensch von seiner Geburt an bis zu seinem Tode macht. Nicht wahr, nach Ihrer Geburt feiern Sie Ihren ersten, Ihren zweiten, Ihren dritten und so weiter Geburtstag. Sie werden in Ihrer Biographie immer älter, und das geht so fort, bis Sie in einem bestimmten Augenblick sterben. Das ist für uns die Biographie. Können wir die Biographie nun auch andersherum verstehen? Können wir sie auch auf dieselbe Art verstehen, wie bei dem Mann, der von A. nach B. will – mit dem gewaltigen wissenschaftlichen Stab um sich herum? Verstehen Sie die Biographie eines Menschen, wenn Sie beim Anfang anfangen? Ich werde Ihnen das Problem anhand von Goethes Leben kurz skizzieren.

Irgendein Biograph schreibt, daß Goethe sehr empfindsam war und daß das logisch sei, weil seine Mutter sehr empfindsam war und sein Vater auch. Und weil er so sehr empfindsam war und so offen für alles, hatte er auch die große Ehrfurcht gegenüber der Natur. Als er dann so sechs, sieben Jahre alt ist, baut er einen kleinen Altar mit lauter Moosen und anderen Dingen aus der Natur, und darüber steckt er an der Morgensonne eine Kerze an mit Hilfe einer Lupe: eine kultische Handlung, erstaunlich für einen Jungen von sieben Jahren. Nun gut, etwas später sieht er dann, immer noch als kleiner Junge, das Marionettentheater, in dem die Faust-Legende dargestellt wird, mit der man dann durch Städte und Dörfer zieht. Das macht einen großen Eindruck auf ihn, das vergißt er nie wieder. Später fängt er an zu studieren, und als Student trifft er immer wieder auf nette Mädchen, und dabei denkt er auch noch einmal an die Faust-Legende. Kurz und gut, Sie sehen, die Gretchenfigur kommt schon ganz hübsch heraus. Er schreibt sogar einige Szenen. Sehr viel später begegnet er dann Schiller und Eckermann und vielen anderen interessanten Menschen, und man sagt ihm: «Goethe, du hast dich schon öfter damit beschäftigt, arbeite es nun mal ein bißchen aus, schreib' nun mal eine Fortsetzung.» Und auf diese Art sehen wir Goethes *Faust* ganz deutlich entstehen.

So werden viele Biographien geschrieben, bei denen das Folgende, was mit einem Menschen geschieht, aus dem Vorhergehenden abgeleitet wird. Man bemüht sich darum, den ursächlichen Zusammenhang zu finden: Was du hier erlebt hast, das schickt dich dorthin. Wenn du dies erlebt hast, dann ist die Folge, daß du jenes erlebst, und so kommt bei dem einen Menschen schließlich etwas Musikalisches heraus und bei dem andern etwas Kriminelles. Es ist oft so raffiniert dargestellt, daß Sie als Leser vergessen, eine ganz einfache Frage zu stellen. Es gibt doch Tausende empfindsamer Menschen, Tausende empfindsamer Kinder, und doch sind es nur sehr wenige, die so einen Altar bauen. Tausende von Kindern haben doch das Marionettentheater gesehen, aber sie haben doch nicht alle den *Faust* geschrieben. Welcher Student hätte denn nicht eine ganze Menge netter Mädchen kennengelernt? Und doch gibt es nicht viele Leute, die es bis zur Erschaffung einer Gretchengestalt gebracht haben! Und all den großen Gelehrten, denen Goethe begegnet ist, denen konnten viele andere doch auch begegnen, man konnte ihre Literatur doch lesen.

Sie merken schon, es ist doch etwas komplizierter. Und dann stellt man sich die große Frage: Wie kommt es, daß der eine auf diese und der andere auf jene Art durchs Leben geht? Zwei Menschen können beispielsweise – von mir aus sogar Zwillinge – im selben Raum zusammensitzen und gemeinsam ein Buch lesen; und dabei ist der eine zutiefst erschüttert über einen bestimmten Satz, der dem andern überhaupt nicht auffällt. Warum treffen uns manche Dinge sehr wohl und andere nicht? Wie kommt es, daß der eine durch etwas aufwacht, bei dem der andere weiterschläft?

Wenn wir so etwas nicht verstehen, haben wir immer einen schönen Ausdruck dafür, dann sagen wir, daß es unsere «Veranlagung» ist. Und doch ist etwas dran an dem Ausdruck Veranlagung. Was ist denn eigentlich diese Veranlagung? Damit kommen Sie zum Rätsel der Biographie.

Vielleicht können Sie sich dem Rätsel auf folgende Art nähern. Sie können Ihr eigenes Leben, wenn Sie darauf zurückschauen, vorläufig grob in zwei Dinge einteilen: Dinge, auf die Sie *treffen* und Dinge, denen sie *begegnen*. Das sind zwei völlig verschiedene Dinge. Sie treffen auf Tausende von Dingen an einem Tag, aber Sie begegnen nur bestimmten Dingen. Und bei den Begegnungen merken Sie allmählich, daß sie niemals wirklich zufällig sind. Sie gehören «irgendwie» zu Ihnen. Menschen, die es ein bißchen tiefsinniger ausdrücken wollen, sagen auch: «Merkwürdig ist das bei mir; eine wirkliche Begegnung, die ist zu vergleichen mit dem *Wiedererkennen* von etwas!» Nun kommen wir schon ein ganzes Stück weiter. Sie haben etwas kaum gesehen, Sie sind jemandem nie begegnet, Sie haben einen Satz nie gehört, Sie haben eine bestimmte Musik nie gehört, und auf einmal fühlen Sie: «Ich kenne es irgendwo her!» Wie oft kommt es vor, daß sich zwei Menschen im Leben begegnen. Es braucht nicht gleich beim ersten Mal, in den ersten Minuten zu sein, es kann schon mal ein bißchen länger dauern, aber in einem bestimmten Augenblick begegnet man einander wirklich: «Wir haben etwas miteinander zu tun!» Es müssen nicht nur Freunde sein. Sie können auch Feinden begegnen. Und das sind vermutlich wohl die einzigen, denen man wirklich begegnet: Freunden und Feinden. Dazwischen ist jeder neutral, die gehen einen nichts an, die gehen an einem vorbei. Denn wenn Sie mit jemandem Streit haben, können Sie nicht sagen: «Mit dem habe ich nichts zu tun!» Dann können Sie nicht sagen: «Das ist ein anderer karmischer Strom, der geht mich nichts an.» Der, mit dem man Streit hat, muß etwas mit einem zu tun haben. Das ist doch klar, denn da passiert doch wenigstens etwas.

Wenn Sie sich intensiv hiermit befassen, merken Sie, daß sich in Ihrer Biographie dasselbe im Großen abspielt wie in den kleinen Bewegungen, wie beim Ergreifen eines Glases. Sollte es wirklich nicht so sein können, daß nur die eine Zeit von der Geburt auf den Tod zu verläuft und ein anderer Zeitenstrom gerade von dem Tode aus zurück verläuft? Wäre das wirklich eine so ausgefallene Idee? Wir müssen es natürlich etwas lockerer sagen: Wäre es nicht möglich, daß wir mit einem bestimmten Plan auf die Erde kommen? Ist das nicht viel verständlicher als die «Veranlagung»? Was ist schon «Veranlagung»? Als ob die in unseren Chromosomen säße! Sollten wir nicht mit dieser Arbeitshypothese weitermachen: Jeder Mensch kommt mit einem bestimmten Plan auf die Erde?

Sie kennen vielleicht die Geschichte von Krösus und Solon. Solon war ein weiser Mann, und Krösus war ein Mann, der viele Kamele, viele Länder und viele Frauen hatte. Irgendwann begegnet Krösus Solon, und er sagt zu Solon: «Ich will mal etwas von dir hören. Findest du eigentlich nicht, daß ich ein großartiger, bewunderungswürdiger Mann bin?» Und da gibt Solon diese berühmte Antwort: «Das weiß ich nicht. Das kann ich nicht beurteilen, wie ich auch ein Buch nicht beurteilen kann, bevor ich die letzte Seite gelesen habe!» Solon kann also noch kein Urteil über Krösus abgeben; erst wenn Krösus tot ist, kann Solon ein

Urteil über ihn abgeben, dann kann er erst beurteilen, was für eine Gestalt Krösus eigentlich war, geradeso, wie man ein Buch nur verstehen kann, wenn man die letzte Seite gelesen hat. In diesem Gespräch erscheint zum ersten Mal das Gleichnis vom menschlichen Leben als einem Buch. Sie müssen einmal überlegen, wie ein Buch eigentlich zustandekommt. Nehmen wir einmal ein einfaches Buch, zum Beispiel einen Detektivroman: Gerade der Schreiber eines Detektivromans fängt auf der letzten Seite an. Dort wird das Geheimnis um das Verbrechen gelöst. Von da aus muß der Schreiber seine Geschichte schreiben.

Nun ist nicht alles menschliche Leben ein Detektivroman – und in gewissem Sinne doch! Das merken Sie, wenn es um die tieferen Dinge geht; bei Künstlern finden Sie es sehr ausgeprägt. Stellen Sie sich einen Dichter bei der Arbeit vor. Plötzlich fällt ihm ein Satz ein; dann wieder gelingt es nicht, und auf einmal kommen ihm reihenweise Sätze, und mit einem Male ist das Gedicht fertig. Dann hat der Dichter ein ganz bestimmtes Gefühl. Wenn er den letzten Satz geschrieben hat, weiß er: «Um diesen letzten Satz ging es eigentlich!» Also auch er hat das Gefühl, daß er eigentlich vom letzten Satz her gearbeitet hat. Jeder schaffende Künstler weiß, sobald seine Schöpfung fertig ist, wenn der letzte Federstrich getan ist, daß es darum eigentlich ging. Sie werden sich daran gewöhnen müssen, daß im Übersinnlichen scheinbar alles anders herum verläuft als im Physischen. Und wirklich, jede Biographie ist eine Art Buch, und das Konzept, der Plan, beginnt im Moment des Todes und wirkt von daher zurück. Erst in diesem Licht können Sie das Leben eines Menschen verstehen. Erst dann verstehen Sie auf einmal, warum ein Schiller oder ein Eckermann solchen großen Eindruck auf Goethe machte. Und auch, warum in seiner

Kindheit das Marionettentheater solch großen Eindruck auf Goethe machte. Denn die Hauptregel einer Biographie ist diese: *Nur das kann wirklich einen Eindruck auf Sie machen, dem zu begegnen in Ihrem Plan vorhanden war.* Sonst würde es keinen Eindruck auf Sie machen können, das ist völlig undenkbar. Das ist auch dieser Augenblick des Wiedererkennens, dieser Moment: «Ja, ich habe es eigentlich immer gesucht, und jetzt sehe ich es vor mir!» Also sagen Sie fortan nicht mehr: Durch die Bibel bin ich Gott begegnet; sondern: Durch Gott bin ich der Bibel begegnet. Jetzt merken Sie, daß wir plötzlich etwas von der menschlichen Bewegung verstehen. Äußerlich geht sie von hier nach dort, von hier zum Glas, von A. nach B., innerlich ist es gerade andersherum. Sie könnten keine einzige Bewegung ausführen, wenn ihr nicht der «Plänemensch» zugrunde läge.

Wir haben einen biographischen Plan, der in der Tiefe unserer Seele lebt. Wir haben nicht nur Komplexe und Triebe und Frustrationen in der Tiefe unserer Seele – wir haben noch viel mehr in unserem Unterbewußtsein liegen. Wir haben wirklich eine Veranlagung in uns. In der Tiefe unserer Seele haben wir alle unsere eigene Biographie. Daß diese da fertig läge, wäre zuviel gesagt, aber potentiell ist sie dort existent, und von dort aus geht unsere Bewegung. Wir würden uns nicht auf der Erde bewegen, wenn wir nicht diesen Lebensplan hätten.

Nun müssen Sie nicht denken, daß wir Erwachsenen am besten wüßten, wie wir uns zu bewegen haben. Oft wissen Kinder es nämlich viel, viel besser; Sie können noch so gern wollen, daß Ihre ausgezeichnet erzogene Tochter nicht mit dem unerzogenen Jungen von gegenüber und seinen schlechten Manieren umgeht, weil er sie völlig verderben würde; eines schönen Augenblicks begegnen sie einander doch und sind scheint's unzertrennlich. Was Sie auch tun, die beiden sind nicht auseinander zu bekommen. Sie kennen alle diese Art von Erfahrungen: Die Begegnung zweier Kinder ist ein vollkommenes Rätsel. Keiner kommt je so recht dahinter. Es hat nichts damit zu tun, daß sie sich etwa gut miteinander vertragen, überhaupt nicht. Kinder können in einem fort Streit miteinander haben, und doch können sie nicht auseinander. Bis die Freundschaft plötzlich von heute auf morgen vorbei ist. Begegnungen, vor allem die in der Kindheit, liegen felsenfest, daran kann man so gut wie nichts machen. Das ist überhaupt keine freie Wahl. Es ist, als wüßte ein Kind, daß es auf die Erde gekommen ist, um durch ein bestimmtes anderes Kind Lebenserfahrungen zu machen; es weiß, daß es diesem einen Lehrer begegnen muß, und auch diese Eltern hat es nicht irgendwie zufällig.

Sie müssen einmal versuchen, Ihr Leben so zu betrachten, daß alle Dinge, die wir jetzt Zufall nennen, gerade als die Sachen angesehen werden, die Ihnen deshalb «zugefallen» sind, weil Sie ihnen begegnen wollten. Zu Anfang ist eine solche Übung freilich nicht besonders schwierig, weil wir uns natürlich zuerst alle angenehmen Dinge aussuchen, aber auf die Dauer merken wir, daß die bitteren Dinge im Leben ebenso wichtig waren. Alles war notwendig, damit man seinem Lebensplan begegnete.

In der Anthroposophie nennt man jenes Wesen, das sowohl zu unserem Eigenbewegungssinn gehört als auch zu dem, was uns eigentlich bewegt, was unser verborgener Lebensplan ist, den *Lebensgeist*. Das ist ein sehr gutes Wort, denn, wie Sie wissen, benutzen wir das Wort «Leben» auf zwei verschiedene Arten. Etwas lebt, eine Pflanze lebt, unser Körper lebt, er ist von Lebensprozessen durchzogen: Wir leben auf eine natürliche Weise. Aber wir leben auch auf eine geistige Weise. Wenn ich frage: «Erzählst du mal etwas aus deinem Leben?», dann meine ich nicht: «Wie geht's mit deinem Herzen und mit deinen Nieren?», sondern dann meine ich gerade: «Erzähl' doch bitte etwas aus deiner Biographie!» Wir benutzen das Wort «Leben» sowohl im natürlichen als auch im kulturellen Sinne, und die Biographie ist dann das Leben im kulturellen Sinne. Das ist das Leben von dem oder von dem Menschen. Und den Lebensplan ganz tief in unserer Seele, den nennen wir den Lebensgeist; jeder Mensch hat also einen eigenen biographischen Lebensgeist.

Damit habe ich hoffentlich einigermaßen verständlich gemacht, was eigentlich die Veranlagung im Menschen ist und daß wir in Wirklichkeit durch diese Veranlagung den Dingen um uns herum begegnen, weil das unser Plan ist.

Nun müssen Sie sich die Sache natürlich nicht zu einfach vorstellen. Unsere Fähigkeit zur Begegnung kann abstumpfen. Das ist sogar meistens so: Die Kindheit und Jugend geht vorüber, und so nach und nach werden wir verständige, erwachsene Menschen. Also verpassen wir bestimmt auch Begegnungen, das heißt, wir erkennen sie nicht, wir verschlafen die «Signale». Das kann tragische Züge annehmen. Denken Sie nur an all die Menschen, die weite und teure Reisen unternehmen und eigentlich überhaupt keine Begegnungen haben. Andere dagegen bleiben ganz in der Nähe von zu Hause, und jeder Augenblick beschert ihnen eine Begegnung. Die Frage ist natürlich: Können wir daran etwas tun? Kann diese Fähigkeit zur Begegnung entwickelt werden?

Rudolf Steiner hat eine neue Bewegungskunst gebracht, die Eurythmie, in der Klänge und Wörter mit Hilfe der Bewegung sichtbar gemacht werden. Einige von Ihnen haben vielleicht schon einmal eine Eurythmieaufführrung gesehen oder sogar einen Kurs mitgemacht. In der Eurythmie sind für alle Vokale und Konsonanten bestimmte Bewegungsformen entwickelt, die nicht willkürlich sind, sondern in ihrem Wesen den schaffenden Formkräften in der Natur, im ganzen Kosmos könnte man sagen, verwandt sind. Denken sie nur an den ersten Satz des Johannesevangeliums: «Im Anfang war das Wort.» Das Wort ist das Prinzip, durch das alles geschaffen worden ist. (In vielen Mythen ist es selbstverständlich, daß die Schöpfung durch magischen Gesang oder magische Worte entstanden ist.) Alle diese Formen des schaffenden Prinzips hat uns Rudolf Steiner in der Eurythmie gegeben: Es sind ganz einfache Gebärden, aber es bedarf eines wirklichen Schulungsweges, um sie ganz genau zu lernen. Nun hat Rudolf Steiner etwas Frappantes über die Eurythmie gesagt: «Die Eurythmie entwickelt etwas in uns – vor allem bei Kindern wirkt das am stärksten –, das wir auf keine andere Art und Weise, weder in der Schule noch im übrigen Leben entwickeln können.»[7] Und dieses Etwas ist: Ein Wahrnehmungssinn für das Schicksal, ein *Organ*, um das Schicksal wahrzunehmen. Dieses Organ brauchen wir, genau wie wir das Auge brauchen, um das Licht zu sehen. Auch wenn überall Licht wäre, ohne das Organ des Auges hätte es keine Bedeutung. In der Eurythmie lernt man sich auf die kosmischen Kräfte (Konsonanten, Vokale und so weiter) konzentrieren, die auch in unserem Schicksal wirksam sind.

Lassen Sie es mich noch einmal von einer anderen Seite zu erklären versuchen. Es geht uns um die Fähigkeit, Begegnungen erleben zu können, also darum, das zu erkennen, was wir eigentlich tief innerlich suchen, welches Ziel wir haben. Unsere Bewegungen sind im Kleinen wie im Großen auf Ziele gerichtet. Schauen Sie sich einmal unsere Kultur an. Unser größtes Kulturvergnügen ist Fußball. Wie schön: Das Ziel ist sichtbar! Das Tor! Dahinein muß der Ball geschossen werden. Der vollendetste Teil der Schöpfung, die menschliche Hand, darf nicht benutzt werden, die baumelt nur so daneben, funktionslos. Nur der Torwart darf mit ihr den Ball aufhalten. Achten Sie aber einmal auf den Handball. Man gibt den Ball weiter oder man empfängt ihn: sanft, heftig, raffiniert, überraschend, auf diverse Arten. Es ist eigentlich das Bild für ein Gespräch zwischen Menschen. Ein Stoß gegen den Ball ist gerade das Entgegengesetzte, so respektlos, verächtlich wie nur möglich. Und dann Volleyball: Jetzt spielt man mit der Hand Fußball! Niemals gibt man, niemals empfängt man. Immer Abwehr, Abprallen: Ein Un-Gespräch. Nun denken Sie noch einmal an das, was ich gerade über die Eurythmie gesagt habe, über die Entwicklung des Bewegungssinnes und damit eines Organs für unser Schicksal, also für jene Impulse, die von unserem Lebensplan ausgehen. Vielleicht spüren Sie dann, wie tief die Qualität unserer Bewegung uns durchdringt. Bei der Eurythmie handelt es sich gerade um eine tiefergehende *Begegnung* mit den Bewegungselementen von Wort und Gesang. Diese versucht man jedesmal als Ziel zu erreichen – so wie Herr X versuchte, seine irdische Freundin zu finden.

Nun müssen wir diesen Lebensplan auch noch von einer anderen Seite betrachten. Die eine Seite ist die: Der Lebensplan ist fertig vorhanden, er ist gleichsam um uns herum ausgebreitet, und an uns liegt es, dafür wach zu sein. Aber nun müssen Sie die Sache auch wieder nicht zu starr auffassen. Sie können auch wieder nicht sagen, daß Sie niemals eine Begegnung hätten, die nicht in Ihrem Plan lag. So ist es nicht. Wir sind nicht nur hier, um Dinge in unserem Leben abzuspulen; wir können durchaus auch versuchen, zu Dingen, die uns überhaupt nicht liegen, die uns wirklich fremd sind, doch ein Verhältnis zu bekommen. Sonst würden wir immer innerhalb unseres eigenen kleinen Horizontes bleiben. Sie können aber in sich selbst sehr klar die Dinge voneinander unterscheiden, die Ihnen sehr wohl oder die Ihnen gerade nicht liegen. Das war schon in der Schule so; da haben Sie schon gemerkt, was Ihnen lag und was Ihnen nicht lag. Glücklicherweise gibt es noch Schulen, an denen man nicht sofort mit Wahlfächern beginnen muß. Müßte ein Kind nämlich schon früh mit Wahlfächern anfangen, dann brauchte es sich niemals an etwas Neues zu gewöhnen; und es hat doch das Bedürfnis danach, etwas Neues zu erobern, auch wenn es weiß: «Das werde ich nie richtig beherrschen in diesem Leben, das liegt mir nicht, das ist unbeackerter Boden für mich!» Diejenigen, die schon etwas mehr von dieser Materie gelesen haben, wissen, daß ich hier über *altes* und *neues Karma* spreche. Wir haben ein altes Karma, das wir «wiedererkennen», aber wir schaffen zugleich ein neues Karma, indem wir neue Interessen entwickeln. Das können Sie leicht in sich selbst voneinander unterscheiden: Dasjenige, was Ihnen zuweht, hängt mit Ihrem Lebensplan zusammen, während die Dinge, die erst mühsam von Ihnen erobert werden müssen, mindestens genauso sinnvoll für Ihr zukünftiges Leben sind, sonst wären Sie ein völlig isoliertes Wesen.

Das ist es, was ich Ihnen über das merkwürdige Sinnesorgan sagen wollte, mit dem wir uns bewegen. Es ist gleichsam diese sich kreuzende Bewegung auf dem physischen Plan: Wir bewegen uns von hier nach dort, während der «Planmensch» von dort nach hier geht. Sie spüren schon, daß dies ganz offenkundig mit dem *Schützen* (♐) zusammenhängt. Die erste Instruktion, die Sie bekommen, wenn Sie mit einer Pistole schießen wollen – oder mit Pfeil und Bogen, das ist vielleicht eleganter –, ist die, daß Sie nie das Gefühl haben dürfen, daß Sie von hier nach dort schießen; Sie müssen das Gefühl haben, daß Sie schon in der Mitte der Zielscheibe sind, denn nur dann kommen Sie auch hinein. Sie müssen beim Ziel anfangen. Wenn Sie anfangen, von hier aus zu zielen, treffen Sie nie hinein. Sie müssen das Gefühl haben: Das ist mein Ziel! Dann haben Sie eine viel größere Chance, daß Sie auch wirklich im Ziel landen. Bei allen Zielvorgängen lernen Sie, daß Sie vom Ziel, vom Ende her kommen. Von dorther wird die Kugel oder der Pfeil angezogen. Das ist das Wesen des Schützen, daß er zielt, daß er von der Zielsetzung, von einem Endpunkt ausgeht.

Natürlich sind es in erster Linie unsere Arme und Beine, mit denen wir den Eigenbewegungssinn erleben. Nun hat Rudolf Steiner etwas sehr Merkwürdiges über die Tatsache gesagt, daß wir zwei Beine haben. Ich zitiere: «Daß der Mensch keine Säule wird, daß er vor allen Dingen nicht geboren wird mit zusammengewachsenen Füßen und zusammengewachsenen Händen, das rührt davon her, daß ja ein Jahreslauf da ist, daß Winter und Sommer geistig einwirken, was auf verschiedene kosmische Beziehungen der Erde und ihrer Umgebung hinweist.»[8]

Selbst unsere ganz alltäglichen Dinge haben ihren tieferen Hintergrund. Es ist nicht zufällig, daß wir gerade zwei Arme und zwei Beine besitzen. Ebenso ist unser Gehen auf der Erde nicht willkürlich. Sie wissen, daß der Erdumfang 40.000 km beträgt. Es ist doch erstaunlich, daß wir – theoretisch – genau ein Jahr bräuchten, um einmal rund um die Erde zu gehen! Rechnen Sie es sich selber aus! Nicht schlendern, nicht hasten, normal gehen, plus/minus 4,5 km pro Stunde. – Die einander abwechselnden

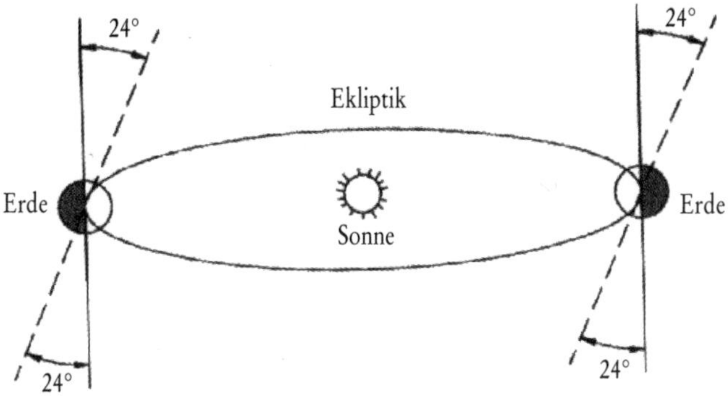

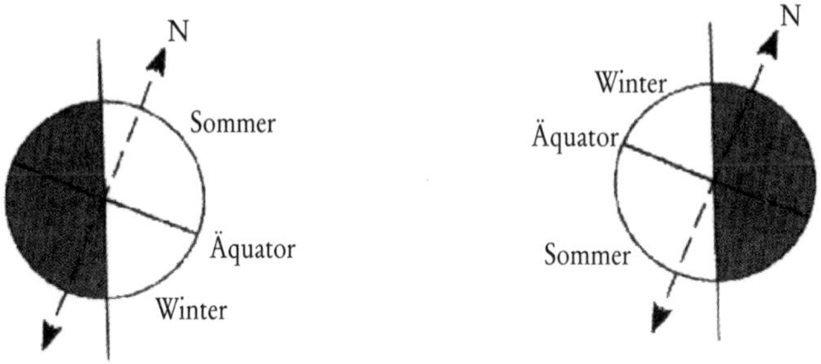

Jahreszeiten erklären sich aus der Schrägstellung der Achse, um die sich unsere Erde im Verhältnis zur Ekliptik dreht: der Ebene, auf der sich alle Planeten um die Sonne bewegen. Die Schrägstellung beträgt 23,5 Grad, sagen wir also 24 Grad. Beim aufrecht stehenden Menschen befindet sich das Hüftgelenk genau in der Mitte. Denken wir uns einen Kreis um den Menschen herum mit der Gelenkpfanne des Hüftgelenks als Mittelpunkt. Sie wissen aus Ihrer Schulzeit noch, daß der Kreisumfang gleich pi mal Kreisdurchmesser ist; pi ist gleich 3,14 ... (also etwas mehr als 3). Einen Kreis teilen wir in 360 Grade ein. Wenn wir nun die Höhe (Länge) eines Menschen messen und diese mit 3,14 multiplizieren, so haben wir damit «seinen»

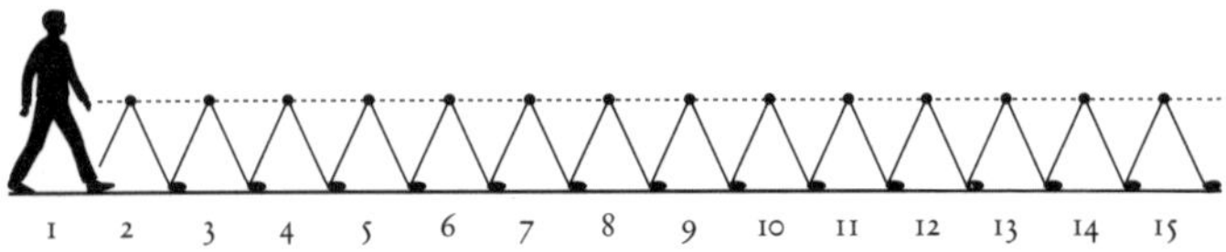

Der aufrecht stehende Mensch schreitet «seinen Kreis» – als Linie aufgezeichnet – zweimal in fünfzehn Schritten ab

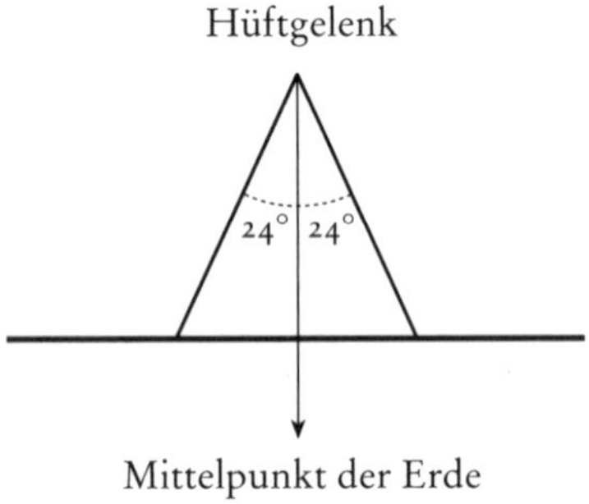

Der Winkel (zweimal 24 Grad), den die Beine während des Gehens bilden

Kreis. Diesen können wir als Linie auf den Boden zeichnen. Für den Versuch, den wir jetzt machen wollen, ist es geschickter, das Ganze mit 2 malzunehmen (siehe Zeichnung). Lassen wir nun jemanden seine beiden Kreise abschreiten, so braucht er dafür merkwürdigerweise fünfzehn Schritte. Fünfzehn Schritte über zweimal 360 Grad, also 720 Grad; jeder Schritt 720 : 15 = 48 Grad, das ist genau zweimal die Schrägstellung unserer Erde! Das heißt also, daß wir mit unseren Beinen bei jedem Schritt eine Pendelbewegung von 24 Grad Ausschlag vollziehen um unsere Aufrechte, das heißt um die Linie, die zum Mittelpunkt der Erde führt. So genau ist unsere Bewegung mit derjenigen der Erde, dem Planeten unseres Schicksals, verbunden.

Wenn wir unsere Arme nach oben strecken, ist nicht das Hüftgelenk der Mittelpunkt, sondern der Nabel. Unsere Arme sind viel freier in ihren Bewegungsmöglichkeiten. Doch sie haben eine eindeutige Beschränkung: Der Abstand zwischen den Schultergelenken wird von den beiden Schlüsselbeinen begrenzt, die mit dem Brustbein verbunden sind. Der Winkel der beiden Enden des Schlüsselbeins zum Nabel beträgt ebenfalls 48 Grad (zweimal 24 Grad). Wir sehen, wie hier in anderer, aber auch charakteristischer Form der Zusammenhang mit der Erde sichtbar wird.

Abschließend können wir uns fragen: Warum ist ein Mensch gerade so groß, wie er ist, also durchschnittlich 1,70 Meter? Wir betrachten, mit Recht, Riesen und Zwerge als abnorme Abweichungen. Da der Mensch eindeutig ein «Augenwesen» ist, können wir die Frage auch so stellen: Wie groß ist die Reichweite des Auges? – Stellen wir uns die Erde nun als eine glatte Kugel vor. Welchen Abstand überblickt der Mensch nun bis zu seinem Horizont? Wir können dies folgendermaßen ausrechnen:

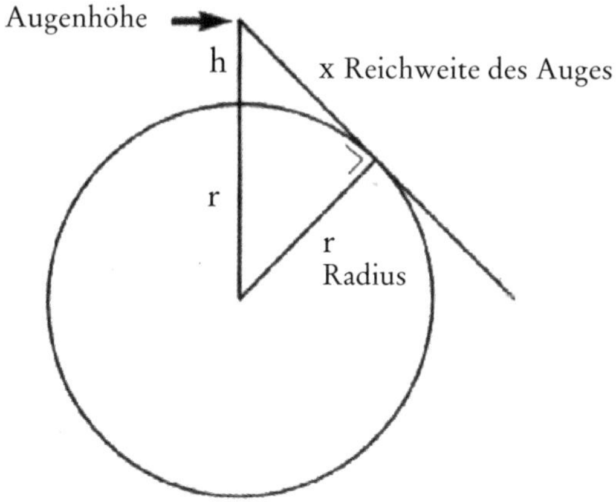

Zeichnung zur Berechnung der Reichweite des Auges (nicht maßstabgerecht)

Gegeben sind der Umfang der Erde = 40000 km, der Erdradius = 40000 : 2 π = 6366 km (π = 3,14). Bei einem Menschen liegt die Augenhöhe etwa 7 cm unter der Gesamthöhe, bei durchschnittlicher Größe von 1,70 m also bei h = 1,63 m. Berechnet werden soll die Reichweite x des Auges bis zum Horizont.

Aus dem Satz des Pythagoras folgt:

$$x^2 + r^2 = (r + h)^2$$

oder $$= r^2 + 2hr + h^2$$

oder $$x^2 = 2hr + h^2$$

Nun kann h^2 gegenüber 2hr unberücksichtigt bleiben. Das sieht man ein, wenn man bedenkt, daß h die Länge des kleinen Menschen auf diesem gewaltigen Erdball ist. Die Gleichung kann also einfacher geschrieben werden als

$$x^2 = 2hr, \text{ also } x = \sqrt{2hr}$$

Die durchschnittliche Augenhöhe beträgt h = 1,63 m = 0,00163 km, der Erdradius r ist 6366 km. Daraus folgt für die Reichweite des menschlichen Auges:

$$x = 2 \cdot \sqrt{0{,}00163 \quad 6366} \text{ km} = 4{,}5 \text{ km}$$

Das ist etwa eine Stunde zu Fuß. Schaut ein Mensch also zuerst zurück und dann nach vorn, so sind das zusammen 9 km. Das sind etwa zwei Fußstunden und ein Zwölftel des Tages. Sie wissen ja, der Tag ist die Zeit, in welcher sich die Erde genau einmal um ihre Achse dreht.

Zahlen sind für uns heute meist etwas ganz Abstraktes, Unwirkliches. Aber Proportionen, Zusammenhänge, Übereinstimmungen, Kompositionen von Zahlen deuten auf die uns leider nicht mehr hörbare Sphärenmusik, die Musik des Kosmos, von der beispielsweis Pythagoras so oft spricht.

So gehen wir nun über zum nächsten Sinnesorgan, das ist das *Gleichgewicht.* Ich sehe Sie alle denken: «Ha, das Sinneswerkzeug kenne ich, mit dem bin ich vertraut. Ich kann ganz gut mein Gleichgewicht halten!» Aber Sie müssen sich auch fragen: «Wie kommt es eigentlich zustande, daß man sein Gleichgewicht hält?» Das scheint alles so einfach zu sein und ist doch äußerst kompliziert. Eines steht in jedem Fall fest: Nur in einem Schwerefeld können Sie das Gleichgewicht halten. Sie können nicht im Nichts Ihr Gleichgewicht halten. Wenn wir alle schwebende Wesen wären, würden wir nicht so leicht das Gleichgewicht halten können. Ein kleines Kind muß stehen lernen, es muß sich erst einmal auf der Erde zu Hause fühlen, es hat Boden nötig, um sein Gleichgewicht halten zu können. So, wie Sie sich mit Hilfe des Tastsinnes Ihres leiblichen Hauses bewußt werden, und so, wie Sie mit dem Lebenssinn den *Zustand* innerhalb Ihres Hauses in Erfahrung bringen, so können Sie mit Ihrem Bewegungssinn in diesem leiblichen Haus wohnen – denn das tun Sie eigentlich, indem Sie sich bewegen, Sie wohnen in dem Haus, wenn Sie sich bewegen –, mit Ihrem Gleichgewichtssinn aber kommen Sie in die Außenwelt. Und wirklich, es muß eine Außenwelt sein, möglichst eine harte Erde, denn im Wasser ist es schon recht schwierig, das Gleichgewicht zu halten. In Wirklichkeit beginnen wir erst auf dem harten Element, uns heimisch zu fühlen.

Sie wissen auch alle, daß wir ein Gleichgewichtsorgan haben. Das sind die drei schönen halbkreisförmigen Kanäle, die senkrecht aufeinander stehen, die also die drei Dimensionen darstellen. Damit orientieren wir uns im Raum. Das Gleichgewichtsorgan hängt eng zusammen mit den sogenannten motorischen Nerven (die in Wirklichkeit aber die Bewegung wahrnehmen, nicht sie hervorrufen), die das Gehirn mit den Muskeln verbinden. Wie es weiter mit dem Schneckenhaus des Gehörs zusammenhängt, wie sie miteinander verbunden sind, werde ich dann besprechen, wenn wir uns mit dem Gehör befassen. Das laß ich hier jetzt weg. Uns interessieren jetzt nur die drei halbkreisförmigen Kanäle. Nun ist es als erstes wichtig zu wissen, wo diese Gleichgewichtsorgane eigentlich genau sitzen. Wir alle wissen, daß der Mensch aufrecht steht und geht. Das soll jedenfalls so sein, und ich hoffe, daß ich Ihnen das klarmachen kann. Lassen Sie uns diese Gestalt betrachten, die in soldatischer Haltung dasteht. Sie sehen, wir können eine Linie durchziehen: eine Linie, die durch das Knöchelgelenk, durch das Kniegelenk, über das Handgelenk, durch das Hüftgelenk (genau in der Mitte), durch den Oberschenkelkopf, durch den Ellbogen, durchs Schultergelenk geht und schließlich auf dem Weg übers Kiefergelenk im Kopf beim Gleichgewichtsorgan herauskommt. Natürlich können Sie sagen: «Das ist übertrieben, so steht normalerweise niemand!» Das stimmt, aber doch gehen wir automatisch immer von dieser Haltung aus. Man sagt doch, daß jemand einen Hängebauch hat oder daß sein Becken verdreht ist oder daß jemand eine Himmelfahrtsnase hat. Mit der hier gezeigten Haltung als Ausgangspunkt behaupten wir, daß jemand falsch steht. Wir erleben es so, daß der Mensch wirklich in einer Vertikale steht.

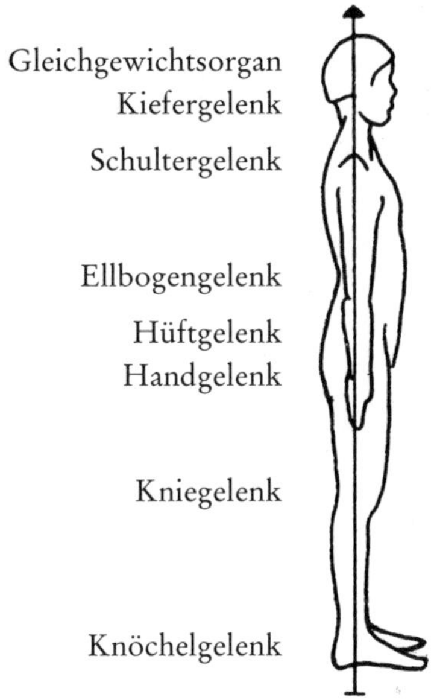

Das Zusammenspiel zwischen Sich-Bewegen und Balance-Halten beim Menschen ist erstaunlich. Denken Sie nur an die vielen Kinderspiele: Seilspringen, mit dem Reifen spielen, Raufen, Purzelbäume schlagen, jonglieren, tanzen, Akrobatik, Gymnastik und das Allerschwierigste: über ein durchhängendes Seil balancieren. Kein anderes Wesen, kein einziges Tier bringt einen so großen Bewegungsreichtum zustande. Ich spreche ausdrücklich nicht vom Leistungssport. Viel besser, als sich darauf zu spezialisieren, eine Zehntelsekunde eher anzukommen, ist es, die Vielseitigkeit einfach menschlich zu üben, vor allem in der Kindheit und Jugend.

Das alles beruht auf dem besonderen Bau des Menschen. Bei ihm sprechen wir von einem labilen Gleichgewicht. Der menschliche Schädel ist so gebaut, daß er in einem balancierenden Gleichgewicht auf dem Rumpf sitzt. Beim Schimpansen ist das nicht so, sein Schädel ist völlig anders. Sein Unterkiefer hängt sozusagen außerhalb seines Schädels. Doch wissen Sie vielleicht, daß der Schädel eines jungen Affen sehr große Übereinstimmung mit dem des Menschen hat. Wenn Sie den Schädel eines jungen Äffchens mit dem eines alten Affen vergleichen, muß es Sie zumindest erstaunen, daß der einem Menschenschädel gleichende Schädel eines jungen Affen später die völlig andere Form des alten Affenschädels bekommt. Beim jungen Äffchen ist der Schädel viel menschlicher, mit einer schönen runden Stirn, die später weitgehend verschwindet. Wer in der Natur zu lesen versteht, kann sehen, daß der Affe vom Menschen abstammen muß, statt umgekehrt. Das kleine Äffchen sieht aus wie ein altes verschrumpeltes Männchen. Der erwachsene Affe ist viel weiter von der Menschengestalt entfernt. Das Urbild des Menschen manifestiert sich wunderbar in der menschlichen Haltung; im Tierreich geht sie prinzipiell immer verloren. Sie könnten vielleicht sagen, daß ein Papagei und ein Pinguin doch auch aufrecht stehen. Aber das stimmt nicht, beides sind völlig zusammengekauerte Tiere.

Die Alten Ägypter waren auf diesem Gebiet viel weiser. Sie erzählten, daß des Menschen Wesen gewogen wurde, wenn er gestorben war. Auf vielen Darstellungen können Sie sehen, wie das Herz, die Seele des Menschen, von Anubis gewogen wurde, um zu prüfen, ob sein Leben mit seinem Wesen, seinem Lebensplan, im Gleichgewicht gewesen war; und wie ein Untier die Seele des Gestorbenen aufaß, wenn von Anubis bestimmt wurde, daß kein Gleichgewicht bestand. Auf der Abbildung, die ich Ihnen

Links der Gott Osiris, rechts neun Richter.
Aus: Wallis Budge, From Fetish to God in Ancient Egypt, *London 1934.*

zeige, ist die menschliche Gestalt des Gestorbenen, der vor dem Thron des Osiris steht, als Waage abgebildet. Die Waage ist im Gleichgewicht, so daß das Untier weggeführt werden kann.

Wenn wir einen Schädel durchschneiden, sehen wir die berühmte Schädelbasis. Dort sitzt verborgen das Gleichgewichtsorgan, diese drei halbkreisförmigen Kanäle. Und sowohl diese drei halbkreisförmigen Kanäle als auch alle eben genannten Gelenke befinden sich auf derselben Ebene. Sie sehen, daß der Mensch in seiner Gestalt wirklich wie eine Waage ist. Und wenn das nicht so ist, dann sagen wir, daß er sich krummhält oder etwas derartiges. Wir gehen wie selbstverständlich davon aus, daß der Mensch so gebaut ist.

Sie empfinden es vielleicht als verwirrend, daß wir das Bild der Waage, nämlich als Sternbild, auch beim Tastsinn angeführt haben. Aber dort ging es um das irdische Gewicht der Dinge. Wir haben an der Stelle gesehen, daß der Wert, die Qualität, unwägbar blieb. Diese werden nur von der himmlischen Waage Michaels oder – wie hier – der ägyptischen Gottheit ans Licht gebracht. Denn mit dieser wird der Wert des Gestorbenen geprüft. Sowohl der Gleichgewichtssinn als auch die ganze menschliche Gestalt sind Spiegelungen dieser geistigen, moralischen «Waage».

Sie sehen: Das Gleichgewicht ist der unmittelbare Ausdruck unseres eigentlichen Wesens. Und dieses eigentliche Wesen wird in der Anthroposophie ICH genannt, das Ich des Menschen. Wir erleben es auch so. Wir erleben, daß die menschliche Gestalt der Ausdruck unseres Ich ist, gerade deshalb, weil wir aufrecht gehen. Wir erleben das Ich als eine gerade Linie im Menschen. Wie das Individuum also ein Ich ist, so ist auch seine Gestalt ein Ich. Das erleben wir eigentlich im Gleichgewicht. Ich stehe. Ich bestehe. Ich stehe auf meinem Stand-Punkt.

Sie können das auch sehen, wenn ein Kind sich zum ersten Mal hinstellt. Das ist immer ein gewaltiger Triumph. Es erlebt dann plötzlich sein eigenes Wesen, und das ist etwas Gewaltiges. Davor war es noch so ein kriechendes Knirpslein. Jetzt auf einmal ist es wirklich ein Mensch geworden, jetzt, wo es steht. Sie selbst erleben sich am stärksten, wenn Sie vertikal stehen. Stehen ist der Ausdruck unseres Wesens. Daher ist es auch bedauerlich, daß Jugendliche – aber auch Erwachsene – immer häufiger hängen oder sitzen oder liegen; denn das Stehen drückt erst wirklich den Menschen aus. Das ist eigentlich eine selbstverständliche Tatsache, die jeder erleben kann. Und alles, was das Stehen unmöglich macht, empfindet der Mensch als einen gewaltigen Anschlag auf sein Ich. Ich weiß nicht, ob Sie es schon einmal erlebt haben, diesen furchtbaren Ent-Ichungsprozeß, den Sie durchmachen, wenn Sie seekrank sind. Sie haben nur einen Wunsch: «Lebte ich bloß nicht mehr!» Und sobald Sie wieder an Land sind, fühlen Sie sich wie neugeboren. Sie können dann auf einmal wieder Ihr Gleichgewicht halten.

Mit Alkohol ist es genau umgekehrt. Dann finden wir es nota bene lustig zu schwanken. Sie selbst empfinden sich als ein vorbildliches, alles beherrschendes Wesen, jedoch erlebt der andere das nicht an Ihnen. Ihr roter Kopf sieht beschämend aus, aber jedes Schamgefühl ist verschwunden. Das Wertvollste am Menschen ist sein Reichtum an Gefühlen, und gerade die werden unmerklich eingenebelt. Sie werden sagen: «Nun ja, aber ein bißchen macht doch nichts, da wird's doch erst gemütlich!» Ja, natürlich: Mit «ein bißchen» können Sie alles rechtfertigen.

Aber nun zurück zum normalen Zustand. Die Frage ist: Wie funktioniert das Gleichgewicht? Wie halte ich mein Gleichgewicht hier im Saal? Drücke ich von mir selbst aus auf mich drauf, halte ich mein Gleichgewicht von innen her? Nein, wir halten unser Gleichgewicht an unserer Umgebung! Es klingt wahrscheinlich merkwürdig, aber ich kann hier deshalb so mühelos aufrecht stehen, weil mein Wesen den ganzen Saal ausfüllt. Ich bin bis an die Decke, ich bin bis zu jener Gardine, zu jener Tür, bis zu Ihnen, bis an die Mauer dahinten, bis an die Lampe. Ich fülle hier den ganzen Raum. Mein Wesen, das ist etwas, was ich von innen her habe, aber das werfe ich in den Raum. Im Übersinnlichen sind die Dinge ganz elastisch. Wenn ich draußen unter dem Sternenhimmel spazierengehe – Sie dürfen nicht über die Millionen von Lichtjahren erschrecken, unser Wesen geht unbekümmert mit solchen Entfernungen um –, reicht mein Wesen bis an die Bäume, bis an die Wolken, bis an die Sterne, und im Zimmer lasse ich mich selbst einfach bis an die Wände des Zimmers reichen. Aber ich fülle immer den Raum. Nun haben wir schon erfahren, daß es nicht so undenkbar ist, daß meine Bewegung nicht von mir weg, sondern in Wirklichkeit zu mir hin gemacht wird. Stellen Sie sich nun auch einmal vor, daß es in Wahrheit so ist, daß ich mich von außen her ergreife, aus der Umgebung her also, von der Architektur her. Können wir jetzt nicht manches verstehen? Sehr einfache Dinge werden wir von daher verstehen!

Eines der einfachsten und doch seltsamsten Phänomene ist die Höhenangst. Was ist eigentlich Höhenangst? Sie gehen an einem Abgrund entlang, und was geschieht dabei? Warum bekommen Sie auf einmal Angst? Warum spüren Sie auf einmal eine saugende Leere, und warum müssen Sie zurücktreten, um sich an einer Mauer festzuhalten? Weil Sie das Gefühl haben, daß Sie in diese Leere hinabgezogen werden. Warum? Weil Sie den Raum nicht füllen können, während Sie das vorher sehr wohl konnten. Wenn es Ihnen ein bißchen später dann nichts mehr ausmacht und Sie dann in das Tal schauen: Was tun sie da? Dann ist das ganze Tal mit Ihnen «gefüllt», und das gibt Ihnen wieder Halt: Sie «stützen» sich auf das Bächlein, auf die Steine und das Haus, auf den Kirchturm. Sie stützen sich auf alles, Sie füllen diesen ganzen Raum. Und das können wir alle.

Früher gab es so kleine lustige Jahrmärkte, jetzt nicht mehr. Und auf diesen Jahrmärkten gab es unglaublich schöne Sachen. Da gab es zum Beispiel einen Raum, der von außen wie eine Scheune aussah; in den ging man hinein. Drinnen standen dann diese Art Bänke, auf die das Publikum sich hinsetzte. Hier drinnen sah es wie in einem Zimmer aus, Gardinen und Türen, ein Ofen und Blumentöpfe mit Blumen waren ringsum aufgemalt. Dann wurde etwas Musik gemacht, und auf einmal fing das Zimmer an, sich ein bißchen zu bewegen; ganz langsam, aber man sah es. Das war ein sehr unangenehmes Gefühl. Es schaukelte und schaukelte immer stärker, wie ein Schiff, und auf einmal drehte sich das ganze Zimmer. Und was tat man da? Man hielt die Bank krampfhaft fest, während sich alles um einen herum drehte! Aber in dem Augenblick, in dem man die Augen schloß, war gar nichts mehr los. Man saß mucksmäuschenstill auf einer Bank. Hieran konnte man herrlich erleben, daß man sein Gleichgewicht dadurch hält, daß man den Raum fühlt. Verstehen Sie, was ich meine? Als der Raum, in dem ich saß, anfing, sich zu drehen, wurde ich ganz umnebelt, und doch geschah nichts mit meinem Leib. Und in dem Moment, als ich meine Augen schloß, geschah überhaupt nichts mehr, weil ich den Raum nicht mehr sah. Auf solchen Jahrmärkten konnten wir sehr überzeugend erleben, wie unser Gleichgewichtsorgan funktioniert.

Das Merkwürdige ist nun, daß wir es beim Gleichgewicht mit dem Umgekehrten zu tun haben von dem, was beim Schmerz geschieht. Schmerz entsteht dadurch, daß wir uns von dem Urbild unseres Wesens abwenden. Er ist ein Schattenwurf unseres höheren Wesens. Wir werden enger als unser höheres Wesen und fühlen uns daher ungesund, krank. Darum haben wir es beim Lebenssinn auch vor allem mit negativen Gefühlen zu tun. Der Lebenssinn verrichtet seine Aufgabe eigentlich dann gut, wenn er uns warnt, sobald es uns nicht gut geht. Das

Gleichgewicht zu halten ist aber die Grundlage für ein angenehmes Gefühl. Ein abscheulicher Zustand ist es, wenn wir nicht stillsitzen können, alles nicht mehr aushalten können, den Raum nicht füllen können. Dann müssen wir uns ein Stück Raum erobern. Wenn wir unseren Lebenssinn wahrnehmen, wissen wir, daß wir uns jetzt gerade von unserem Urbild abwenden; und gerade so müssen wir für das Gleichgewicht sozusagen ein Stück von uns in der Welt wiederfinden und erobern.

Das ist ein schwieriger Begriff. Hat denn jeder von uns seinen eigenen Raum, oder haben wir einen gemeinsamen Raum? Im Prinzip beides! Wie kommt es, daß wir einen Standpunkt haben? Das verdanken wir unserem Gleichgewicht. Sie müssen sich einmal vorstellen, daß Sie genau wie Wasser immerfort fließen würden, daß Sie in dauernder Bewegung wären. Sie fühlen sicher, daß Sie dann niemals einen Standpunkt haben würden. Sie würden nie von sich selbst aus alles in Ruhe überblicken können. Sie würden nie den Raum erobern können. Immer ist eine Art Ruhe notwendig, um Gleichgewicht zu halten. Natürlich kann man auch in der Bewegung das Gleichgewicht halten, beim Rennen zum Beispiel. Doch ist immer irgendwo ein Ruhepunkt: Sie wählen dafür den Horizont oder orientieren sich an irgend etwas anderem. Das haben Sie auch bei der Seekrankheit erlebt. Sie haben Ihre Orientierung verloren, denn der Horizont begann sich zu bewegen. Normalerweise orientieren Sie sich von einem ruhigen Platz aus, von einem ruhigen Gefühl im Raum, am liebsten einem festen, genau horizontalen Untergrund. Das ist charakteristisch für das Festlegen eines Standpunktes. Und mit dieser Standpunktbestimmung sind Sie nun wirklich in Ihrem eigenen Raum angekommen.

Und was ist dann dieser gemeinsame Raum? Stellen Sie

sich vor, daß Sie alle kurz eingeschlafen sind und daß ich einmal laut und kräftig klopfe, wodurch Sie wach werden. Dann findet ein merkwürdiger Übergang statt. Als Sie schliefen, waren Sie eigentlich in Ihre eigene Welt versunken, jeder von Ihnen hatte seine nur ihm eigenen Träume. Und in dem Augenblick, in dem Sie wachwerden, betreten Sie alle dasselbe Zimmer. Das ist doch nett, jeder zwar von seinem eigenen Standpunkt aus – der eine von diesem Bett, der andere von jenem Bett aus –, und doch sitzen Sie im selben Raum zusammen! Das gibt es nur bei Menschen. Das ist im Tierreich unmöglich. Tiere erwachen nie im selben Raum. Das können Sie wunderbar im Tierpark oder auf einem Kinderbauernhof sehen, wo unterschiedliche Tiere herumlaufen. Da sehen Sie, daß ein Tier nicht das geringste Interesse am andern Tier hat. Niemals. Sie werden nie erleben, daß eine Kuh die andere anstupst und muht: «Sieh mal, was für leckeres zartes Gras!» Das gibt es im Tierreich nicht. Nie nimmt ein Tier das andere mit, um auf etwas zu zeigen. Und nun sagen Sie nicht, daß dies nicht stimmt, weil die Bienen alle zum Beispiel Tänze aufführen, nach denen andere Bienen genau wissen, was sie tun sollen. Das ist etwas anderes; das ist das Signalsystem der Tiere, das hat etwas mit dem Instinkt zu tun. Sie haben sich noch nie gegenseitig irgendwohin mitgenommen. Auch beobachten Sie nie, daß ein Tier sagt: «Sieh einmal, wie schön es da ist!» So etwas gibt es im Tierreich nicht. Das gibt es nur bei Menschen, und dies hängt ganz tief mit dem Gleichgewichtsorgan zusammen.

Auf der einen Seite habe ich meine eigene Standpunktbestimmung, ich steh an einem bestimmten Platz. Und auf der anderen Seite lebe ich mit einer bestimmten Gruppe von Menschen in einem gemeinsamen Raum zusammen. Wir können einander wirklich beachten, wir können aufeinander eingehen, wir können miteinander sprechen, gegenseitig unseren Gedanken folgen, wir können uns gegenseitig objektiv wahrnehmen. Das hängt alles hiermit zusammen.

Sie werden vielleicht behaupten, daß auch Tiere einander objektiv wahrnehmen. Davon kann nicht die Rede sein. Ich stelle die Dinge allerdings recht extrem und nachdrücklich dar, weil eine sehr starke Tendenz in unserer Kultur vorhanden ist, Tier und Mensch miteinander gleichzustellen. Das hat für uns natürlich angenehme Seiten. Wir benötigen dann kein Gewissen mehr, wir können dann einfach so weitermachen. Ich aber will betonen, daß ganz ausgesprochene Unterschiede vorhanden sind. Ich nenne jetzt den einfachsten. Ein junges Entlein verirrt sich im Wassergraben, es hat die eigene Mutter verloren und schwimmt allein. Wenn nun eine andere Mutter vorbeikommt, denken Sie etwa, daß diese Entenmutter das Junge sehen würde? Aber nein! Diese Entenmutter wird unruhig, denn das Junge gibt merkwürdige Geräusche von sich. Diese Mutter ist völlig hilflos, sie hört merkwürdige Geräusche, die sie nicht unterbringen kann. Sie sieht dort überhaupt kein junges Entlein einer anderen Entenmutter schwimmen. Das müssen Sie sich einmal vorstellen. Wir können einander im selben Raum begegnen, das können die Tiere unmöglich. Sie haben vielleicht in einem Tierfilm folgende – oder eine ähnliche – Szene gesehen: Eine afrikanische Gazelle hat ihre Mutter verloren. Dann kommt eine Gazellenherde an, aber kein einziges Tier nimmt das Junge auf. Das Tier läuft von der einen zur anderen Mutter. Es kann seine eigene Mutter nicht finden. Das Junge sieht also sehr wohl die Herde, aber nur als Masse, um sich dort hineinzuflüchten und darin nach seiner Mutter zu suchen. Denken Sie auch einmal an eine große Schafherde. Wenn dort ein Lamm etwa zehn Meter zurückgeblieben ist, findet es dennoch in all den Schafen wieder untrüglich die Zitzen seiner Mutter. Nicht deshalb, weil es sie sieht, sondern weil es einen Instinkt hat. Können Sie folgen? Die Tiere werden von innen her durch ihren Instinkt getrieben. Das Lamm sucht nicht die Zitzen, beileibe nicht. Es kommt ganz einfach nur dorthin.

Warum aber hat einzig der Mensch diesen gleichgewichtigen Bau? Warum ist einzig der Mensch eine gerade Linie, von der aus er einen Standpunkt bestimmen kann? Und warum kann nur der Mensch von sich aus anderen Dingen begegnen? Weil wir durch das Gleichgewichtsorgan auf der einen Seite unseren eigenen Standpunkt haben, während es uns auf der andern Seite, da es ein räumliches Sinnesorgan ist, alle in einem gemeinsamen Raum zusammenfaßt. Das ist die Schwierigkeit, die ich Ihnen heute erklären mußte. In der Anthroposophie wird dies raumerfüllende Prinzip, das übergreifend tätig ist und uns, obgleich wir einen Standpunkt haben, dazu befähigt, uns mit anderen zu verbinden, das *Geistselbst* genannt. Das ist etwas anderes als das Ich. Ich will wieder versuchen, dies durch ein Beispiel zu verdeutlichen. Ich habe schon dargelegt, daß jeder seine eigene Biographie hat und jeder sein eigenes Gebiet, in dem er sich heimisch fühlt. Wenn jemand sich nun in einem bestimmten Gebiet ganz und gar heimisch fühlt, zum Beispiel in der Mathematik oder in der Geschichte, wenn er sich ein bestimmtes Gebiet so gründlich erarbeitet hat, daß es ein Teil seiner selbst geworden ist, dann haben wir es mit dem Geistselbst zu tun. Das ist der große Unterschied zwischen dem, der nur nachredet, und dem, der sich wirklich etwas zu eigen gemacht hat. Das erste ist Nachahmung, das zweite ist das Geistselbst.

Und wenn etwas ganz und gar ein Teil von Ihnen ist, dann ist es plötzlich auf einen andern übertragbar. Das klingt paradox: Was ganz persönlich ist, gilt auch für den andern. Wir neigen viel zu oft zu der Meinung, nur was abstrakt sei, gelte auch für den andern. Natürlich, die Winkelsumme eines Dreiecks ist für alle von uns 180°, aber das ist dafür auch so graue Theorie: Was für jeden gilt, ist langweilig. Es geht gerade um das Allerpersönlichste; das berührt auch das Persönliche eines andern. Das weiß auch ein Künstler. Ein Künstler kann nur persönlich arbeiten, und je persönlicher er ist, desto mehr wird er andere berühren. Goethes *Faust* ist typisch deutsch und typisch Goethe. Und darum ist er für jeden! Genauso wie *Hamlet:* typisch englisch, typisch Shakespeare, also: für jeden! Das müssen Sie mit zum Geistselbst dazuzählen.

Es besteht also ein großer Unterschied zwischen dem Ich und dem Geistselbst. Das Ich erleben wir durch das Gleichgewichtsorgan, das ist seine Grundlage. Damit bestimmen wir einen Standpunkt. Aber gerade weil wir nun einen Raum füllen, so daß wir in Verbindung mit einer anderen Welt sind, haben wir es mit unserem Geistselbst zu tun. Dies ist ein schwieriger Begriff; und doch kennen wir ihn im täglichen Leben. Welchen Lehrer liebten Sie am meisten? Doch nicht den, der seine Stunden abspulte, sondern den, der ihnen noch eine persönliche Note zu geben wußte, nicht wahr? Der hatte sich zumindest etwas zu eigen gemacht, und das ist in dem Wort Geistselbst enthalten. Was man sich zu eigen gemacht hat, ist plötzlich an den andern übertragbar geworden, und dies ist das große Geheimnis des Geistselbst. Das ist dies schwierige, dies merkwürdige Paradox: Wir bestimmen unseren eigenen Standpunkt und kommen dadurch miteinander in Verbindung! Ich nehme nicht nur mich objektiv wahr, wenn ich mich im Gleichgewicht halte, sondern auch etwas anderes. Jetzt sage ich es plötzlich ganz einfach.

Dem Gleichgewichtsorgan haben wir es zu verdanken, daß wir ein Daseinsgefühl haben, das Gefühl, daß etwas *besteht*. Warum kann ich so einfach sagen: «Dort steht ein Baum», «dort läuft ein Hund», «dort fährt ein Auto», und dabei die Sicherheit haben, daß das alles besteht? Weil ich einen Standpunkt habe und doch nicht in mir darin bleibe: Ich sehe ganz einfach das andere in einem uns gemeinsamen Raum.

Und das genau ist das Paradox, das wir im Geistselbst ausdrücken. Geistselbst hat folglich nichts mit Egoismus zu tun. Es ist gerade das Gegenteil von Egoismus, und darum enthält es auch das Wort «Geist». Das Geistselbst ist nichts Egoistisches, das Geistselbst ist das Persönliche, das uns mit dem andern verbindet. Und vielleicht können Sie herausfühlen, daß dies ganz eng mit dem *Steinbock* (♑) zusammenhängt. Ist es nicht ein wunderbares Bild, dieser Steinbock, der da als Einzelgänger auf diesem unmöglich zu erreichenden Felsenvorsprung steht? Ich weiß nicht, ob Sie jemals so einen Steinbock gesehen haben. Aber Sie können es auch auf dem Bauernhof bei einem Zicklein beobachten: Das steht mit allen vier Pfoten auf einem winzigen Pfahl und hält sein Gleichgewicht. Ist das nicht ein gewaltiger Triumph, so ein Steinbock mit dem ganzen Raum um sich herum? Woher kommt diese gewaltige Kraft dazu, so allein zu stehen? Aus der ganzen Umgebung, aus der ganzen Natur! Und dort ist er gleichsam der Herrscher.

Ich möchte schließen mit einigen Versen, in denen etwas von dem Geheimnis des Bewegungssinnes beziehungsweise des Gleichgewichtssinnes zum Ausdruck kommt. Die ersten sind von Christian Morgenstern, dem großen

Wanderer hin zu einem geistigen Leben, die folgenden von Friedrich Nietzsche, dessen Zarathustra den Menschen in flammender Begeisterung zuruft, Tänzer zu werden.

Wer vom Ziel nicht weiß,
kann den Weg nicht haben,
wird im selben Kreis
all sein Leben traben …

Für Tänzer

Glattes Eis
Ein Paradeis
Für den, der gut zu tanzen weiß.

3.
Der Geruch und der Geschmack

Bis jetzt haben wir uns mit vieren der zwölf Sinne beschäftigt: Mit dem Tastsinn, dem Lebenssinn, dem Eigenbewegungssinn und dem Gleichgewicht. Ich werde Ihnen diese Sinnesorgane noch einmal kurz ins Gedächtnis rufen. Wir haben einen sehr bemerkenswerten Weg beschritten, seitdem wir mit unserem Tastsinn Abschied von der kosmischen Welt genommen haben. Es ist eine Illusion zu denken, daß wir mit unserem Tastsinn in die Welt hineinkommen, vielmehr werden wir uns nur unserer eigenen Leiblichkeit bewußt. Wir nehmen gerade Abschied von jenem Einssein mit dem Kosmos.

Mit dem Lebenssinn begaben wir uns in unsere eigenen Lebensprozesse, in unsere Konstitution, wodurch wir jetzt erfahren, wie es uns geht, ob wir gesund sind, ob wir krank sind, ob wir Hunger oder Durst haben, ob wir müde sind usw. Wir haben über den Schmerz gesprochen und erkannt, daß Schmerz eine sehr große Bedeutung innerhalb der Kultur hat, weil Schmerz immer auf das Höchste im Menschen hinweist, das uns nämlich warnt, wenn wir davon abirren.

Durch den Eigenbewegungssinn merken, wir, daß wir eine bestimmte Mitsprache in unserer Leiblichkeit besitzen. Diese Mitsprache ist zwar gering, doch können wir bestimmte Muskeln eigenhändig oder «eigenfüßig» bewegen. Es gibt also eine Bewegungsmöglichkeit in unserem Körper, und die erleben wir auch. Eine ganz tiefe Verbindung zwischen all unseren Bewegungen ist in unserer Biographie vorhanden. In unserem vollständigen Lebenslauf liegt immer ein verborgener Plan, ein Plan, den wir gefaßt haben, ein Auftrag, den wir uns gestellt haben. Wir haben gesehen, daß bei diesem Auftrag die Zeit gegenläufig zur irdischen Zeit verläuft. Denn diese Zeit geht vom Endpunkt aus. Der Auftrag verläuft nicht von der Geburt bis zum Tod, sondern rechnet vom Tod an bis zurück zur Geburt. Und aus dieser Quelle heraus «begegnen» wir auch all den unterschiedlichen Dingen. Wir können nur die Begegnungen auf der Erde haben, die wir wirklich wollten. Es ist nicht so, daß wir etwa erst eine Reihe von Begegnungen hätten und uns dann dadurch etwas bewußt würde, sondern wir begegnen bestimmten Dingen, weil wir vorhatten, diese hier auf der Erde auch wirklich zu erleben.

Und schließlich treten wir mit unserem Gleichgewichtsorgan wieder aus uns heraus. Damit kehren wir wieder in die Welt zurück, denn ein Gleichgewicht können wir nur in Beziehung zu einem Schwerefeld halten, in Beziehung zu etwas anderem. Ich habe Ihnen gezeigt, daß der Mensch ganz und gar auf diesem Gleichgewichtsorgan aufgebaut ist, daß wir wirklich eine aufrechte Haltung haben. Dieser aufrechten, stehenden Haltung haben wir es zu danken, daß wir auch ein Gefühl für unsere Existenz, für unser Bestehen haben, das Gefühl: Ich bestehe! Kein Tier hat dies Gefühl. Nur der Mensch kann fühlen, daß er besteht; nur der Mensch hat ein Ichbewußtsein. Das Merkwürdige dabei ist, daß ich aus der Tatsache heraus, daß ich bestehe, zugleich auch die Erfahrung mache, daß auch andere Dinge bestehen. Es ist ein passendes

Wort, dieses Wort «bestehen». Wir sagen nicht nur «Ich bestehe», sondern auch: «Etwas anderes besteht». Sie fühlen sicher, daß wir als ein lediglich umherkreisendes Wesen, das fortwährend eine andere Haltung annähme, niemals ruhig etwas anderem gegenüberstehen, darauf zeigen und sagen könnten: «Dort steht ein Baum, dort liegt ein Stein!» Das Wort «bestehen» ist auf unglaublich tiefgründige Weise mit unserem Wesen – einem stehenden Wesen! – verbunden. Wir würden nie sagen können, daß die Dinge bestehen, wenn wir nicht selbst stehende Wesen wären.

Etwas Merkwürdiges ist auch die Tatsache, daß nur der Mensch die Dinge kennt. Tiere kennen die Dinge niemals. Sie dürfen wirklich nicht denken, daß ein Affe wüßte, was eine Banane ist, oder daß ein Eichhörnchen wüßte, was eine Kastanie oder eine Buchecker ist! Das brauchen sie auch alles nicht zu wissen. Ihr Instinkt ist ihr «Wissen». Das Tier bringt schon mit seiner Geburt die Verbindung zu den Dingen mit; es steht ihnen nie gegenüber; untrüglich kann es damit umgehen. Das kleine Entlein braucht nicht erst zu lernen, wo das Wasser anfängt und wie es anfangen muß zu schwimmen. Das Entlein sieht das Wasser überhaupt nicht, es ist noch eins mit dem Wasser und kann sofort darin schwimmen. Das Entlein sagt nicht: «Hier bin ich, das ausgebrütete Küken, und da ist das Wasser, wir existieren beide, und ich tauche in das Wasser.» Das Großartige am Instinkt im Tierreich ist, daß dadurch dieser mühsame Umweg nicht notwendig ist. Der Mensch jedoch ist aufrecht stehend gebaut, um zum Bewußtsein seines eigenen Bestehens – und damit auch dem der anderen Dinge – zu gelangen. Wenn wir unser Gleichgewicht halten, befinden wir uns nicht nur in uns selbst, sondern wir füllen gerade den Raum, diesen Raum der Wachheit, der uns miteinander verbindet. Und wie merkwürdig es auch klingen mag: Der Mensch muß diesen Raum füllen. Wenn es ihm nicht gelingt, diesen Raum zu füllen, etwa auf See oder am Abgrund, dann bekommt er Angst, dann wird ihm schlecht, er verliert seine Existenzgrundlage. Und anstatt daß er sich nun darum bemüht, diesen Raum spirituell mit seinem Geistselbst zu füllen, versucht er ihn mit etwas Stofflichem zu füllen. Faktisch versuchen Sie, wenn Sie sich übergeben, etwas stofflich auszuführen, was Sie eigentlich geistig hätten zustande bekommen müssen.

Diese vier Sinnesorgane hat Rudolf Steiner die *leiblichen* oder *physischen Sinnesorgane* genannt, weil sie uns eine Art Wissen oder Orientierung über unseren Körper vermitteln. Auf ganz charakteristische Art sind wir also mit diesen vier Sinnesorganen an unseren Körper gebunden.

Wir gehen nun zu vier völlig anderen Sinnesorganen über: Zum Geruchssinn, dem Geschmackssinn, dem Sehsinn und dem Wärmesinn. Sie werden sehen, daß dies nun gerade die Sinnesorgane sind, durch die der Mensch sich mit der Welt verbinden kann. Jetzt kommt der große Kampf der menschlichen Seele mit der Welt. Oft wird gesagt, daß es hier nun gerade um die Eigenschaften der Dinge geht. Und wirklich gibt es ja Düfte, Geschmack, Farben und Temperaturen. Sie werden vielleicht sagen, daß das Gehör auch hierhin gehört. Ich werde Ihnen später erklären, daß das Gehör prinzipiell ein anderes Sinnesorgan ist, einer ganz anderen Ordnung angehört als diese vier Sinnesorgane, die wir die *seelischen Sinnesorgane* nennen.

Wir fangen nun mit unserem *Geruchssinn* an. Wir alle können riechen und müssen uns die Frage stellen, wie das Riechen eigentlich vor sich geht. Nun, es ist etwas ganz anderes zu riechen als zu tasten. Wenn Sie tasten, berühren Sie etwas und werden sich eines kleinen Teiles Ihrer eigenen

Körperoberfläche bewußt. Beim Riechen *müssen* Sie einatmen, Sie *müssen* etwas, das draußen ist, wirklich in sich aufnehmen. Bei keinem anderen Sinnesorgan hat man so deutlich das Gefühl, es gerade *nicht* mit einer Grenze zu tun zu haben, wie beim Geruchssinn. Sie werden nie das Gefühl haben: Auf einmal stoße ich gegen etwas! Gerade beim Geruchssinn haben Sie das ausgeprägte Gefühl, überrumpelt, überwältigt zu werden. Und das ist ja auch logisch: Sie müssen nämlich immer atmen. Sie können nicht sagen: «Ich will nichts riechen, ich halte jetzt mal fünf Minuten lang den Atem an!» Sie sind dazu gezwungen, etwas zu riechen. Sie können es unterlassen, etwas zu tasten, aber Sie können sich nicht dazu zwingen, nichts zu riechen. Das ist das charakteristische Phänomen des Riechens, und das kommt dadurch, daß Sie an die Atmung gebunden sind, die außerdem den Duft an das zirkulierende Blut weitergibt. Dieser zwingende Charakter ist gleichsam das Urphänomen des Riechens. Wenn ein Duft vorhanden ist, können Sie sich ihm nicht entziehen. Wenn wir uns anschließend mit dem Geschmack befassen, dann werden Sie feststellen, daß es dabei ganz anders ist. Ein Duft überwältigt Sie immer.

Aber was geschieht denn nun bei diesem Überwältigen? Sie haben dann eigentlich sehr stark das Bedürfnis, sich selbst zu verlieren. Wenn Sie etwas riechen, haben Sie das Gefühl, ein Sack zu sein, der sich ganz füllt. Nie haben Sie eigentlich das Gefühl, daß sie einen Duft nur in Ihrer Nase riechen. Das können Sie zum Beispiel merken, wenn Sie scharfen Senf riechen. In diesem Fall wird nämlich der Lebenssinn tätig, Sie riechen den Senf gar nicht in Ihrer Nase, sondern die Schleimhäute in Ihrer Nase werden gereizt; und das Lebensprinzip, mit dem Sie auch den Schmerz empfinden, kann in allen Sinnesorganen aktiv werden. Genauso, wie Sie Schmerzen in Ihrem Auge oder in Ihrem Ohr empfinden können, können Sie Schmerzen in der Nase haben. Senf riecht eigentlich kaum, Senf bereitet Schmerzen, und die spüren sie in Ihren Nasenschleimhäuten. Aber wenn Sie an einer Rose riechen, es kann auch ein anderer Geruch sein, auch ein unangenehmer, dann wird unausweichlich Ihr ganzes Wesen von diesem Geruch erfüllt. Das ist auch das Betäubende daran. Sie verlieren gleichsam Ihr waches Bewußtsein. Sie wissen auch alle, was geschieht, wenn Sie in einen Raum kommen, in dem diverse merkwürdige vermischte Gerüche sind: Sie können darin nicht wirklich miteinander sprechen oder Ihren Kopf gebrauchen, Gedankenarbeit ausüben! Auf der anderen Seite ist das Wunderbare an der menschlichen Physiologie, daß wir nicht lange riechen können. Nach nur wenigen Minuten in dem stinkigsten Raum merken wir den Gestank nicht mehr; dann muß ein anderer, der in diesen Raum kommt, uns darauf aufmerksam machen, indem er fragt: «Wie hältst du es in diesem Gestank aus?» Erst wenn wir selbst aus diesem Zimmer herausgehen und noch einmal wieder hineinkommen, bemerken wir wieder den Gestank. Charakteristisch für den Menschen ist es also, daß das Betäubende, das offenbar nicht zu ihm gehören darf, durch das Geruchsorgan immer wieder fortgewischt wird.

Ich werde Ihnen jetzt ganz normal physiologisch unseren Geruchssinn erklären. Wir wissen, daß das Geruchsorgan beim Menschen schlecht entwickelt ist, während es bei Tieren im allgemeinen besonders gut entwickelt ist. Natürlich gibt es Ausnahmen, aber im allgemeinen haben Tiere eine außerordentlich gute Geruchsbestimmung. Sie brauchen natürlich nicht nur an einen Hund zu denken. Beim Hund ist es völlig unbegreiflich, wie gut er riechen kann. Wenn hier ein Hund wäre, dann würde er eine Symphonie – auch in einer Symphonie gibt es Dissonanzen – von Gerüchen wahrnehmen; sehr große Intervalle, wahrscheinlich gewaltige Melodien, gewaltige Kompositionen. Wir haben keine rechte Vorstellung davon, was sich da genau abspielt, wenn ein Hund eine Spur verfolgt; es ist unbegreiflich. Dieses Vermögen ist beim Menschen gerade sehr schwach entwickelt. Ein wesentliches Merkmal des Menschen ist es, daß die Schleimhautoberfläche in der Nasenhöhle, mit der er riechen kann, nur sehr klein und unentwickelt ist.

Schauen Sie sich die Abbildung (S. 94) an. Sie können das Großhirn erkennen. Es ist alles etwas grob gezeichnet, aber Sie wissen jetzt, wo sich das Siebbein befindet und wo das Großhirn sitzt. Die Oberfläche der Nasenschleimhaut ist einfach eine Schicht von Nervenzellen, die von ihren Kernen aus eine Faser nach unten schicken – wo sie wie ein kleiner Pinsel in der Nasenhöhle steckt –, und eine andere Faser nach oben durch das Siebbein zum abgeschlossenen Geruchsgebiet des Gehirns.

Alles, was Sie davon behalten müssen, ist, daß die Haut der Schleimhäute etwas ganz Besonderes ist; sie wird unmittelbar zum Nervensystem, zu «Härchen» oder besser zu Nervenzellen, die sich unmittelbar mit dem Gehirn verbinden. Dies ist also der kürzeste Nerv all unserer Sinnesorgane. Vergleichen Sie es einmal mit dem Auge; der Weg vom Großhirn zum Auge ist viel länger. Oder denken Sie an das Geschmacksorgan; auch da ist es ein langer Weg vom Gehirn bis zur Zunge. Oder das Tastorgan: Bevor das beim großen Zeh ankommt, ist nun wirklich ein langer Weg zurückgelegt! Sie müssen sich eigentlich vorstellen, daß alles, was ein Hund riecht, wenn er so schnüffelnd auf der Straße läuft, sofort gegen sein Gehirn «schlägt». Der Geruch kommt beim äußersten Vorposten des Gehirns hinein, der kaum einen Millimeter vom Gehirn entfernt ist.

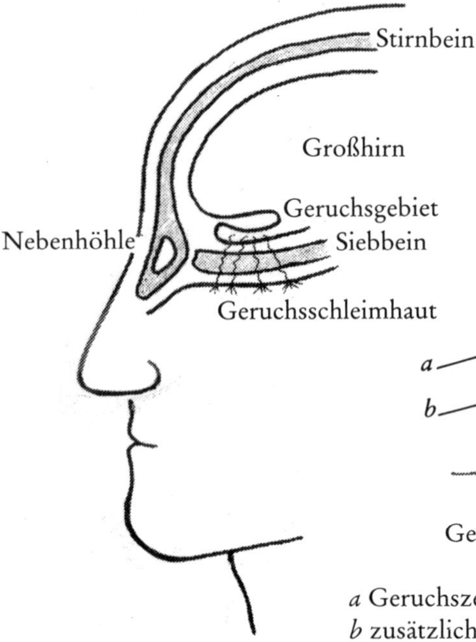

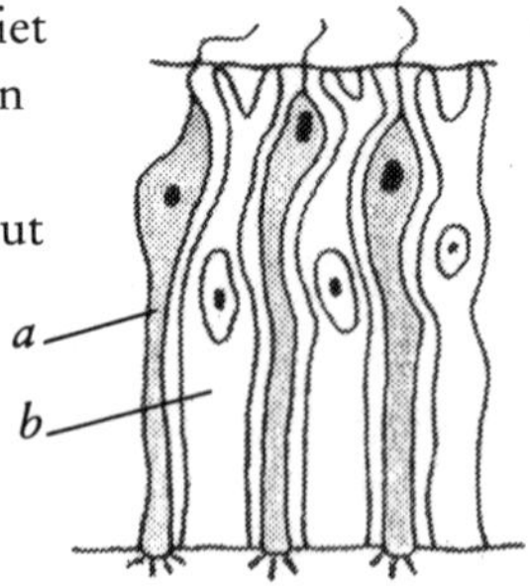

Geruchsschleimhaut
vergrößert
a Geruchszellen mit Fädchen
b zusätzliche Zellen

Von der Geruchsschleimhaut gehen Geruchsnervenzellen durch das Siebbein zum Geruchsgebiet des Gehirns

Bei Tieren, die eine Schnauze haben, streicht der Luftstrom beim Atmen auch viel näher am Riechbereich entlang. Beim Menschen ist das weniger der Fall, weil sich bei ihm die Nasenhöhle mehr oberhalb der Mundhöhle befindet.

Das Gebiet, mit dem wir riechen, ist nur 5 cm^2 groß. Bei einem Schäferhund 150 cm^2! Das ist die Größe einer Untertasse. Wenn wir die Riechzellen zählen, kommen wir beim Menschen auf 5 Millionen, beim Hund auf 220 Millionen. Ein Hund würde demnach 44mal so gut riechen

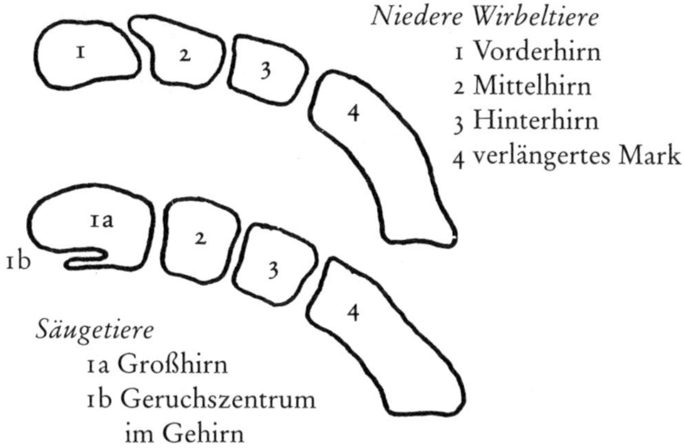

können wie ein Mensch. Messungen zufolge kann er aber eine Million Mal besser riechen. Das kommt vermutlich dadurch, daß er eben ein ausgesprochenes Riechtier ist und fortwährend «trainiert».

Schauen Sie sich nun diese schematischen Abbildungen an. Das erste Bild stellt das Nervensystem niederer Wirbeltiere dar. Bei Amphibien zum Beispiel, also bei Fröschen und Salamandern, können wir das Gehirn in Vorderhirn, Zwischenhirn und Mittelhirn gliedern. Die gehen dann in das verlängerte Mark und in das Rückenmark über. Das Vorderhirn ist bei vielen niederen Tieren und vor allem auch bei Vögeln birnenförmig. Auf dem zweiten Bild sehen Sie gleich, daß es kein niederes Tier mehr ist, sondern ein Säugetier. Das erkennen Sie sofort daran, daß das Vorderhirn nicht mehr wie eine Birne aussieht, sondern aus zwei Teilen besteht: Ein Teil liegt gesondert. Wenn wir eine Birnenform vor uns haben, wissen wir mit Sicherheit, daß es sich um das Gehirn niederer Tiere handelt. Alle niederen Wirbeltiere haben Vorderhirne, die ein Ganzes bilden. Erst bei den Säugetieren ist das Riechzentrum ein gesonderter Teil des Vorderhirns geworden: die Riechrinde. Und wenn wir die nun bei den verschiedenen Säugetieren miteinander vergleichen, sehen wir, daß bei einem Bären zum Beispiel dieses gesonderte Stück noch sehr groß ist. Auch beim Hund ist es groß. Aber beim Affen ist das Stückchen schon sehr klein geworden. Schauen wir nun auf den Menschen, so sehen wir, daß dieses gesonderte Stück, das faktisch für den Geruch ausgesondert ist, nur ein ganz dünner Ausläufer ist. Das müssen Sie sich klarmachen, daß nur ein ganz dünner Ausläufer für den Geruch gebraucht werden kann. Sie wissen wahrscheinlich, daß Sie diverse Gehirnwindungen, diverse Gehirnlappen haben. Dieser kleine Ausläufer ist kein Nerv, sondern ein richtiger Gehirnlappen, ein völlig zusammengeschrumpfter Gehirnlappen.

Welche Bedeutung hat es nun, daß das Gehirn bei niederen Tieren so anders gebaut ist als bei den höheren Tieren, bei den Säugetieren? Das weist darauf hin, daß das Riechen für die niederen Tiere wirklich eine enorme Rolle spielt, eine so große sogar, daß es nicht einmal zu einem abgesonderten «Gebiet» im Gehirn geworden ist. Das Tier ist faktisch ganz und gar Geruch. Sie wissen, daß das Tier unmittelbar mit der Erde, mit der Welt verbunden ist; und das Organ, durch das es so unmittelbar mit der Welt verbunden ist, das ist der Geruch. Sie können geradezu ein Gleichheitszeichen setzen: Geruch = Instinkt, oder Instinkt = Geruch, oder, eleganter ausgedrückt: *Der Instinkt bedient sich speziell des Geruchsorgans.*

Daraus verstehen Sie, daß das Tier unauflösbar mit der Welt verbunden ist, und daß in diesem Bereich ganz einfach der Instinkt das Tier lenkt. Phantastische Dinge sind darüber bekannt. Lachse kommen beispielsweise genau in das Bächlein zurück, in dem sie geboren, in dem sie aus dem Ei gekrochen sind, weil sie ein Geruchsorgan haben. Wenn man ihren Geruchssinn zuklebt, kommt kein einziger Lachs wieder nach Hause. Sie müssen sich das einmal vorstellen: Ein Tier, das noch «weiß», wo es geboren, wo es aus dem Ei gekrochen ist! Der Lachs ist im Meer gewesen, aber er weiß noch genau, wie er durch alle möglichen Flüsse, Flüßchen und Bäche an seinen Geburtsplatz zurückkehren muß. Etwas so Grandioses ist nur durch das Geruchsorgan vorstellbar.

Nun werden Sie sagen: «Es gibt doch viele Tiere, die absolut nicht riechen können? Ein Huhn zum Beispiel kann doch überhaupt nicht riechen?» Dennoch ist das Gehirn eines Huhns birnenförmig. Um dies verständlich zu machen, kehre ich noch einmal zum Menschen zurück. Wir machen einen Unterschied zwischen auditiven und visuellen Personen. Manche Menschen behalten in der Regel irgend etwas besser, wenn sie es zuerst geschrieben gesehen haben. Andere leben mehr in der Welt der Töne, der musikalischen Welt. Diesen Unterschied machen wir immer. Wir alle sind entweder «Seher» oder «Hörer». Der eine Mensch neigt mehr dazu, sich dessen zu erinnern, was er gehört hat, während der andere sich besser an das erinnert, was er gesehen hat. Tiere leben nur im «Rhinischen» –, das ist der griechische Ausdruck für Geruch. Es gibt also «Augenmenschen» und «Ohrenmenschen». Aber es gibt keine «Riechmenschen», nur Riechtiere. Alle Tiere sind Riechtiere. Sogar ein Huhn ist ein Riechtier. Wenn es ein Körnchen aufpickt, dann guckt es erst ein bißchen schief nach links und dann ein bißchen schief nach rechts, und zwischen diesen beiden Bildern pickt es das Körnchen auf. Und doch, es sieht es nicht; es interpretiert das, was es gesehen hat, als einen Geruch. Sie müssen sich das so vorstellen: Auch die Tiere, die nicht im äußerlichen Sinne riechen, müssen das, was sie sehen, innerlich als eine Geruchserscheinung interpretieren. Das ist gar nicht anders möglich, das geht aus ihrer Gehirnstruktur hervor. So können Sie auch verstehen: Je niedriger ein Tier entwickelt ist, desto stärker ist es mit seinem Instinkt an die Umgebung gebunden. Wenn ein Tier sich weiter entwickelt – und die Säugetiere machen darin einen großen Sprung –, dann sondert sich der Geruchsbereich ab: sehr groß noch beim Hund, bei den höheren Tieren immer kleiner, und am kleinsten von allen Tieren beim Affen. Beim Menschen ist dies schließlich sehr klein geworden. Das sieht man auch in der embryonalen Entwicklung: Zuerst wird der Riechbereich ziemlich groß ange- legt, später sterben am Rand immer mehr Riechzellen ab.

Auch weiß man allgemein, daß ein Tier, je höher es entwickelt ist, desto besser dressierbar ist. Dann können wir, losgelöst von den Instinkten, die verrücktesten Dinge mit ihm anstellen. Sie wissen, daß unsere Welt voll davon ist. Wir versuchen immer mehr herauszufinden, wie sich ein Tier in den verschiedensten Situationen verhält, wann wir es zum Narren halten können und vieles andere mehr. Nun gut, die Wissenschaft entdeckt also, daß, je kleiner der abgesonderte Gehirnlappen und je größer das Gehirn wird, die Chance, jemanden zum Narren halten zu können, wächst. Das ist keine neue Entdeckung, das wissen wir schon lange voneinander.

Sie sehen also, daß ein großer Unterschied besteht zwischen Instinkt und Geruch einerseits und dem Intellekt, dem Wissen, das sich vom Geruchssinn gelöst hat, andrerseits. Und darum geht es beim Gehirn, es ist dazu da, daß wir das lernen, was wir vergessen haben. Bei den niederen Tieren versteht die Nase die ganze Welt. Bei den höheren Tieren wird die Nase immer kleiner. Beim Menschen schließlich ist dieser Instinkt verloren gegangen, statt dessen haben wir dieses prächtige Organ, das Gehirn, erhalten.

Spielt denn nun der Instinkt beim menschlichen Geruch überhaupt keine Rolle mehr? Aber sicher: Er spielt sogar eine nicht zu unterschätzende Rolle. Haben Sie zum Beispiel jemals darüber nachgedacht, warum Sie ein mehr oder weniger anständiger Mensch geworden sind? Das haben Sie Ihrer Nase zu verdanken! Denn natürlich hat Ihre Mutter oft gesagt: «Das ist schmutzig, iih – bäbä!» oder: «Das ist lecker!» Damit hat ein Tier nie Probleme, aber wir alle müssen das lernen. Wir lernen, was schmutzig ist, und wir lernen, was gut riecht. Wenn Sie beispielsweise nur einmal im Monat ins Bad gehen, steigen dabei Gerüche auf, die mit einem bestimmten negativen Vorzeichen zu versehen sind. Daran sieht man das Sinnvolle an Gerüchen.

Diese spezifische Qualität der Nase, des Riechens, ist zum Teil sehr unbewußt. Wir können beispielsweise wohl sofort eine Anzahl Geschmacksarten nennen: Sauer, bitter, süß. Aber können wir ebenso eine Anzahl an Gerüchen nennen? Das ist schwierig! Es ist außerordentlich schwierig, Gerüche zu beschreiben. Wir können schon sagen, daß irgend etwas nach einer Nelke riecht, oder nach einer Rose, oder nach Käse! Aber benennen können wir Gerüche nicht. Wir haben einen so schläfrigen Zustand in unserer Nase, daß wir etwas Konkretes aus der sichtbaren Welt nehmen müssen, um einen Geruch zu benennen. Wir müssen Hilfsmittel gebrauchen, um Gerüche zu beschreiben. Farben dagegen können Sie einteilen und in ein Regenbogenschema bringen. Bei Gerüchen ist das unmöglich. Sie können nur auf andere Dinge verweisen, um sie zu benennen. In der Regel aber machen Sie die grobe Einteilung: Etwas riecht gut oder etwas riecht schlecht. Und dies ist die wichtigste Einteilung, die aller Hygiene zugrunde liegt.

Sobald wir von einem Geruch überrascht werden, kommt eigentlich sofort ein Urteil: Ob es gut ist oder nicht gut, ob etwas schmutzig oder vergammelt ist, ob etwas ekelhaft ist oder nicht. Das ist eine ausgezeichnete Einteilung, die wir machen können. Aber die Hygiene geht noch viel weiter. Denn die viel tieferen, religiösen Begriffe dessen, was wir wirklich gut oder schlecht nennen können, sind auch in unserer Nase verborgen. Und darauf beruht auch der Instinkt des Tieres. Tiere «wissen» genau – und zwar jedes Tier für sich –, was gut oder schlecht für sie ist. Sie «wissen» das instinktiv. Ihr Überleben hängt davon ab.

Ich habe Ihnen gesagt, daß alle Sinneswerkzeuge wahre Lehrmeister sind – oder zumindest sein können: Wir können immer taub oder blind für etwas sein. Wie aber drücken wir uns aus, wenn jemand sozusagen nicht hören will auf den Geruch als Sinnesorgan? Es gibt Taube und Blinde. Aber nichts riechen – wie heißt das? Ich kenne kein Wort dafür; es ist ja auch ein so merkwürdiger Bereich, es ist alles viel unbewußter. Aus dem, was ich erzählt habe, können Sie jedoch folgern, daß die Grundlage, das Fundament unserer eigenen *Moralität* im Gebiet des Riechens, des Geruches liegt. Das ist das Charakteristische, das ist die Grundlage des Geruches, daß wir eine Sache immer beurteilen müssen. Und das tun wir auch fortwährend in den tieferen psychologischen Schichten unseres Wesens. Es gibt markante Ausdrucksweisen in unserer Sprache. Wir sagen: «Eigenlob stinkt!» Und wir sagen auch, wenn eine Angelegenheit nicht ganz sauber ist, daß ihr ein Geruch anhaftet. Auch hier gibt ein Mensch, wenn er auf höherem Niveau etwas beurteilen muß, häufig einen Geruchseindruck wieder. Wie stellen Sie sich beispielsweise die Hölle vor? Jawohl, es wird da wohl dunkel sein, und es wird dort sehr warm sein, aber in jedem Fall wird es dort schmutzig sein. Auch den Teufel kann man sich doch nicht gewaschen vorstellen, das wäre doch absurd?

Wenn Sie *Die Hölle* von Dante lesen, müssen Sie sich im ersten Teil geradezu die Nase zuhalten. Und in Wolframs *Parzival* wird ausführlich über den Gestank von Amfortas' Wunde berichtet; und alle weltlichen Kräuter vermögen es nicht, den Gestank, der von Amfortas' Sünde herrührt, zu vertreiben. Das ist doch eigentlich grandios zu lesen, wie man früher wußte, daß die Moralität des Menschen einen ganz bestimmten Geruch ausströmt. Und auch umgekehrt können Sie sich das Paradies nicht ohne die süßesten Düfte vorstellen: Rosen, Jasmin, Fresien! Und braucht ein kultischer Raum nicht Weihrauch aus heiligen Kräutern?

Auch aus dem *Ägyptischen Totenbuch* können Sie sehr viel lernen. Ich habe Ihnen gezeigt, daß ein Gestorbener gewogen wird. Danach wird der Gestorbene in die geistige Welt hineingeführt. Dort kommen die Götter aus der Sonnensphäre auf ihn zu. Und wissen Sie, was sie tun? Sie schnüffeln an ihm! Das erste, was am Verstorbenen beurteilt wird, ist seine Moralität. Das wußten die Ägypter: Die Hierarchien «riechen» an den gestorbenen Menschen. Und die verraten sich dann sofort.

Wir müssen also sehr dankbar für dies Organ sein, denn dadurch spüren wir den Wert der Dinge auf der Erde. Wir würden später im Leben nie eine moralische Qualität erleben können, wenn wir nicht als kleines Kind lernten, wann etwas widerwärtig und wann etwas gut ist. Oft sieht man die höchsten Dinge aus dem Mist entstehen; das ist ein altes alchimistisches Prinzip. Über den Zugangsweg der Gerüche entsteht eigentlich der moralische Kontakt des Menschen mit der Welt. Sie verstehen natürlich, daß wir nicht «äußerlich» riechen können, ob jemand oder etwas moralisch oder unmoralisch ist; dafür müßten wir eine Götternase haben. Und auch jene Seelenwaage steht uns nicht zur Verfügung. Aber gerade in unserer Zeit, in der wir immer öfter Mühe mit der Moral haben, müßten wir unser Riechorgan eigentlich auf verschiedenerlei Gebieten geistig entwickeln. Ich werde später noch darauf zurückkommen, wenn ich erklären werde, daß viele Sinnesorgane zusammenarbeiten müssen. Ob die Parfümindustrie diese moralischen Qualitäten berücksichtigt, weiß ich nicht. Ich fürchte, nein. Denn gerade dadurch, daß Geruch und Instinkt so viel miteinander zu tun haben, besteht auch ein starker Zusammenhang zwischen Geruch und Triebleben beim Menschen. Wahrscheinlich ist es eher diese Seite – die mit Sicherheit auch dämonische Aspekte haben kann –, welche die Parfümindustrie versucht anzusprechen: das Triebleben des Menschen, zu dem größtenteils auch sein Sexualleben gehört. Und doch können wir, wie stark der Geruch auch mit Instinkten und Triebleben zu tun hat, gerade durch seine moralischen Aspekte unsere Nase «schulen» für das, was gut und böse ist. Sogar wenn Sie ein Gemälde betrachten oder Musik hören, können Sie riechen lernen, ob es unappetitlich oder rein ist.

Nun müssen Sie einmal bedenken, wo das kleine Stückchen Schleimhaut, mit dem Sie riechen, eigentlich sitzt. Sie wissen, das sitzt an einem ganz bestimmten Platz des Menschen: in der Nase. Bei Tieren kann es an ganz anderen Stellen sitzen. Theoretisch können Sie es sich beim Menschen auch wohl an anderen Plätzen vorstellen, aber doch sitzt es in der Nase. Warum sitzt es beim Menschen nun gerade dort? Was drückt die Nase eigentlich aus? Was ist eigentlich eine Nase? Sie sollten gelegentlich einmal im

Tierpark einen Affen ansehen. Sie merken dann, daß es eigentlich widerlich ist, Affen anzusehen, denn ihnen fehlt immer etwas: Sie haben keine Nase! Nur der Mensch hat eine Nase. Wußten Sie das? Einzig und allein der Mensch hat eine Nase! Wie wenig wissen wir doch eigentlich von den einfachsten Dingen; es ist doch grandios, daß nur der Mensch eine Nase hat. Es ist sehr interessant; bei allen höheren Tieren ist dieser Gehirnlappen, dieser Riechlappen, sehr wohl abgesondert; was aber nicht abgesondert ist bei den Tieren, das ist die Nase. Sie können bei Tieren nicht von einer Nase sprechen, denn die ganze Oberpartie, die Oberlippe und die Riechorgane, sind vollständig miteinander verwachsen. Kurz: Tiere haben eine Schnauze! Affen haben allerdings verzweifelt alles darangesetzt, ein Gesicht zu bilden; es ist ihnen doch nicht gelungen.

Natürlich bringt die Natur die interessantesten Ausnahmen hervor. Auf Borneo lebt der Nasenaffe (siehe Abbildung S. 105). Der hat eine Nase, und was für eine: Beim Männchen ist die Nase ein lästiger Hängesack, und das Weibchen zeigt eine frivole, eingedellte Spitznase. Alle andern Affen haben auf diese Lösung verzichtet: Dann lieber gar keine Nase!

Was bedeutet das? Warum ist es beim Menschen sehr wohl gelungen? Um das erklären zu können, muß ich noch etwas mehr über die Nase erzählen. Sie wissen, daß die Nase sehr menschlich ist. Jeder hat eine charakteristische Nase, nichts am Menschen ist so charakteristisch wie seine Nase. Das wissen auch Schauspieler sehr gut. Wenn Sie wirklich unkenntlich werden wollen, können Sie Ihre Stimme noch so sehr verändern oder noch so verrückte Grimassen schneiden, man merkt doch immer, daß Sie es sind. Aber Sie brauchen nur ein kleines Stück Plastilin zu benutzen, um Ihre Nasenform zu verändern, und Sie sind verschwunden. Das Publikum erkennt Sie nicht mehr. Das ist sehr merkwürdig, wir erkennen einander sofort an unseren Nasen. Nun gibt es bestimmte Tage, an denen wir nicht erkannt werden wollen, zum Beispiel zu Karneval. Und was tun wir? Anstatt unsere Ohren oder unsere Augen zu verstecken, verstecken wir unsere Nase an Karneval! Wir setzen eine derartig große Nase auf, daß unser Gesicht überhaupt nicht mehr menschlich ist. Unsere Nase muß weg, denn unser Ich, unsere Persönlichkeit muß verschwinden. Nehmen Sie nur den Clown. Die Gestalt des Clowns hat sich in der künstlerischen Welt aus dem Verdammten entwickelt, der verbrannt werden sollte. Für seinen Weg zum Scheiterhaufen bekam er eine Kutte an, so ein weißes Hemd, und auf seinen Hut wurden allerlei Spottverse geschrieben. Davon stammt unser Clown ab. Jedoch mußte dieser noch seinen letzten Rest Menschenwürde abgeben: seine Nase.

Sie sehen, das Organ, dem wir unsere moralische Empfindung verdanken, sitzt an einem ganz bestimmten Platz. Es kann nur in der Nase sitzen, denn da ist der Mensch erst wirklich Mensch. Von der Wiege bis zum Grab verändert sich auch die Form unserer Nase gemeinsam mit unserer Persönlichkeit. Die Nase ist menschlich.

Um das noch verständlicher zu machen, bitte ich Sie, sich einmal den Kopf eines Raubtieres, beispielsweise eines Löwen, vorzustellen. Es darf auch Ihre Katze sein. Was sehen Sie da? Der Löwe und Ihre Katze haben beinahe eine Nase. Und wenn Sie nun im Tierpark die Affen ansehen und ihre Köpfe mit denen der Raubtiere vergleichen, dann werden Sie feststellen, daß ein Löwe – oder

Nasenaffen. *Aus:* L'Atlas de la Vie Sauvage, *Amsterdam 1973.* ▷

♂
Nasique
Nasalis larvatus
♀
Langur noirâtre
Presbytis
Langur argenté
Presbytis
cristatus

Löwe. Silberstiftzeichnung von Albrecht Dürer, um 1520
Albertina, Wien.

eine Katze – eine viel größere Ähnlichkeit mit dem Menschen hat. Wodurch kommt das? Weil ein Löwe beinahe eine Nase hat! Natürlich ist es keine richtige Nase. Und doch sorgt diese «Nase» dafür, daß kein anderes Tier eine so prächtige Mimik hat wie die Raubtiere. Und darum blicken Raubtiere so menschlich; sie haben beinahe ein beseeltes menschliches Gesicht.

Ich muß jetzt zwischendurch etwas aus der okkulten Wissenschaft erzählen. Ursprünglich waren auch wir vornehmlich Riechwesen. Auch der Mensch hat einmal dieses Stadium durchgemacht. Dieser Zustand mußte allmählich zurückgedrängt werden: Wir mußten den Instinkt verlieren, um freie Wesen zu werden. Jenes Läppchen wurde vom Großhirn abgesondert und schrumpfte auf die heutige Größe. In der Zukunft wird sich das alles beim Menschen wieder verändern.

Ja, dieses «Verändern»! Versuchen wir einmal, uns die bekannte Geschichte von Ödipus ins Gedächtnis zu rufen. Ödipus steht eines Tages vor der Sphinx, und diese stellt ihm die allerwichtigste Evolutionsfrage: «Was geht am Morgen auf vier Beinen, am Mittag auf zwei Beinen und am Abend auf drei Beinen?» Ödipus antwortet sofort: «Das ist der Mensch.» Warum? Meist wird als Erklärung gesagt, es sei der Mensch, weil dieser als kleines Kind auf allen Vieren krabbele, später aufrecht auf zwei Beinen gehe und schließlich, wenn er alt geworden ist, einen Stock brauche. Ich weiß noch sehr genau, daß ich, als ich dies in der Schule hörte, nicht verstand, warum sich die Sphinx auf eine so simple Antwort hin in den Abgrund stürzte; ich war ganz unbefriedigt. Denn in den Mythen geht es doch um ganz wichtige Inhalte, und diese Erklärung war doch wohl zu einfach. Nun liest man bei Plato schon, daß es bei allen Mythologien zweierlei Erklärungen gibt: eine exoterische fürs Volk und eine esoterische für die nach tieferem Wissen Strebenden. Und so hat auch die Geschichte von Ödipus und der Sphinx einen esoterischen Hintergrund.[9]

Um dies deutlich zu machen, wollen wir uns jetzt etwas ausführlicher mit dem Phänomen Entwicklung, Evolution beschäftigen. Durch die Anthroposophie können wir verstehen, daß alles, die ganze geschaffene Welt, aus dem Geist, aus göttlichen Ideen oder göttlicher Weisheit entstanden ist, und zwar in aufeinander folgenden Phasen. Wir meinen heute, so wie es jetzt ist, sei es früher auch gewesen, und stellen uns alles in festen Konturen vor. So ist es aber nicht! Das, was wir jetzt mit unseren Sinnesorganen wahrnehmen, war einmal viel mehr mit Leben erfüllt, und auch die anorganische Welt, die Welt der toten Materie, die Erde war einmal lebendig. Die Embryologie läßt uns ein komprimiertes Bild davon sehen, wie die Evolution des Menschen im großen verlaufen ist. Zuerst ist alles noch ganz beweglich, die Formen sind fast flüssig, durchsichtig, und erst allmählich kommen deutlichere Formen in den wachsenden Organismus; er wird weniger lebendig. So entstehen die Knochen, die zuerst noch knorpelig weich sind, und die Zähne. Bemerkenswert ist auch, daß der ganz kleine Embryo noch zweigeschlechtlich ist; die Spaltung in ein weibliches und in ein männliches Wesen findet erst später statt. – Genauso müssen wir uns die Evolution der Welt vorstellen, wie eine embryologische Entwicklung, eine Entwicklung von lebendiger Beweglichkeit zu mehr toter Strukturiertheit.

Rudolf Steiner hat dies alles sehr ausführlich aus seiner Geistesschau geschildert.[10] So beschreibt er, wie in einer frühen Zeit der Erd- und Menschheitsgeschichte – er nennt sie die lemurische Epoche – die Elemente fester Stoff, Flüssigkeit und Gas noch nicht so voneinander geschieden waren wie heute, da sich alles noch in turbulenter, feurig-vulkanischer Bewegung befand. Auch der Menschenleib selbst war noch ganz weich und bildsam. Der Mensch war ein Wesen, das mit vier Gliedmaßen in einer Art gallertartiger Masse «herumschwamm». Und vor allem: er war damals noch nicht in zwei Geschlechter getrennt, er war männlich und weiblich zugleich, hermaphroditisch (Hermes und Aphrodite); die Seele konnte die quellende, flüssige Stofflichkeit noch ganz nach ihren Gesetzen formen. Und jeder Mensch konnte allein, ohne einen anderen Menschen, einen Nachkommen hervorbringen. Das finden Sie alles ausführlich bei Plato beschrieben, nur versetzt Plato diese Ereignisse in eine spätere Zeit, in die Atlantis.[11]

Eine wichtige Veränderung findet dann statt, als ein großer Teil des Vulkanismus zusammengeballt und in Form des Mondes abgespalten wird, so daß er fortan die Erde von außen beeinflussen kann. Unser heutiger Mond ist der abgekühlte, erloschene Rest des ursprünglich vulkanischen Körpers. Aber noch immer sorgt der Mond für das Bewegliche unserer Meere, wie es sich in Ebbe und Flut zeigt.

Am Ende der lemurischen Zeit verläßt also der Mond unsere Erde. Dadurch wird alles etwas ruhiger, etwas kühler. Es bildet sich ein Niederschlag, ein Sediment, und der Mensch beginnt, sich auf zwei Gliedmaßen, auf seinen Beinen fortzubewegen, mit anderen Worten: er richtet sich auf. Die anderen beiden Gliedmaßen werden als Arme und Hände frei, die Voraussetzung dafür, daß er verschiedene Kulturen schaffen kann. Allmählich findet auch die Trennung in zwei Geschlechter statt, die Fortpflanzung muß jetzt durch zwei Menschen geschehen. – Die Erde ist noch immer «feurig», nur in den etwas ruhigeren Gebieten können Menschen leben. Schließlich geht Lemurien dennoch durch Feuerkatastrophen zugrunde. Nur ein kleiner Teil der Menschen überlebt sie und kann nun in die folgende Epoche, in die Atlantis, übergehen.

Die atlantische Zeit bietet dem Menschen einen noch festeren Untergrund, auf dem er als Zweifüßer umhergeht und seine beiden Arme immer besser zu gebrauchen lernt. Aber diese Welt ist noch ganz von Nebelschwaden und Wasserdampf durchzogen. Erst als Atlantis in einer ganzen Anzahl von «Sintfluten» unterging, entstand allmählich das uns vertraute, deutliche Bild der Welt.

Die letzte Phase, wo das Gehen auf zwei Beinen seine Kulmination erreicht, ist nun die nachatlantische Zeit, in der wir heute noch leben. Und nun müssen Sie sich diesen wunderbaren Vorgang vorstellen: Vorher war alles trüb, im Nebel, wenig von Licht durchdrungen; nun entstehen die klare Luft, das klare Wasser, die weiten Horizonte, und es entsteht – der Regenbogen. Und das Schönste, was die harte Materie zuwege bringt: die völlig durchsichtigen Kristalle bilden sich. Jetzt erst können wir von einem wirklichen Festland sprechen, das aus klaren Meeren als Gebirge emporsteigt. Der Mensch kann zarte Luft in sich hineinnehmen; er erwacht in eine durchsichtige Atmosphäre hinein, kann das Spiel der Wolken und des Lichts bewundern. Zuerst erscheinen ihm die hellen Farben, nach und nach wird ihm auch das Blau des Himmels bewußt. Ein deutlicher Unterschied entsteht auch zwischen Hitze – gesteigert im Vulkanismus – und Kälte: Jugendfrische Schneekristalle kommen von oben, auf den Wassern bilden sich Eisschichten, tief unten in der Erde verborgen die Kristalle. Zwischen oben und unten das grüne Reich der Pflanzen, Vermittler zwischen Sonne und Mensch, das Reich, dem wir unsere Nahrung und den Sauerstoff, unser Atemgas, zu verdanken haben. Jetzt erst hat der Mensch – wie alles andere auch – eine feste Gestalt. Jede Geburt aus dem Fruchtwasser heraus auf die harte Erde erinnert uns an den Übergang von der atlantischen zur nach-atlantischen Zeit.

Die nachatlantische Zeit entfaltet sich in sieben aufeinanderfolgenden Perioden: die alt-indische, die alt-persische, die assyrisch-chaldäisch-babylonisch-ägyptische, die griechisch-lateinische, in der sich das Christus-Wesen mit dem Menschen Jesus von Nazareth vereinigte. Seit 1413 leben wir in der fünften nachatlantischen Periode, dem Zeitalter der Bewußtseinsseele. – Es werden noch zwei weitere Perioden folgen, in denen sich alles weiter verändern wird, und zwar in dem Sinne, daß es wieder weicher, wäßriger, lebendiger wird, also eine Spiegelung von Atlantis. Der Mond wird sich wieder mit der Erde verbinden, und die Trennung des Menschen in zwei Geschlechter wird ein Ende nehmen. – Wie das dann aussehen wird, wenn der Mensch auf «drei Beinen» geht? Darauf wollen wir gleich noch eingehen.

Ich zeige Ihnen jetzt zwei Bilder. Sie stellen den Menschen dar, von den Alchimisten gezeichnet (siehe die Illustrationen auf den Seiten 130 und 131). Auf dem ersten Bild ist der Mensch ganz dunkel gezeichnet, womit gezeigt wird, daß es der Mensch ist, der an die Erde gefesselt ist, der irdische Mensch. Auf dem zweiten Bild sehen Sie jedoch einen anderen Menschen. Da sehen Sie den Menschen, der im Lichte des Christus auferstanden ist: den zukünftigen Menschen. Aus dem blutenden Herzen erhebt sich der Vogel Phönix. Es ist sehr merkwürdig, dort bleiben die Beine dunkel gezeichnet, genau wie der rechte Arm, während der linke Arm und das Haupt hell gezeichnet sind. Warum ist das so? Früher wußte man noch, daß die rechte Seite des Menschen zusammen mit den Beinen die zur Erde gerichtete Seite ist, während die linke Seite, zu der auch das Herz gehört, zusammen mit dem Haupt der kosmische Teil des Menschen ist. Jemandem eine Schärpe umzuhängen, zeigt den letzten Rest dieses Wissens, auch wenn dabei oft links und rechts verwechselt werden.

Wenn nun in ferner Zukunft das Irdische, das Physische verschwindet – ich kann es hier nur kurz andeuten, in der esoterischen Literatur können Sie viel mehr dazu lesen[12] –, dann entsteht Platz für etwas Spirituelles. Das ist ein grundlegendes Gesetz; genauso, wie etwas Spirituelles kaum dort durchdringen kann, wo sich zu viel irdische Kraft, zuviel Materialismus eingenistet hat. Dort, wo sich unser letzter Instinkt, der Geruch, als letztes Läppchen des

«Instinktgehirns» befindet, arbeitet der Mensch daran, ein neues Organ zu entwickeln. Dies Organ nennen wir die *«zweiblättrige Lotosblume»* oder die *«Stirnchakra»* oder Ājñā-Cakra.[13] Und obgleich Platz ein schwieriger Begriff im Spirituellen ist – Sie können es nicht in Zentimetern ausdrücken –, können wir sagen, daß die zweiblättrige Lotosblume auf dem Platz entsteht, wo der Geruchssinn nach und nach verschwinden wird. Und diese zweiblättrige Lotosblume ist das Organ – auch jetzt schon –, mit dem wir urteilen, beurteilen können. Mit diesem Organ können wir das Wesentliche vom Unwesentlichen, das Gute vom Bösen unterscheiden.

Stellen Sie sich einmal das folgende vor: Sie haben ein Gemälde gekauft, ein wunderbares Gemälde, jeden Morgen, wenn sie wach werden, freuen Sie sich daran, bis Sie auf einmal nichts mehr damit anfangen können. Verzweifelt fragen Sie sich jetzt, was Sie da um Gottes willen gekauft haben; und nun bekommen Sie ein ganz anderes Urteil darüber. Ein anderes Mal begegnet Ihnen vielleicht etwas, das sehr unwichtig erscheint. Sie bekommen etwa ein ganz unmögliches Buch von einem Freund geschenkt. Sie schlagen es sofort wieder zu; für Sie steht der reinste Unsinn darin. Eines Tages aber langweilen Sie sich, und Sie blättern noch einmal in diesem Buch. Und da sehen Sie auf einmal ein paar Sätze und denken: «Ach nein, wie witzig, daß gerade das darin steht!» Und dann lesen Sie es durch und merken, daß das Buch sehr spannend ist. Das Urteil darüber, ob etwas wesentlich oder unwesentlich ist, entsteht erst allmählich. Das ist für junge Menschen oft schwierig zu verstehen. Junge Menschen urteilen oft schnell, ältere in sehr vielen Fällen nicht so schnell, denn sie haben die Erfahrung gemacht, daß nicht immer das schnellste Urteil auch das beste ist. Das schnelle Urteil bildet sich nämlich mit Hilfe des irdischen Gehirns, während das Urteilen mit dem zukünftigen Organ jetzt noch etwas länger dauert.

Wenn wir uns nun die zweite Abbildung noch einmal ansehen, erkennen wir, daß dies ein Bild der Zukunft ist, in der wir so nach und nach einen Spiegelungszustand der Atlantischen Zeit erleben werden. Sie haben schon verstanden, daß Sie sich nicht vorstellen dürfen, daß alles auf der Erde immer genau so bleiben wird, wie es jetzt ist. Die Erde durchläuft unterschiedliche Phasen, und so wird auch der heutige harte Zustand wieder verschwinden. Dieser Prozeß hat mit der Eiszeit seinen Anfang genommen. Niemand weiß, warum eine Eiszeit entsteht. Jetzt erleben wir das Entgegengesetzte der Eiszeit, in der alles immer härter und härter wurde. Jetzt wird alles immer wärmer und wärmer, das Eis schmilzt immer mehr, die Gletscher werden immer kleiner und kleiner. Sie können sich wahrscheinlich vorstellen, daß in der Zukunft alles viel weicher, wäßriger und lebendiger werden wird. Wir werden einen Spiegelungszustand von Atlantis erleben. Natürlich wird der Mensch nicht zu seiner alten Gestalt zurückkehren, es wird eine Metamorphose davon sein. Dann wird sich unser Organismus so verändern, daß wir uns wieder in einem Schwimmzustand befinden werden. Jedoch nicht mit vier Gliedmaßen, um uns fortzubewegen, sondern so, daß nur noch unsere linke Seite besteht. Alles, was links ist, den Kopf mit einbezogen – wenn auch in einer ganz anderen Form: das Großhirn hat dann wirklich keine Bedeutung mehr, der heutige Intellekt wird keine Funktion mehr haben –, wird bestehen bleiben. Die linke Hand, die kosmische Hand, «schiebt» sich nach hinten anstelle des Bereiches, den jetzt unsere Beine einnehmen. Vielleicht können Sie sich am besten eine Art

Schwanzflosse vorstellen; in Zukunft werden wir mit unserer linken Hand steuern, dadurch werden wir uns fortbewegen. Aber zur selben Zeit wachsen dann die beiden Blätter der Lotosblume. Das werden dann zwei neue Gliedmaßen, wenn der Intellekt des Menschen überwunden worden ist. Und mit diesen neuen Gliedmaßen werden wir uns in einer völlig neuen Welt orientieren: Dies wird unser neues Orientierungsorgan zwischen Gut und Böse werden. Unser innerer Kompaß: So könnte man es am besten nennen. So, wie wir jetzt eine Art Gewissen haben, das aus der Vergangenheit, aus unserer Erfahrung stammt, so wird das neue Gewissen aus dem Gebiet kommen, mit dem wir uns fortbewegen. Und das ist der Mensch der Zukunft, der in der Geschichte von Ödipus gemeint ist. Zuerst gab es den ganz frühen lemurischen Menschen mit den vier Gliedmaßen, jetzt gibt es den heutigen, den irdischen Menschen mit zwei Gliedmaßen, und später wird es einen zukünftigen Menschen geben, der über drei Gliedmaßen verfügen wird: die zweiblättrige Lotosblume und die linke Hand als Fortbewegungsorgan.

Eine etwas phantastische Geschichte, werden Sie sagen; mit Verschiebungen kann man natürlich alles erklären! Aber wenn wir später das Auge und das Ohr behandeln, werden Sie feststellen, daß wir in der Embryologie, also in der Entwicklung des Menschen vor der Geburt, noch viel größere Überraschungen erleben. Wie auch immer, Sie verstehen, daß diese ganze Geschichte mit etwas Bestimmtem zusammenhängt, nämlich mit dem Teil der menschlichen Seele, der dazu fähig ist, über gut und schlecht zu urteilen. Und diese Fähigkeit ist bei jedem Menschen mehr oder minder vorhanden. In der Anthroposophie wird dieser Teil die *Bewußtseinsseele* genannt. Ich habe Ihnen gesagt, daß ich heute und beim nächsten Mal die Seelensinnesorgane behandeln will. Wir werden sehen, daß diese vier Sinnesorgane – der Geruch, der Geschmack, das Auge und der Wärmesinn – ganz bestimmte *Urteile* in der Seele entwickeln. Das Riechorgan entwickelt mit Hilfe der ihm eigenen Fähigkeiten des Riechens die Beurteilung von Gut und Böse. Und das Gebiet, die Fähigkeit des Menschen, innerhalb der sich das abspielt, nennen wir die Bewußtseinsseele. Wenn Sie sich stärker in die Anthroposophie vertiefen, werden Sie erfahren, daß wir die Entwicklung des Menschen in Zeitalter einteilen können. Im Augenblick leben wir im Zeitalter der Bewußtseinsseele. In diesem Zeitalter hat jeder Mensch in dem Augenblick, in dem er etwas erlebt, den Auftrag zu beurteilen, ob es gut oder böse ist; nicht, ob es machbar ist oder nicht, sondern ob es moralisch – ja oder nein? – zu verantworten ist.

Das ist auch das ganze Problem beim Bau von Kernenergiezentren oder bei der Verschmutzung der Welt. Wir können nicht endlos mit unseren Großhirnen so weitermachen und nur darauf schauen, ob etwas machbar ist oder nicht. Wenn wir das beachten, hat plötzlich alles einen moralischen Wert. Und dann können wir uns die Frage vorlegen, ob wir – ja oder nein? – moralisch mit den Dingen umgehen. Das ist charakteristisch für die Bewußtseinsseele. Der Mensch muß einen neuen, *selbst erworbenen* Instinkt, also ein neues Riechorgan, entwickeln: die zweiblättrige Lotosblume. Davon hängt unsere Zukunft ab. Damit wird der große Kampf zwischen dem Moralischen und dem Unmoralischen in unserer Zeit geführt.

Und dann merken wir, daß in unserer Zeit die Gegenkräfte sehr stark sind. Das ist schon immer so gewesen: Wo etwas Neues entsteht, wird sofort versucht, es zu zerstören. Die Gegenmächte setzen alles daran, das moralische Gefühl des Menschen zu zerstören.[14] Sie merken es fortwährend: Als die höchste Moral gilt gegenwärtig das, was die meisten Menschen tun – tutti fan così. Früher war es immer das, was die wenigsten Menschen taten – Moral entstand immer dadurch, daß einige wenige Menschen tiefere Einsichten hatten –, aber heute schauen wir uns an, welches die allgemeine Ansicht zu irgendeiner Angelegenheit ist, und das ist dann die allgemein geltende Moral. Ganz deutlich wird das etwa bei den Fragen zum Abortus und zur Euthanasie. Dort sehen wir auch den gewaltigen Ansturm der Gegenmächte auf das neue Organ für ein moralisches Urteilen, das entstehen muß und das bis jetzt erst als Keim vorhanden ist. Sie spüren es sicher: Das moralische Urteilen entsteht nie bei der großen Masse; es ist etwas Individuelles, etwas, für das jeder immer selbst Verantwortung tragen muß. Kein Mensch kann je sein eigenes Gewissen beruhigen, indem er sagt, daß alle anderen es auch so machen. Das kann jeder an sich selbst erleben.

Alles, was wir jetzt in Hinblick auf das Riechorgan besprochen haben, hat etwas mit dem *Wassermann* (♒) zu tun. Der Wassermann ist das Bild des Menschen im Tierkreis. Und ich sagte schon: Die Nase ist menschlich, die Nase *ist* der Mensch. Die ganze Evolution der Menschheit ist in dieses Organ eingeprägt: unsere Evolution von Instinktwesen, die ganz an die Natur gebunden sind, bis zu selbständig urteilenden individuellen Wesen, die als letzten Restinstinkt das Riechvermögen empfangen haben, um Gut und Böse beurteilen zu können mit dem neu zu bildenden Organ, der zweiblättrigen Lotosblume. Dann wird der Mensch dazu fähig sein, die Erde zu bewässern, zu retten. Der Wassermann ist das Bild des sich entwikkelnden Menschen.

Wir wollen uns jetzt dem *Geschmack* zuwenden. Hier haben wir es mit einem ganz anderen Sinnesorgan zu tun. Ich sagte Ihnen schon, daß Sie gezwungen sind zu riechen, weil Sie an die Atmung gebunden sind. Ihre Nase ist – wenn Sie diese nicht mit den Fingern zuhalten – immer offen. Seehunde können sie schließen, wir nicht. Mit Ihrem Mund ist das etwas anderes. Der ist viel mehr Privateigentum, der ist wirklich schon Ihr eigenes Zimmer geworden. Wenn wir etwas probieren wollen, muß dafür eine «Tür» geöffnet werden. Das ist sehr wichtig für das Schmecken, daß wir immer erst einmal etwas hereinlassen müssen. Haben Sie darüber jemals nachgedacht? Der Geruch weht ohne weiteres herein, der Geschmack nicht! Es ist so einfach und doch so sinnvoll. Denn Sie können meinetwegen anders darüber denken – es ist nicht anders, weil alles im Menschen für irgend etwas «gut» ist, irgendetwas zum Ausdruck bringt.

Der Geschmack spielt sich «im stillen Kämmerlein» ab. Vom Geschmack werden Sie nicht überrumpelt. Durch den Geschmack werden Sie niemals aggressiv mit der Natur verbunden. Während Gerüche unmittelbar bestimmte Triebe im Menschen hervorrufen können, kann der Geschmack das niemals so direkt; wir müssen immer erst etwas hinzufügen. Das können wir in der Küche tun, indem wir etwas aufwärmen, einweichen oder auflösen. Das geht aber auch im Mund. Nicht alles – Sand kann man zum Beispiel nicht schmecken, weil er sich nicht auf- löst –, aber doch eine ganze Menge. Nehmen Sie zum Beispiel den Zucker. Ein trockenes Stückchen Würfelzucker schmecken wir nicht, wenn es aufgelöst ist, aber sehr wohl. Und worin löst es sich auf? Es löst sich in unserem Speichel auf, in dem, was wir selbst hinzugefügt haben. Wir müssen der Substanz entgegenkommen. Der Speichel, den wir hinzufügen, ist immer dem angepaßt, was wir in den Mund nehmen – wie wir auch jedem Menschen anders begegnen. Und das Essen, das Schmecken, ist eine intime Angelegenheit. Wir können es so ausdrücken: Wenn wir etwas schmecken, beginnen wir ein intimes Gespräch mit dem Stoff. Das können wir nicht behaupten, wenn wir zum Beispiel an einer Rose riechen. Wir haben nichts, was wir dem Duft entgegenbringen könnten. Wir werden «ganz und gar Rose!» Aber beim Geschmack ist das nicht so. Das ist ein Hin- und Hersprechen mit dem, was wir zu uns nehmen. Das ist ein ganz anderes Gebiet.

Natürlich können wir alles auch logisch angehen. Und dann sagen wir über den Mund, daß dies der Beginn der gesamten Verdauung ist. Und dann wissen Sie, daß alles, was Sie im Munde schmecken, mit dem sie in Ihrem Mund ein «Gespräch führen», dasjenige ist, was Sie essen, was Sie in sich aufnehmen. Es wird ein Teil von Ihnen. Beim Geruch ist das anders. Wir können einen Geruch nicht kauen. Hier wird nicht ein Stoff Teil von uns. Wir riechen etwas – und schon ist es wieder verschwunden. Eine Rose, an der wir riechen, ist eben nur ganz kurz «in» uns. Beim Geschmack ist es nicht nur ganz kurz. Wir können zwar nicht sagen, daß wir lange schmecken, aber wir schmecken etwas, was lange mit uns zu tun hat. Denn es hat etwas mit dem zu tun, was wir in uns aufnehmen, mit dem, was wir sozusagen werden. Und es kostet mehr Zeit, sich zu überlegen, was wir werden. Darum müssen wir hiermit erst einmal ein ausführliches «Gespräch» führen, ehe das so weit ist. Dies ist dann auch die Funktion der ganz aktivbeweglichen, sorgsam aufpassenden Zunge. Wir können sie den «Wächter an der Schwelle» nennen. Den Wächter an der Schwelle von dem, was Makrokosmos war – die Natur – und was gleich Mikrokosmos werden soll.

Außerordentlich wichtig ist natürlich das gute Kauen der Nahrung: Dadurch findet die intime Begegnung des Menschen mit der Speise statt. Unser Speichel sorgt dafür, daß die weitere Verdauung gut verläuft. Nichts ist schädlicher, als das «Hineinkippen» von Nahrung, die «Happs-und-Schluck»-Methode, mit der die Kinder verwöhnt werden. Wie hochwertig die Nahrung auch sein mag, die wir unseren Kindern vorsetzen – wenn wir allzu freigiebig mit Brei und Fruchtsaft hantieren, gewöhnen wir es ihnen schon frühzeitig ab, gut zu kauen. Ein zweijähriges Kind kann schon mit dem größten Genuß an seiner Brotrinde kauen!

Daß der Geschmackssinn etwas Intimes ist, erleben wir auch noch auf eine andere Weise. Es ist kein Zufall, daß wir es sehr ungehörig finden, wenn jemand seine Zunge ausstreckt. Mit dieser Gebärde wird auch das Böse ausgedrückt: Immer wieder die Schlange mit ihrer gespaltenen Zunge, oder der böse Wolf! Ja – und bis zu einem gewissen Grade sind wir sogar daran gewöhnt; wir finden es sogar rührend, wie unser Hund alle seine Gemütsbewegungen mit Schwanz und Zunge äußert. Wenn wir diese Gebärde plötzlich zum ersten Mal sähen, würden wir erschreckt weglaufen. Bei königlichen Tieren wie dem Löwen, dem Tiger, unserer Katze wäre das undenkbar.

Wie aber gebrauchen wir das Geschmacksorgan, mit dem wir den Makrokosmos prüfend, schmeckend in uns aufnehmen, eigentlich? Leider ist kein Sinnesorgan so verdorben wie der Geschmackssinn. Das hat schon frühzeitig angefangen, schon im Paradies. Stellen Sie sich einmal eine Verführung im Paradies mit Düften oder eine Verführung mit, sagen wir mal, einem entzückenden Bild von der Schlange vor! Das ist unmöglich. Die Schlange mußte in den Geschmackssinn eingreifen, denn wenn sie den Menschen da zu fassen bekam, konnte sie einiges bei ihm erreichen. Es ist tatsächlich das Organ, mit dem wir nicht mehr richtig umzugehen wissen.

Wenn ich Sie frage, was Sie schmecken, dann sagen Sie: «lecker» oder «nicht lecker». Und das ist nun der Sündenfall! Sie können sich ausführlich mit jemandem unterhalten über die Realität des Sündenfalls. Aber die Folgerung kann nur heißen: Natürlich ist dieser Sündenfall vorhanden, denn wir schmecken, ob etwas lecker oder nicht lecker ist. Aber es kann doch niemals die Absicht der Schöpfung die gewesen sein, daß wir schmecken, ob etwas lecker ist oder nicht? Darum kann es sich doch in Wirklichkeit nicht handeln? Nein, aber Sie müssen sich klarmachen, daß Sie, indem Sie etwas schmecken, ein Stück Kosmos empfangen, das dann zu Ihrer eigenen Leiblichkeit werden soll, zu dem Instrument, mit dem Sie im Kosmos tätig sein werden. Indem Sie prüfend schmecken, müssen Sie empfinden, ob die Nahrung diesem Instrument entspricht. Aber daraus ist nichts geworden. Jedenfalls beinahe nichts. Ich kann Ihnen nämlich einen Trost geben: Wer monatelang hors-d'œuvre gegessen hat, der schmachtet nach einem gewöhnlichen Butterbrot mit Käse und nach einem einfachen Glas Wasser! Ist das nicht geradezu bewegend? Also, der Mensch ist zwar ungelehrig, doch ein bißchen lernen kann er doch. Wenn der Mensch sehr lange etwas Falsches gegessen hat, steigt ein Urtrieb in ihm auf, der sich nach etwas Gesundem sehnt. Es ist hinreißend, wenn er dann wieder das Wasser und das Käsestückchen schmeckt und weiß: «Ja, eigentlich habe ich so noch niemals etwas geschmeckt!»

Es gibt also bestimmte Augenblicke, in denen der Mensch endlich wieder etwas schmeckt. Das ist zum Beispiel auch so, wenn er krank gewesen ist. Er hat dann eine Zeitlang nicht essen dürfen und bekommt zum ersten Mal wieder etwas Suppe. Was schmeckt er dann? Na, etwas ganz anderes als «lecker»! Dann schmeckt er, ob etwas gesund oder ungesund ist. Und das sind die einzigen beiden wahren Qualitäten des Geschmackssinnes: ob etwas gesund ist oder nicht.

Die Art und Weise, wie man schmecken muß, ist uns im allgemeinen gründlich abhanden gekommen. Das fängt schon in frühester Kindheit mit dem Naschen an. Wir müssen versuchen, unser Geschmacksorgan wieder so instand zu setzen, daß wir nicht wissen wollen, ob etwas lecker oder nicht lecker ist, sondern daß wir schmecken, ob etwas gesund oder ungesund ist. Jede neue Diätlehre müßte sich danach richten. Es geht nicht um Tabellen, an denen wir alles ablesen können bezüglich der Menge an Vitaminen und Kohlehydraten. Es geht wirklich um die Entwicklung eines eigenen Sinnesorgans; das nützt uns etwas, das stammt von uns selbst, das wird uns nicht vorgeschrieben. Und die einzige Frage, die bei der Entwicklung dieses neuen Geschmacksorgans zählt, ist die: «Ist es gesund oder ist es ungesund?» Wenn Sie es lernen, darauf eine Antwort zu finden, gelangen Sie auch zu einer guten Diätplanung. Das hat etwas mit Qualität, aber auch mit Quantität zu tun. Sie können es nämlich auch lernen, prüfend zu schmecken, *wieviel* sie essen müssen. Der Arzt und Psychiater Zeylmans van Emmichoven (1893-1961), der erste Vorsitzende der Anthroposophischen Gesellschaft in den Niederlanden, sagte immer: «Man kennt genau den Happs, den man noch braucht, und man kennt genau den nächsten Happs, den man nicht mehr braucht!» Ich sage immer als Variation: «der Happs von Zeylmans!» Und damit fängt das Abgrenzen an: Wieviel brauche ich wirklich; wieviel Flüssigkeit muß ich noch zum Essen dazutun? Diese Begrenzung ist auch auf geistigem Gebiet notwendig. Man kann auch zu viel Geist zu schnell fressen im Sinne von: Zwar weiß ich viel, doch möcht ich mehr als alles wissen. Die Kultur krankt schon lange an einem Zuviel an Information. Es steht nicht gut mit der geistigen Verdauung! – Bei dieser Bestimmung kann uns das zweite Sinnesorgan, der Lebenssinn, zu Hilfe kommen.

Mit Hilfe des Geschmacks wurden früher auch alle Medizinen herausgefunden. Die ersten Kräutersucher gingen in die Natur und prüften, indem sie schmeckten, ob eine Pflanze auf die Leber, auf die Nieren oder auf die Augen wirkte. Dieses Urteil, durch den Geschmack gewonnen, wird wieder unser großer Lehrmeister in der Gesundheitsversorgung sein müssen.

Der Bereich, der uns in die Lage versetzt, noch einen gesunden Verstand zu haben, wird in der Anthroposophie die *Verstandes- und Gemütsseele* genannt. Ich muß zwei Ausdrücke benutzen, weil der Kern in uns verloren gegangen ist. Es ist ein schwieriger Begriff. Wenn Sie aber an den Ausdruck «gesunder Menschenverstand» denken, kommen Sie ein bißchen in die Richtung. Wir verwechseln oft Verstand mit Intellekt, wobei doch der Intellekt sich gerade sehr häufig vom Verstand gelöst hat. In unserem Innern wissen wir aber noch um unseren gesunden Verstand. Gelegentlich taucht dieses Wissen auf. Es ist dasjenige, was noch herausspürt, ob etwas Unsinniges geschieht, ob dieses Etwas noch Vernunft in sich hat, ob noch etwas Gesundes darin ist. Und das trägt den Namen: Verstandes- oder Gemütsseele. Sie hat, wie ich schon sagte, nichts mit dem Intellekt zu tun, aber auch nicht nur mit dem Gemüt, denn das Gemüt ist sozusagen unbewußt, träumerisch; und diese Verstandes- oder Gemütsseele hält etwa die Mitte zwischen Träumen und Wachen. Sie ist die Mitte des

Menschen, das letzte, was wir uns noch vom Paradies erhalten haben, der letzte kleine Kompaß, der noch sagt: «Es ist gesund!» oder «Es ist nicht gesund!»

Die Geschmacksqualitäten können wir schon viel bewußter einteilen als die Geruchsqualitäten. Wir kennen salzig, sauer, süß und bitter. Salzig ist das Konkreteste: der Geschmack der Substanz Salz. Sauer, süß und bitter sind viel allgemeinere Bezeichnungen. Die vielen Geschmacksbecherchen an der Zungenoberfläche können all diese verschiedenen Arten von Geschmack wahrnehmen. Und zwar ist es so, daß wir vorne an der Zunge das Saure, Süße und Salzige besser schmecken, das Bittere aber gerade mehr hinten auf der Zunge. Und ein kreisförmiger Bereich in der Mitte der Zungenoberfläche ist unsensibel für Geschmack. Wenn ein Doktor uns dann bittere Pillen verschreibt, die außen herum eine süße Schicht haben, lutschen wir die daher besser nicht wie Bonbons, denn dann schmecken wir das unangenehm Bittere vor allem ganz hinten auf der Zunge beim Herunterschlucken.

Wir wollen diese vier Geschmacksarten nun näher untersuchen. Als erstes natürlich das Süße, denn was täten wir ohne die «Süße des Lebens»! Nehmen wir etwas Mehl in den Mund, das keinen Geschmack hat, dann wird dies nach einigen Minuten süß! Das bringen wir mit unserem eigenen Umformungs- und Verdauungsvermögen zustande: wir machen es angenehm für uns. Das Saure ist schon ein bißchen mühevoller, dafür müssen wir uns schon ein bißchen mehr anstrengen, das müssen wir aushalten können. Wenn etwas sauer ist, dann zieht sich etwas in uns zusammen. Und beim Salz wird es ganz schwierig, davon können wir nur eine Spur vertragen. Sie können einen ganzen Teller Brei mit Zucker essen, das ist herrlich, sauer geht noch so eben, aber ein Teller mit Salz –

das geht überhaupt nicht. Vom Salzigen nehmen wir nur ganz wenig zu uns, ebenso vom Bitteren. Und doch brauchen wir es. Ohne Salz bekommt uns das Essen nicht. Sie kennen wahrscheinlich das Märchen von der Prinzessin, die sagte, sie hätte ihren Vater so lieb wie das Salz im Brei. Sie wurde daraufhin verbannt. Erst viele Jahre später, als ihr Vater einmal – ohne zu wissen, wer sie war – bei ihr zu Gast war, setzte sie ihm Brei vor ohne ein Körnchen Salz darin. Erst da verstand er, wie sehr sie ihn liebte.

Während also das Süße mit dem mittleren Bereich der menschlichen Seele, mit dem behaglichen, nicht wirklich bewußten Teil der Seele, zusammenhängt, weckt das Saure schon etwas mehr in uns auf: Es erfrischt. Es ist nicht zufällig, daß wir kleinen Kindern zuerst Süßes und erst später Saures geben. Mit dem Salzigen warten wir noch länger – das ist für Babys sogar lebensgefährlich. Salz ist ganz und gar aufweckend. Das wissen gute Köchinnen und Köche. Wir müssen einer Speise gerade so viel Salz hinzufügen, daß es den Geschmack, der darin verborgen liegt, hervorlocken kann. Salz an sich darf eigentlich gar nicht in Erscheinung treten. Ebenso wie Süß und Sauer für sich selbst schmecken, so ist es die Kunst des Salzes, daß es andere Geschmäcker zur Geltung kommen läßt. Wenn ich ein Ei esse, dann schmeckt das beinahe nach Nichts. Füge ich aber Salz hinzu, dann schmecke ich nicht das Salz, ich schmecke das Ei besser! Das ist eigentlich ein ganz großes Mysterium.

Nun mache ich einen Sprung, und Sie können hoffentlich folgen. Das Salz hängt mit dem Denken zusammen. Das Denken erklärt etwas anderes, es vergißt sich selbst. Das Denken befaßt sich nie mit sich selbst, sondern immer mit etwas anderem. Wenn ich einen Löwenzahn anschaue und meine Gedanken über den Löwenzahn mitteile, dann spreche ich nicht über den Gedanken, ich spreche über den Löwenzahn. Und wenn ich das gut mache, dann wissen Sie in dem Augenblick besser, was ein Löwenzahn ist. Dann habe ich ihn «mit Salz bestreut». Der Mensch ist als Denkwesen, im Gegensatz zum Tier, auf Salz angewiesen. Sie wissen wahrscheinlich, daß die römischen Legionäre nicht kämpften, wenn sie nicht außer ihrem Sold auch ein Päckchen Salz bekamen. Salz ist das lateinische «sal». Daher stammt das niederländische Wort «salaris», Gehalt; in der Schweiz sagt man «Salär»! Das Salz hängt also mit dem Denken zusammen. Das Saure dagegen wirkt aufweckend, erfrischend; und das Süße macht, daß wir uns wohlfühlen. Das Bittere schließlich verlangt immer eine Art willenshafter Überwindung; man muß dazu immer seinen Willen einsetzen. Daher wollen kleine Kinder nie etwas Bitteres essen, und wenn sie größer sind, sagen sie vielleicht ganz stolz: «Ich mag jetzt auch Chicorée!» Sie sind dann schon ein bißchen weiter, wenn sie das vertragen können. Ein Mensch muß nun wirklich auch bittere Pillen vertragen. Hier meldet sich dasselbe Prinzip zu Wort wie der Schmerz beim Lebenssinn. Wir würden uns ohne Schmerz nie als Mensch fühlen können, ohne die Bitternis des Lebens, ohne uns für etwas anstrengen zu müssen. Dadurch wird unser Wille angesprochen. Wenn man einem Kind nur Süßigkeiten gibt und nicht zu gegebener Zeit etwas Bitteres, dann wird es nie ein kräftiges Kind werden.

Bis jetzt haben wir nur vom Geschmack im engeren Sinne gesprochen: über das, was wir aus der Welt aufnehmen. Aber Geschmack hat auch etwas zu tun mit dem, was von uns *ausgeht*. Zunächst einmal ist da die wunderbare Tatsache, *daß wir mit dem Bereich, mit dem wir essen, auch sprechen*. Möglichst nicht zur selben Zeit natürlich. Aber eine schmackhaft gewürzte Geschichte finden wir doch angenehmer als eine trockene Aufzählung, die weder Geschmack noch Biß hat. Wir wenden auf diesem Gebiet die lebendigsten Charakterisierungen an: Wir reden von süßen Worten, von bitterer Wahrheit, einer rauhen Sprache. Wir kennen bittere oder sogar giftige Bemerkungen.

Aber es geht noch weiter. Überlegen Sie einmal, wie überhaupt *Qualität* in die Welt kommt. Wir wissen alle, was es bedeutet, wenn jemand einen guten Geschmack hat. Damit meinen wir nicht, daß er genau weiß, wie Kroketten schmecken müssen. Nein, wir meinen damit, daß er sich gut zu kleiden weiß, daß sein Zimmer oder sein Haus gut eingerichtet ist und so weiter. Es ist doch eigentlich sehr merkwürdig, daß wir für ein völlig anderes Gebiet plötzlich den Ausdruck «einen guten Geschmack» benutzen! Woher kommt das? Ich habe Ihnen erzählt, daß wir, wenn wir etwas schmecken, genau an der Grenze dessen sind, wo eine Substanz, die jetzt noch Außenwelt ist, nun Innenwelt werden soll, eigene assimilierte Substanz werden soll. Und was schmecken wir dann? Ob es uns bekommt, ob es gesund oder ungesund ist. Und das Entscheidende an der Nahrung, das, von dem wir wissen wollen, ob es gesund oder ungesund ist, was ist das eigentlich? Es ist das, was uns aufbaut. Sie können es am besten mit einer Art Befruchtungsprozeß vergleichen: etwas Lebenspendendes.

Eigentlich prüfen wir schmeckend, wie die Welt uns befruchtet und ob uns das bekommt oder nicht. Und den Wendemoment, an dem die Welt uns formt, den nehmen wir eigentlich beim Schmecken wahr. Und was tue ich, wenn ich mich so oder so kleide? Was tue ich, wenn ich mein Zimmer einrichte oder zu jemandem spreche? Beim

Essen zertrümmere ich das Leben; beim Sprechen verlebendige ich den Todesausstoß, das Kohlensäuregas, wirke also aufbauend, befruchte die Welt. Nicht nur baut nämlich der Kosmos *uns* auf, behütet uns, beschirmt uns, sondern auch wir geben immer eine Antwort, ein Gegenwort, eine Gegentat. Und das ist unsere *Kultur.* Wenn wir über Kultur reden, meinen wir auch immer Geschmack. Ist etwas geschmackvoll eingerichtet? Also einerseits schenkt uns der Kosmos Substanzen, die wir aufnehmen und die wir auf der Grenze prüfend schmecken. Andererseits schenken wir in einem völlig gleichartigen Vorgang der Welt etwas; und darum benutzen wir dafür auch denselben Ausdruck: Geschmack. Genauso, wie die Welt uns bekleidet, so bekleiden wir gleichsam auch die Welt. Etwas differenzierter gesagt: Wie die Welt uns aus makrokosmischer zu mikrokosmischer Substanz transformiert, so verändern auch wir immer die Welt. Das ist eigentlich mit Geschmack gemeint.

Sie merken, daß der Geschmack viel tiefer reicht als der Geruch. Wenn Sie zum Beispiel in der Bibel nach den eindrucksvollsten Gleichnissen suchen, so sind das die Gleichnisse von Hunger und Durst. Wenn Sie das Allertiefste ausdrücken wollen, dann nehmen Sie Bilder von Hunger und Durst, von scheinbar ganz Äußerlichem. Doch ist das Essen immer eine heilige Angelegenheit, genauso wie die Bildung von Kultur eigentlich eine heilige Angelegenheit ist: Die Welt befruchtet den Menschen – das ist das erste; der Mensch befruchtet die Welt – das zweite. Es gibt eine wunderbare ägyptische Abbildung, auf der Sie sehen, wie ein Pharao sich unmittelbar befruchten läßt durch die Milch der Himmelskuh.

Unsere Befruchtung durch die Welt geht viel weiter als die Ernährung. Wir sprachen darüber, daß wir Stoffe in uns aufnehmen. Wir kennen auch Lehrstoff. So können wir auch Bücher verschlingen. Und natürlich kann ein Buch oder eine Vorlesung auch unverdaulich sein. Wir unterscheiden im Prinzip gar nicht zwischen geistiger Nahrung und irdischer Nahrung. Es ist im Prinzip dasselbe. Ich finde dies immer sehr schön ausgedrückt in dem Spruch von Angelus Silesius: «Das Brot ernährt uns nicht. Was uns im Brote speist, ist Gottes ewiges Wort, ist Leben und ist Geist.»

Es ist eine Illusion zu glauben, daß Atome oder Stoffe uns gesundmachen könnten. Wir werden immer durch Befruchtungsprozesse geheilt. Und das kann auch wohl einmal bitter sein. Ist es nicht merkwürdig, daß die Lebenserfahrungen, die *Prüfungen* des Lebens auch in Geschmacksbezeichnungen ausgedrückt werden? Eine bittere Erfahrung. Ein säuerlicher Kerl. Ein süßes Kind. Es ist sehr interessant, daß man im Ägypten des Altertums, als ein großer Teil der Kultur sich in den Booten am Nil abspielte, dasselbe Wort hatte für «Boot», für «Lebenserfahrung» und für «Geschmack» (siehe Abbildung S. 134). Das ist überraschend; dasselbe Wort für das Boot auf dem Nil, für den Geschmack auf der Zunge und für die Lebenserfahrung, die wir erwerben, Erfahrungen, denen wir durch unser *Schicksal* begegnen. Und dieses Lebensschicksal ist in Wirklichkeit die allerhöchste Befruchtung des Menschen. Bei allen Prüfungen, die man durchzustehen hat, müßte man sich eigentlich die Frage stellen: Gehört das nicht zu meiner «Nahrung»? Kann ich nicht auch – oder gerade – starke heilende Kräfte aus sehr traurigen und unangenehmen Erlebnissen schöpfen? Sie wissen, daß die größte Heilkraft in bitteren Stoffen enthalten ist. Könnten wir nicht auch durch unangenehme Erfahrungen stärker, gesünder werden?

Doppelter Regenbogen

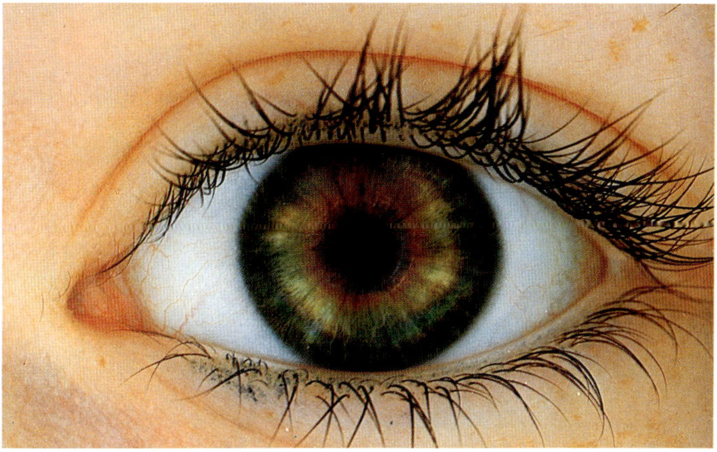

Iris, Regenbogenhaut des Auges

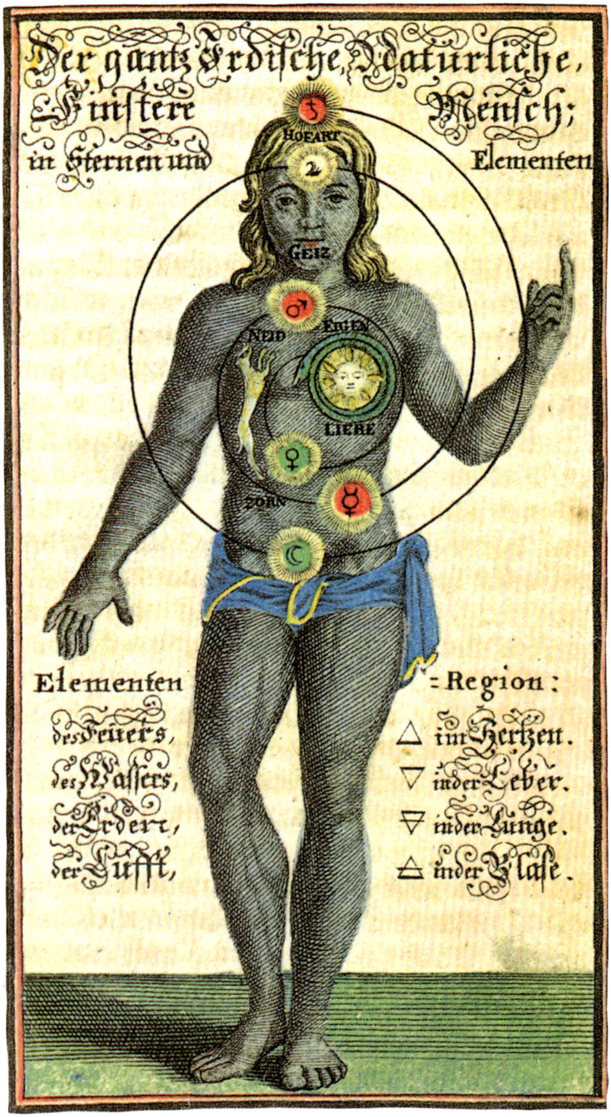

«Der ganz Irdische, Natürliche, Finstere Mensch in Sternen und Elementen«. Aus: Johann Georg Gichtel, Theosophia Practica. Eine kurze Eröffnung und Anweisung der drei Prinzipien im Menschen, Berlin/Leipzig 1736.

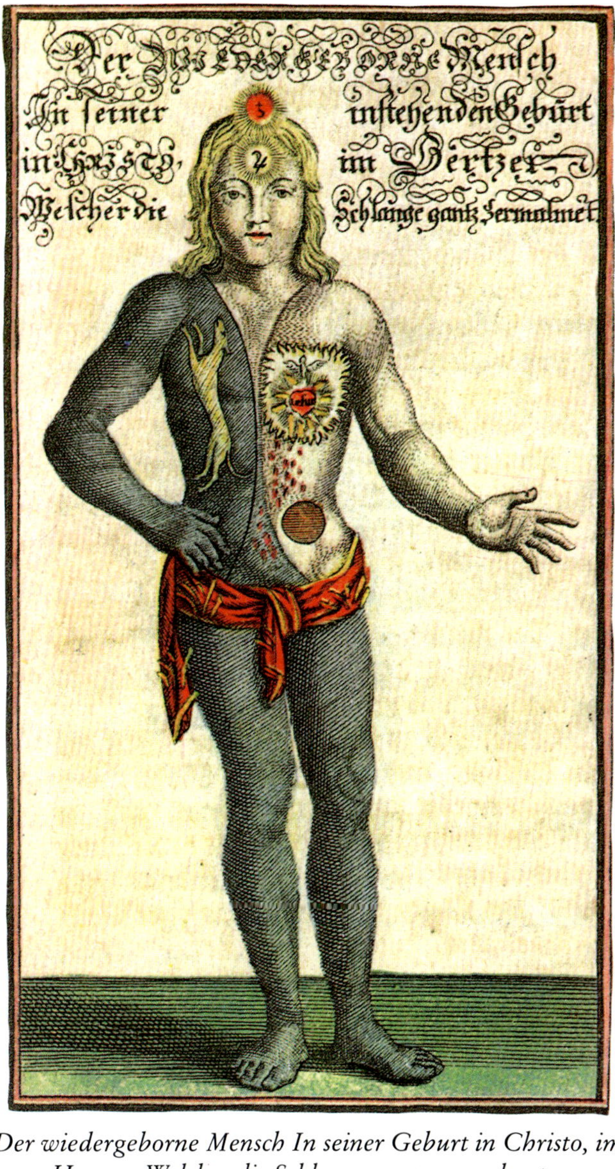

Der wiedergeborne Mensch In seiner Geburt in Christo, im Herzen, Welcher die Schlange ganz zermalmet.»
Aus: Theosophia Practica.

a

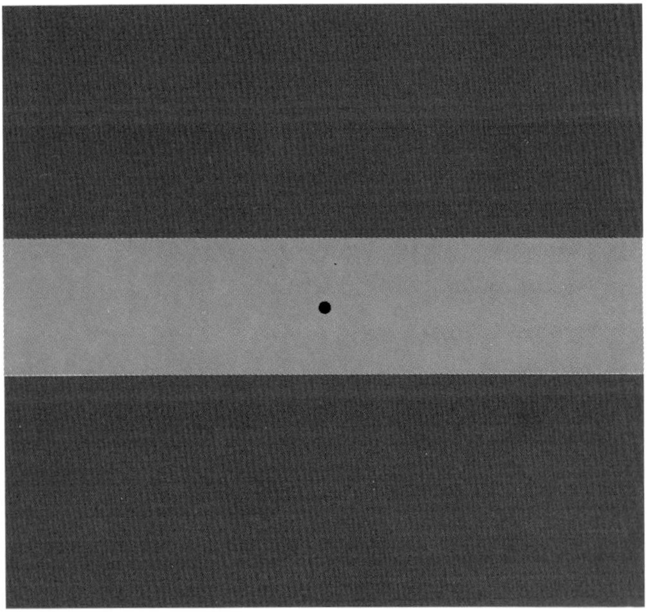

b

a *Komplementärphänomen. Versuchsbeschreibung auf S. 148*
b *Beispiel für ein doppeltes Komplementärphänomen. Versuchsbeschreibung auf S. 148*

Dies alles wollte ich Ihnen über den Geschmack sagen. Und das Tierkreiszeichen, mit dem wir es beim Geschmack zu tun haben, ist das der *Fische* (♓). Das zeigt uns schon die Gestalt der Fische. Die Geschmackszellen, die beim Menschen auf der Zunge sitzen, können bei Fischen über den ganzen Körper vorhanden sein, an der Außenseite wohlgemerkt. Fische sind also schwimmende Zungen. Bei der Installation von Trinkwasser verwendet man Fische als Testtiere, um zu sehen, ob das Wasser gesund ist. Das auffälligste Phänomen ist, daß die Geschlechtsprodukte – Milch und Rogen – bei keinem Tier so viel Raum einnehmen wie bei den Fischen und daß beim Laichen meist eine so verschwenderische Fülle hingegeben wird.

Das Zeichen der Fische ist außerdem das Tierkreiszeichen des Christus. Christus ist der Herr der Heilung, und auch der Fisch hängt mit dem heilenden Element in der Welt zusammen. Sie kennen alle die Geschichte von Tobias, in der dies so deutlich erzählt wird.[15] Daher wird auch im biologisch-dynamischen Landbau ganz bewußt das gesundmachende Element der Erde vorangestellt und nach den kosmisch-heilenden Kräften in der Erde gesucht. Dadurch wird die Nahrung erst wirklich gesund sein. Natürlich ist es angenehm, wenn die Nahrung auch lecker ist, und Blattläuse sind auch nicht gerade erfreulich. Aber ob dies nun das Allerwichtigste ist? Ob die Menschheit überleben wird, wenn wir lediglich hierauf achten? Das ist die Frage, die ich aufwerfen will. Worauf es wirklich ankommt, ist, ob wir noch genügend Lebenskräfte nachbehalten. Und ob wir dem Wesen, das uns in unserem Schicksal befruchtet, das uns bei der Ausformung unseres Schicksals hilft, überhaupt eine Chance geben. Das ist unsere Aufgabe: eine christliche Kultur aufzubauen. Und das ist wieder eine Frage des «guten Geschmacks».

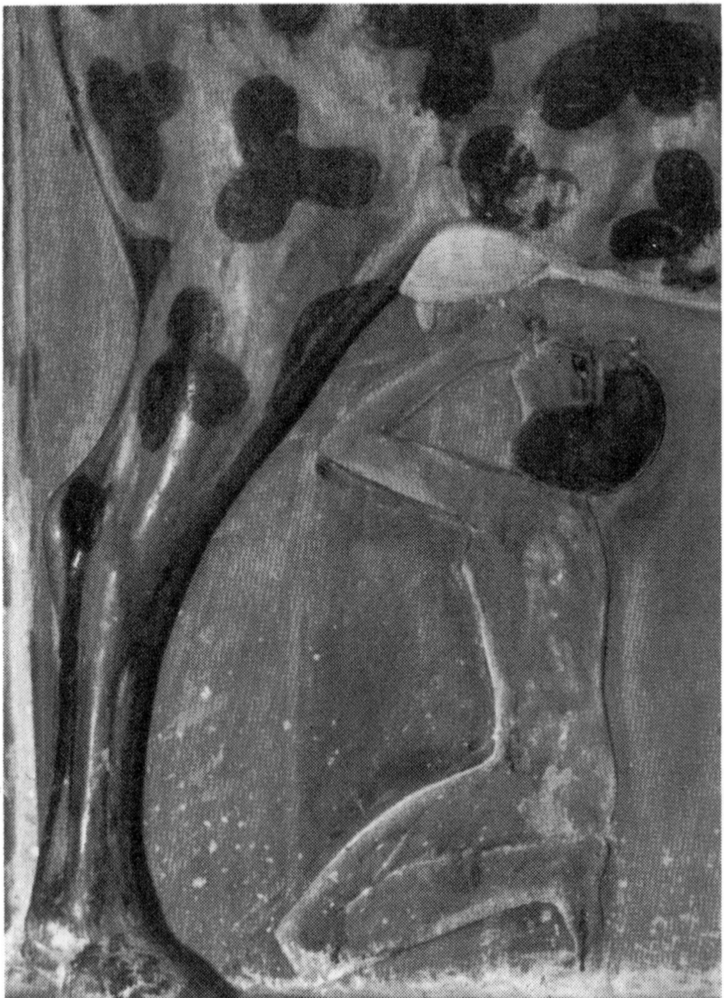

Amenhotep II. wird von Hathor, der Himmelskuh, gesäugt.
Bemaltes Relief aus der Hathor-Kapelle.
Kairo: Museum.

Und aus dieser Sicht wäre es besser, nicht über «natürliche» Ernährung zu sprechen. Wir essen im Grunde keine natürliche Nahrung. Das machen nur die Tiere. Wir essen «kultürliche» Nahrung. Denn Landbau ist eine Kultur. Wir müssen uns nur die Frage stellen, ob wir eine gesunde oder eine schädliche Kultur anstreben. Und durch das Pflegen einer gesunden Kultur entsteht «gesunde kultürliche Nahrung», aus der wir dann Gerichte zubereiten, um uns zu ernähren. Kultur und Kultus müssen wieder dasselbe werden.

Ich will dem jetzt noch einen letzten Aspekt hinzufügen. Denn es handelt sich nicht nur darum, woher unsere Nahrung stammt, sondern auch darum, was wir mit ihr tun. Überlegen Sie einmal: Warum essen wir keine Blumen? Nun ja, Flieder- und Akazienblüten können wir in Mehl backen, und hier und da findet man ein Blütenblatt in der Konfitüre. Und wir essen doch auch Blumenkohl? Aber wiederum wird niemand Blumenkohl als Überraschungsstrauß anbieten. Was essen wir nun eigentlich? Man sagt: Kohlehydrate, Eiweiß, Fette und Mineralien. Ich selbst habe das nie gegessen. Ich kenne nur Gerichte. Das ist etwas Zubereitetes. Bevor etwas auf den Tisch kommt, muß es erst einmal in der Küche gekocht werden. Dort ist das Feuer der Mittelpunkt. Ohne Feuer ist keine Kultur denkbar. Zuerst aber wird auf dem Lande durch das Sonnenfeuer alles «vorgekocht». Was tut die Sonne mit unseren Pflanzen? Sie führt sie, wenn wir nicht eingreifen und die Gewächse vorher ernten, bis zum Blütenstadium und weiter. Das herrlichste Bild der Sonne sind Blumen. Was machen wir in der Küche? Wenn wir Wurzeln, Blätter, Stengel und so weiter kochen, «verblumen» wir sie eigentlich. Und dies alles servieren wir in Schalen, Schüsseln, Tellern aus feinem Ton; und die sind auch durch Feuerprozesse gegangen und möglichst hübsch bemalt mit Blumenmotiven. Und zum Schluß stellen wir noch ein Blümchen auf das mit Blumenmotiven geschmückte Tischtuch. Sie verstehen es allmählich schon: Wir essen äußerlich keine Blumen, aber wir handhaben alles in einem «Blumenprozeß». Auch die verschiedenen Gerichte auf dem Teller ordnen wir zu unserer Augenweide.

Sie erkennen, wie sehr das Speisen Mittelpunkt unserer Kultur ist. Unser alltägliches Essen erhebt uns aus dem Alltäglichen. Denn wir fügen uns selbst auch in den Blumenprozeß ein: Bei Tisch üben wir es, selbst «Blume» zu sein. – Es gibt nur wenige Orte, an denen es nicht angebracht ist zu streiten: in einem kultischen Raum, auf einem Kirchhof und bei Tisch! Zu streiten und wegzulaufen verdirbt die Mahlzeit und die Gemeinschaftsbildung.

Eigentlich sind es drei Kulturen, die sich bei Tisch begegnen. Für den Körper ist es die Kultur der Nahrungszubereitung. Sie kommt aus der Vergangenheit. Für die Seele die Kultur der Wohnungseinrichtung, unser Zimmer, das Tischtuch, der Tischschmuck sowie auch unsere Kleidung, unser Verhalten. Wir sind im Jetzt. Für den Geist ist es die Kultur unseres Gespräches, und das bedeutet: Vor allem Geselligkeit, Lebenserfahrungen austauschen, Pläne schmieden, befruchtend, impulsierend für die Zukunft. Auf Hintergrundmusik kann man dann verzichten.

4. Der Sehsinn und der Wärmesinn

Sag an, Adam, wia gfallt si dir,
Die neue welt mit ir schmuck und zier?

Oberuferer Paradeis-Spiel

Wir sind jetzt in der Mitte der Vortragsreihe angelangt, und Sie werden allmählich schon gemerkt haben, daß es wenig Sinn hat, von Nervenreizungen zu reden. Bei einem Geruchseindruck sprechen wir meistens davon, daß es eine Nervenreizung der Nasenschleimhäute ist. Nun können wir aber bei allem sagen, daß es eine Reizung ist. Nur ein Ding kann niemals gereizt werden, und das ist ein Nerv. Es wird Ihnen nie im Leben gelingen, einen Nerv zu reizen, das geht nicht. Sie können höchstens einen Menschen reizen. Natürlich können Sie sagen, daß ein Mensch bestimmte Wahrnehmungen hat, für die Nerven notwendig sind, und daß der Mensch demnach gereizt wird. Aber das ist so ein allgemeines, nichtssagendes Wort. Dagegen versuche ich immer herauszufinden, was dieses Reizgebiet ist und welches die Hintergründe eines solchen Reizgebietes sind. Und Sie haben bis heute schon gemerkt, daß die einzelnen Gebiete völlig unterschiedlich sind. Das Riechorgan ist beispielsweise prinzipiell anders als das Geschmacksorgan. Ich hoffe zumindest, daß es ein wenig deutlich geworden ist, daß wir immer ein Urteil fällen, und zwar ein moralisches Urteil, sobald wir in das

Gebiet der Gerüche kommen, sobald wir etwas riechen. Wir riechen immer, ob etwas verdorben ist oder ob es gut ist. Alle Begriffe von Gut und Schlecht, die sich später bei einem Menschen einstellen können, entstehen mit eben dieser Urteilsbildung, daß etwas verdorben riecht, schlecht riecht, bösartig riecht, oder daß im Gegenteil etwas einen heiligen Geruch hat – denken Sie nur einmal an Weihrauch! Wir sind gezwungen zu riechen, weil die Nase nun einmal unmittelbar mit dem Atmen verbunden ist. Ich habe Ihnen gezeigt, daß die Riechnerven die kürzesten Nerven sind, daß es gewissermaßen das Gehirn ist, das sofort gegen etwas anstößt. Sie merken das auch, Sie werden benebelt. Sie werden vom Geruch überwältigt. Sie können nichts dagegen tun. Wenn Sie jemanden nicht riechen können, dann können Sie ihn kaum ordentlich ansehen. Wir reagieren darauf sofort. Das ist das Charakteristische des Geruches: Er dringt in uns ein, und wir reagieren darauf. Es kostet uns die größte Mühe, uns zwischen beidem als Mensch zu verhalten. Dafür bleibt eigentlich keine Zeit.

Beim Geschmack ist es jedoch viel intimer. Da ist Zeit vorhanden. Alles spielt sich in der intimen Innenwelt ab. Wir müssen unseren Mund selbst öffnen. Wir haben immer ein Mitspracherecht beim Geschmack, anders als beim Geruch. Der Prozeß ist viel intimer, die Nerven sind auch länger. Beim Geschmack stehen wir in Wirklichkeit an der Schwelle, wo Außenwelt zur Innenwelt wird. Mit dem Geschmack wird kontrolliert, ob die Substanzen, die man aufnehmen will, gesunde Substanzen für unsere eigene mikrokosmische Leiblichkeit sein werden. Es ist eigentlich eine Art Befruchtungsprozeß. Ich habe die düsteren Worte äußern müssen, daß kein einziges Sinnesorgan so falsch benutzt wird wie der Geschmack. Und daß dieser überhaupt nichts mit «lecker» oder «nicht lekker» zu tun hat, sondern daß der Mensch dadurch eine Vorstellung von dem bekommen soll, was gesund und was ungesund ist. Das ist es eigentlich, was wir prüfend schmecken sollten mit unserem Geschmacksorgan. Ich habe Sie auch an den Sündenfall erinnert und Ihnen gesagt, daß der Geschmack das «Sündenfallorgan» ist. Und auch, daß die eigentliche Heilung in diesem Geschmacksorgan zu finden ist. Alle Religionen haben immer gewußt, daß letztlich alles Substanz ist, sei es nun irdische oder geistige Nahrung, und daß die Heilung auf dem Weg durch den Mund des Menschen stattfinden muß. Und dies alles hat nun wieder etwas mit der Kommunion zu tun, denn dort wird eine Substanz dazu verwendet, den Menschen zu heilen. Auf der andern Seite können wir sagen: Wenn jemand nur ein Gebet verrichtet oder eine Meditation verrichtet – «nur» ist schon sehr viel! –, dann muß er so konkret werden, daß er sein Gebet, seine Meditation «schmeckt». Eine Anweisung von Rudolf Steiner geht dahin, daß es für Sie, wenn Sie einen Spruch oder ein Gebet verrichten, eine große Hilfe sein kann, den Inhalt zu «murmeln». Früher betete man nie abstrakt aus dem Kopf. Man sprach immer den Text mit, weil dieser «geschmeckt», «geprüft» werden sollte. Daraus wurde dann das Murmeln. Sie kennen das vielleicht von Priestern, die murmelnd ihr Brevier lesen. Später soll man natürlich versuchen, das Murmeln zu unterlassen. Also auch wenn eine Meditation konkret genommen wird, müßte sie genauso geprüft werden wie zum Beispiel ein Butterbrot mit Käse. Denn dann merken Sie, daß darin große Heilkraft für die Zukunft des Menschen enthalten ist. Wir müssen es lernen, so konkret mit spirituellen Dingen umzugehen, daß wir spüren: Hier ist eigentlich erst wieder konkrete

«Nahrung» vorhanden. Wir müssen es lernen, dieses Element wieder herauszuschmecken.

Wir haben auch gesehen, daß der Mensch einen Geschmack hat, den er nach außen trägt, mit dem er die Kultur formt. Das ist derselbe Prozeß wie die Befruchtung des Menschen durch die Substanzen: Die Welt wird von der menschlichen Kultur befruchtet. Wir haben vom menschlichen Schicksal gesprochen, in dem auch alle Geschmacksarten enthalten sind, von bitter, sauer und salzig bis süß. Auch das ist ein Befruchtungsprozeß des Menschen: das Schicksal, das er erleidet, die Prüfungen, an denen er sich entwickeln kann. Denn auch ein bitteres Los kann sehr wichtig für einen Menschen sein; er kann daran genesen. Und das gilt nicht nur für den individuellen Menschen. Es gilt für die gesamte Kultur. Denn: Sehen wir nicht oft, daß eine ganze Kultur erkrankt, wenn alle «Süßigkeiten des Lebens» ohne weiteres zu bekommen sind?

Wir wenden uns jetzt einem ganz anderen Sinnesorgan zu, nämlich dem *Auge*, dem *Sehsinn* des Menschen. Damit machen wir einen großen Sprung. Stellen Sie sich einmal ein Wesen vor, das nur über die sechs bisher besprochenen Sinnesorgane verfügen würde. Ein solches Wesen hätte noch ein ganz dumpfes Bewußtsein. Erst wenn das Auge sich öffnet, öffnet sich auch die Welt in all ihrer Größe, mit ihren Weiten, ihren Räumen. Dann erst findet das wahre Erwachen statt. Mit dem Auge untersuchen wir auch alle anderen Sinnesorgane. Das Auge untersucht sogar das Auge! Vor dem Spiegel schauen wir unsere Augen. Man könnte sagen, daß es sie alle überstrahlt. Und damit zeigt es seine Verwandtschaft mit dem strahlenden Auge des Kosmos: der Sonne.

Das Auge ist das auffälligste Sinnesorgan. Kein anderes Sinnesorgan zeigt sich so sehr an der Außenseite wie das Auge auf seinem Beobachtungsposten in der Augenhöhle vorn im Schädel. Es ist auch die einzige Stelle, wo die Haut aufreißt. Bei neugeborenen Kätzchen sehen Sie, daß dieses Aufreißen noch nicht erfolgt ist. Nur bei Schlangen verläuft der Prozeß anders: Da bleibt die Haut beisammen, wird aber durchsichtig.

Auch in anderer Beziehung ist das Auge ein besonderes Organ. Die meisten Sinnesorgane entstehen nämlich irgendwo an der «Oberfläche des Menschen». Wir haben das beim Geruch gesehen, wo ein bestimmtes Gebiet, das einst eine Oberfläche gewesen ist, sozusagen empfindlich geworden ist und sich mit dem Gehirn verbunden hat. Auch beim Geschmack ist es so, daß in der Zungenschleimhaut etwas wie «Becherchen» entstanden sind, die sich mit dem Gehirn verbunden haben. Später werden wir sehen, daß auch die Schnecke im Gehörapparat aus der Haut des Menschen entsteht. Das Prinzip dieser Sinnesorgane ist es, daß ein kleines Stückchen aus der Oberfläche für eine bestimmte Fähigkeit empfindlich wird und sich daraufhin mit dem zentralen Nervensystem verbindet.

Das Auge aber scheint entgegen all diesen Gesetzen entstanden zu sein. Das ist etwas ganz Wunderbares, das wir in der Embryologie entdeckt haben. Beim Auge entsteht die Ausformung nämlich umgekehrt. Nicht an der Oberfläche wird etwas empfindlich und verbindet sich dann mit dem Gehirn, sondern das Gehirn beginnt. Lassen Sie es mich so ausdrücken: Es wird «neugierig»! Das Gehirn fängt an, hervorzuquellen. Leider kann unser Gehirn, wenn wir erwachsen sind, nicht wachsen, aber im embryonalen Zustand ist alles noch ganz wachstumsfähig, sehr beweglich, sehr plastisch, dann verändert sich alles immer noch. In der embryonalen Phase findet nun, während das Gehirn wächst, etwas sehr Merkwürdiges statt: An zwei Stellen stülpt es sich aus und bildet zwei Becherchen, die auf die Haut zu wachsen. Und dann erst fängt auch die Haut an, etwas zu tun: Sie stülpt sich ein. Die Haut kommt dem Prozeß der Becherchen entgegen und formt dort die Linsen. Es entsteht also doch etwas aus der Haut, aber das sind nur die Linsen, und mit diesen können wir nicht sehen. Wir sehen mit der dahinterliegenden empfindlichen Netzhaut.

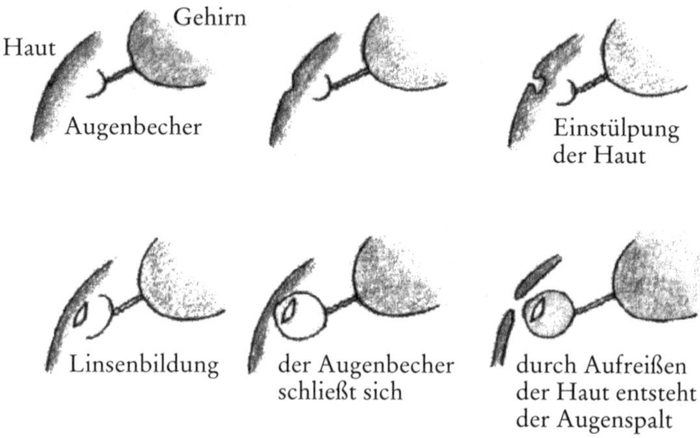

Embryologie des Auges

Sehr merkwürdig ist es, wenn man bedenkt, daß ein Augenarzt, wenn er durch die Pupille ins Auge schaut, sofort auf das Gehirn blickt, gegen das Stückchen des Gehirns, das nach vorne geschoben ist. Sie haben sicher schon irgendwann gehört, daß dreierlei Häute das Gehirn umgeben: die äußere harte Gehirnhaut, die mittlere Spinnwebshaut und die innere, die weiche Gehirnhaut. Und auch diese drei Häute stülpen sich mit aus bei der Bildung der

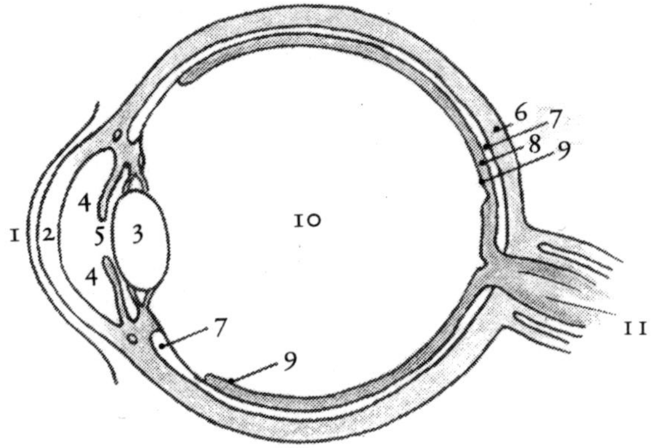

1	Bindehaut	7	Aderhaut
2	Hornhaut	8	Pigmentschicht
3	Linse	9	Netzhaut (Nerventeil)
4	Iris/Regenbogenhaut	10	Glaskörper
5	Pupille	11	Augennerv (Tausende von Fasern)
6	Lederhaut		

Die Pigmentschicht besteht aus einer Schicht sechseckiger (Honigwaben-) Zellen. In jede dieser Zellen führt eine Augennervfaser mit einem Stäbchen (lichtempfindlich) oder einem kleinen Kegel (farbempfindlich).

Schnitt durch das Auge

Augen. Nun ist das Weiße des Auges nichts anderes, als was im Gehirn die harte Gehirnhaut ist. Wenn Sie also das Weiße des Auges beim Menschen ansehen, dann blicken Sie auf die Fortsetzung dessen, was um das Gehirn herumliegt. Auch die Spinnwebshaut, die rund ums Gehirn liegt, finden Sie als Aderhaut an der Rückseite der Augennerven wieder. Diese Haut ernährt das Auge, genauso, wie auch die Hirnrinde ernährt werden muß. Es ist tatsächlich etwas ganz Wunderbares, daß gegen alle Regeln der Sinnesorgane das Gehirn sich selbst auf den Weg macht, um ein Sinnesorgan zu bilden.

Bei den Augen liegt also gleichsam dasjenige nackt und bloß, was sonst im Schädel verborgen ist. Das Gehirn, das völlig abgeschlossen ist, sucht faktisch auf dem Weg über die Augen das Licht. Und was geht vor sich, wenn jemand das Licht sucht? Das können wir auch sehr gut im Pflanzenreich beobachten. Was geschieht, wenn eine Pflanze aus der dunklen Erde ganz allmählich das Licht findet? Die Pflanze fängt an zu blühen! Genau dasselbe finden Sie beim menschlichen Auge. Dort, wo das Gehirn das Licht gefunden hat, entstehen auch Farben, genau wie bei der Pflanze, die blüht. In Wirklichkeit hat es überhaupt keinen Sinn, daß die Augen farbig sind, es ist nicht der geringste Nutzen damit verbunden. Sie sehen wirklich nicht besser mit blauen Augen als mit grauen oder grünen Augen. Mit dem Sehen selbst hat es nichts zu tun, wenn man es vom Nützlichkeitsprinzip aus betrachtet. Aber spirituell gesehen geht es gar nicht anders, als daß die Augen eine Farbe haben; denn sie verfolgen den Weg vom Dunkel zum Licht.

Die Farbe unserer Augen dient also zu nichts, aber sie drückt etwas aus. Der farbige Teil heißt mit vollem Recht Iris – nach der Göttin des Regenbogens –, weil er wirklich ein Regenbogen ist. Ein Regenbogen folgt nämlich auch den Gesetzmäßigkeiten der Farben; nicht den Gesetzen von Newton, sondern denen von Goethe! Sie können die Farben des Auges nicht als elektromagnetische Schwingungen verstehen. Aber Sie können sie aus Goethes Farbenlehre verstehen. Goethe hat uns gezeigt, daß die Farben aus dem Kampf von Licht und Finsternis entstehen; Newton dagegen läßt alle Farben schon im Licht vorhanden sein; und dann läßt er sie mit Hilfe des Prismas und anderer Mittel aus dem Licht zum Vorschein kommen. Damit folgt Newton dem Gedankengang, der in der Naturwissenschaft üblich ist, daß sich nämlich zwar alles durch Verschiebungen von Atomen oder durch Erhöhen oder Senken der Schwingungen verändern kann, nie aber etwas Neues entstehen kann. In Goethes Farbenlehre finden Sie dagegen das Merkwürdige, Ungewohnte formuliert, daß die Farben *entstehen.*[16] Und wir können auch alle wahrnehmen, daß die Farben tatsächlich entstehen. Wir müssen nur wirklich sehen lernen, und zwar die ganz alltäglichen einfachen Phänomene, wie zum Beispiel die untergehende Sonne. Was sehen wir, wenn wir zur untergehenden Sonne schauen? Durch den Schleier der Atmosphäre hindurch sehen wir die Sonne gelb werden, später orange, noch später rot. So entstehen die sogenannten aktiven Farben. Und umgekehrt, wenn wir auf etwas Dunkles schauen, auf einen dunklen Berg zum Beispiel oder auf den farblosen schwarzen Himmel, dann sehen wir so eine prächtige blaue oder violette Farbe entstehen. Ein wirkliches Violett sehen wir erst, wenn wir ganz hoch in den Bergen sind oder wenn wir mit einem Ballon hoch hinaufsteigen. Dann sehen wir den Himmel sehr schön violett. So entstehen die passiven Farben.

Goethe drückt es so aus, daß zwei Möglichkeiten vorhanden sind, wenn Licht und Dunkel zusammenwirken. Entweder überwindet das Licht die Finsternis, dann entsteht die aktive Farbreihe mit roten, orangefarbenen und gelben Tönen; oder es herrscht das dunkle Element vor, wodurch das Blau und das Violett entstehen.

Stellen Sie sich jetzt einmal einen Regenbogen vor. Sie haben alle schon einen Regenbogen gesehen. Aber wissen

Sie auch, daß der Himmel am oberen Rand des Regenbogens dunkler ist als am Innenrand? Darauf müssen Sie einmal achten, wenn Sie einen Regenbogen sehen. Es ist dermaßen deutlich, daß viele darüber erstaunt sein werden, daß sie vorher nie bemerkt haben, daß an der Seite des Rot der Himmel dunkler ist als an der Seite des Blau und Violett (s. obere Abbildung S. 129).

Was hat das nun mit unseren Augen zu tun? Wir nennen den farbigen Teil nicht umsonst Iris, die Regenbogenhaut. Denn welche Farbe Ihre Augen auch haben mögen, sie sind nie ganz gleichmäßig gefärbt. Zwar enthalten sie nicht die ganze Farbskala des Regenbogens, aber doch ist wie beim Regenbogen eine Reihenfolge der Farben vorhanden. Vom schwarzen Zentrum der Pupille bis hin zu den weißen Rändern, dem Weiß des Auges. Sie müssen einmal auf braune Augen achten, die sind nie ganz und gar braun. Wenn Sie nun einmal jemandem mit braunen Augen gut in die Augen schauen, dann werden Sie bemerken, daß es um die schwarze Pupille herum richtig rot ist und daß die Iris nicht gleichmäßig braun ist, sondern daß am Rand, zum Weiß des Auges hin, die Iris etwas Grünliches hat oder vielleicht sogar Dunkelblaues. Und so auch bei einem blauen Auge, da sehen wir auch immer an einem Rand etwas Grünliches und am anderen Rand etwas Gelbliches, manchmal sogar einen wunderbaren gelben Rand (s. untere Abbildung, S. 129). Mit anderen Worten, dasselbe Gesetz, das für den Regenbogen gilt, gilt auch für die Iris: Am dunklen Rand, der Pupille, haben wir die aktiven Farben, also Rot, Orange, Gelb; am anderen Rand, beim Weiß des Auges, haben wir die dunklen Farben, also Grün und Blau. Das können Sie wirklich nicht aus elektromagnetischen Schwingungen ableiten. Das ist nur aus den Naturgesetzen zu verstehen, wie Goethe sie interpretiert hat, daß nämlich am dunklen Rand die aktiven Farben erscheinen und am hellen Rand die passiven Farben. Sie werden überrascht sein, wenn Sie einander in die Augen sehen: Es stimmt immer! Natürlich kann die Regenbogenhaut allerlei merkwürdige Flecken aufweisen; ein Segment, ein Teil kann plötzlich eine andere Farbe zeigen. Aber das zählen wir dann zu den Abweichungen.

Sie haben sicher schon einmal einen *Farbenkreis* gesehen. Solch einen Farbenkreis können wir deshalb machen, weil die «letzte» Farbe wieder in die «erste» übergehen kann: Das Violett kann über Purpur, Karmin ins Rot übergehen. Das ist das Erstaunliche an den Farben. Versuchen Sie das einmal mit Tönen. Sie können keine Tonleiter von unten nach oben spielen und dann doch wieder unten landen. Auch beim Geschmack können Sie nie von salzig bis bitter und wieder zurück schmecken. Auch Temperaturen können nicht immer wärmer und wärmer werden und dann bei Kalt landen. Das ist das große Wunder des Auges, daß Sie damit einen Kreis durchlaufen können. Das ist elektromagnetisch niemals zu verstehen.

Sie wissen auch, daß wir, wenn wir lange auf eine Farbe schauen und dann unsere Augen schließen oder zu einer anderen Seite blicken, eine andere Farbe wahrzunehmen meinen. Das ist immer die polare Gegenfarbe, die im Farbkreis gegenüber der angeschauten Farbe liegt. Etwas derartiges ist nur bei Farben möglich. Stellen Sie sich einmal vor, daß Sie etwas Saures schmecken, und daß am anderen Rand der Zunge etwas Süßes erscheint. Das ist doch undenkbar! Oder daß Sie eine widerliche Kloake riechen, und dann das Gefühl eines herrlichen Lilienduftes entsteht. Dies ist das erstaunliche Rätsel des Auges, worüber wir uns gar nicht genug wundern können: Es ist dazu in der Lage, uns immer alles Fehlende wunderbar harmonisch zu ergänzen.

Ein einfaches Beispiel dafür, wie das Auge immer aus sich selbst heraus die Gegenfarbe ergänzt, ist der folgende kleine Versuch, der am besten bei etwas gedämpftem Licht gelingt (s. obere Abbildung S. 132). Hier sehen Sie eine purpurfarbene neben einer roten Fläche. Schauen Sie jetzt eine Minute lang starr auf den Punkt zwischen den beiden Flächen. Danach bedecken Sie, ohne Ihre Blickrichtung zu verändern, die Abbildung mit einem weißen Blatt Papier. Jetzt sehen Sie die komplementären Farben. Sehen Sie auch, daß die Komplementärfarbe von Rot nicht Grün ist, wie man so oft denkt? Das Grün taucht als die Gegenfarbe vom Purpur auf! (Siehe auch die Abbildung auf S. 286.)

Ein ganz merkwürdiger Versuch, der noch schöner die «totalisierende» Fähigkeit des Auges zeigt, ist dieser (s. untere Abbildung S. 132). Hier sehen Sie zwei helle orangefarbene Flächen mit einem grauen Streifen dazwischen. Schauen Sie noch einmal eine Minute auf den Punkt in der Mitte. Nun wieder ein weißes Papier darüber – und was sehen Sie jetzt? Natürlich sehen Sie die Komplementärfarbe von Orange, aber dazwischen, an dem Ort der grauen Fläche, dort entsteht auch noch einmal etwas: die Komplementärfarbe der Komplementärfarbe! Das Auge ergänzt immer die Einseitigkeit zur Totalität.

In der Natur treffen wir dies in ergreifender Weise in der Ergänzung des Regenbogens an. Ganz vollendet ist das herrliche Bild des Regenbogens in der Natur erst dann, wenn auch der zweite Bogen über dem ersten erscheint (obere Abbildung S. 129). Dieser zweite Bogen ist breiter und weniger deutlich sichtbar, und die Farbfolge ist eine Spiegelung der Farbfolge des ersten Bogens. Also von in-

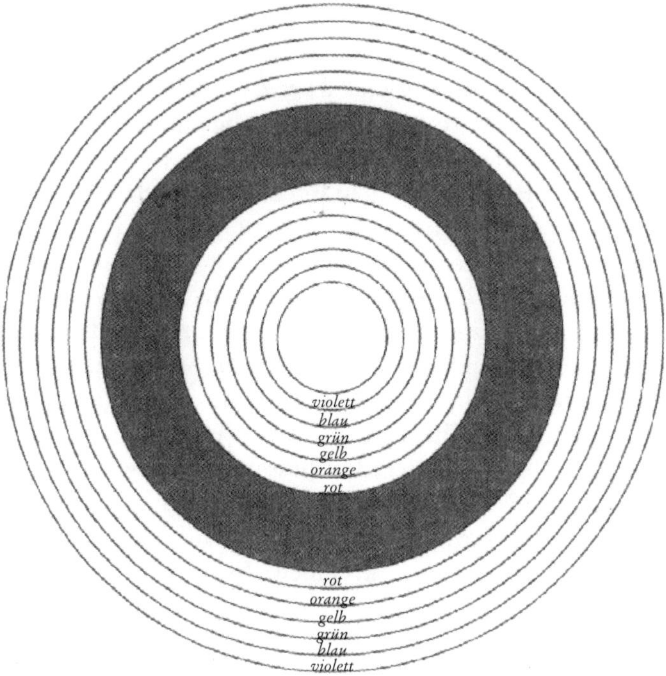

Doppelter Regenbogen, im Kreis angeordnet

nen nach außen: Rot, Orange, Gelb, Grün, Blau, Violett. Zwischen den beiden Bögen ist der Himmel dunkler als außerhalb. Nun sehen wir einen Regenbogen normalerweise aber höchstens als Halbkreis. Stellen Sie sich die beiden Regenbögen aber einmal als Kreise vor (s. das obige Schema, das Sie selber farbig ausmalen können). Sie sehen, daß der innere Regenbogen das Bild der Sonne ist. Denken Sie den nun einmal weg, dann behalten Sie nur den äußeren Regenbogen, von innen ans Dunkle angrenzend, außen vom Weiß umsäumt. Was sehen Sie nun von innen nach außen?

Schwarze Pupille, Regenbogenhaut, das Weiße des Auges: das Bild des Auges!

Aber was sind eigentlich Farben? Versuchen Sie einmal, sich das folgende vorzustellen. Sie haben in Ihrem ganzen Leben noch keine Farben gesehen, Sie sind Ihr ganzes Leben lang in einer Mondlandschaft herumgelaufen, denn in einer Mondlandschaft sehen wir eigentlich keine Farben. Sie müssen alles, was mit Farben zusammenhängt, einmal kurz vergessen und sich vorstellen, daß Sie Ihr ganzes Lebens lang in diesem Schwarz-Grau-Weißartigen gelebt haben. Denken Sie sich nun in die Situation, daß Sie zum ersten Mal in Ihrem Leben alle Dinge farbig sehen. Was wird dann in Ihnen geschehen? Wir sind so an Farben gewöhnt, daß es schwerfällt, diese Vorstellung zu haben. Ich bin davon überzeugt, daß etwas Gewaltiges in Ihnen geschieht. Es wird sein, als wenn Sie auf einmal in eine großartige Ausstellung kommen. Es ist ein gewaltiger Übergang. Es ist schwierig, Worte dafür zu finden, aber ich hoffe, daß Sie es ein bißchen begreifen können. Was wir erleben, wenn sich uns die Farben offenbaren, ist, daß das Innere der Natur plötzlich erscheint. Solange Sie Graues, Schwarzes und Weißes ansehen, schauen Sie doch eigentlich noch immer nur das Äußere an. Das Wesen aller Dinge zeigt sich noch nicht, die Natur verbirgt sich noch. Aber sobald die Farben erscheinen, kommt auch die Natur zum Vorschein. Vielleicht ist es zu verstehen, wenn Sie an einen Garten denken, in dem nur Grünes ist und in dem sich dann auf einmal an einem sonnigen Morgen eine ganze Fülle farbiger Blumen geöffnet hat. Ich sagte Ihnen schon, daß sich in der Blume eigentlich erst das Geheimnis der Vegetation offenbart. Durch die Farben zeigt Mutter Natur ihre Innigkeit. Das ist das Geheimnis der Farbe.

Wir sind immer in der menschlichen Seele, in uns selbst, eingeschlossen; und darum wollen wir uns immer der Natur öffnen. Doch in keinem anderen Sinnesorgan kommt die Natur uns so entgegen wie beim Auge, und zwar deshalb, weil der Kosmos uns zu Hilfe kommt: Ohne Sonne kein Sehen! Denn so, wie unsere innere Sonne auf die Dinge scheinen will, so ist auch eine Sonne im Weltenall nötig, um diese überwältigende Darbietung in der Natur zu offenbaren.

Was geschieht nun, wenn Sie eine Farbe anschauen? Welcher ganz elementare Vorgang spielt sich in Ihrer Seele ab? Innigkeit wird gefordert! Und damit meine ich, daß plötzlich ein neues Element frei wird, für das wir keine Bezeichnung haben. Denn: Wie drückt man Farben aus? Am besten finde ich noch das Wort *Stimmung.* Es ist schwierig, eine Stimmung nur in Schwarz, Weiß und Grau auszudrücken, während man das Charakteristische sehr gut damit herausbekommen kann. Wie grandios eine künstlerische Gestaltung, eine Zeichnung, eine Radierung auch sein mag, wie ergreifend zum Beispiel die Schwarz-Weiß-Zeichnungen von Rembrandt auch sein mögen, die Stimmung kommt eigentlich erst mit der Farbe zur Erscheinung. Rot beispielsweise erweckt unsere Aktivität. Und macht Orange nicht begeistert oder Gelb fröhlich? Dagegen hat Grün etwas Beruhigendes, Ausgleichendes. Und so kann ich weitermachen. Die Farben wirken so, daß sie sofort etwas bei Ihnen herauslocken. Die ganz elementaren Dinge, die in Ihrer Seele schlummern, kommen da eigentlich heraus. Dies erleben wir bei den andern Sinnesorganen nicht. Sie hören niemals jemanden bei Tisch sagen: «Wie ernst schmeckt der Kohl heute!» oder «Was für eine fröhliche Ananas!» oder: «Wie beruhigt mich doch das Endiviengemüse!» Jetzt werden Sie sofort

sagen: «Aber bei Musik ist das doch auch so!» Seien Sie beruhigt, dazu kommen wir noch.

Die Augen haben eine so große Bedeutung für den Menschen, sie sind so sprechend, so farbig, so «blühend», daß es gut zu verstehen ist, daß sie sich bei uns mitten im Gesicht befinden. Natürlich hätten sie auch sehr gut irgendwo anders ihren Platz haben können. Zum Beispiel oben auf unserem Kopf. Das wäre eigentlich viel praktischer gewesen. Dorthin hätten wir selbst sie vielleicht gepflanzt. Aber nein, sie sitzen mitten in unserem Gesicht, weil die Seele des Menschen sich im Gesicht ausspricht. Selten verlieben wir uns ineinander über unsere Ohren, unsere Nasen. Das ist natürlich auch möglich, aber es ist

schwierig. Wir begegnen uns unmittelbar von Seele zu Seele im Auge. Das Auge ist wirklich unser Spiegel,[17] es ist die unmittelbare Umstülpung der menschlichen Seele. Unsere Augen können strahlen, mit unseren Augen weinen wir, kurz, die ganz elementaren Gemütsbewegungen treffen wir in diesem Gebiet.

Und doch ist dies nur das eine Element des menschlichen Auges. Da gibt es nämlich noch etwas anderes. Schauen Sie sich nur einmal diese Bilder an. Auf dem einen sehen Sie eine weiße Vase. Oder sehen Sie zwei dunkle Gesichter? Sie werden davon verwirrt. Wenn Sie nun etwas geübt sind, können Sie damit ein bißchen spielen: Einmal können Sie es so sehen, dann wieder so!

Das ist möglich, weil Sie «übersinnliche Arme» haben, die das Bild das eine Mal so ergreifen, daß Sie eine Vase sehen, und das andere Mal so, daß Sie zwei Gesichter sehen.

Beim nächsten Bild sehen Sie eine eingewickelte Spirale. Aber ist es wirklich eine Spirale? Folgen Sie den Linien einmal! Was sehen Sie? Daß es die schönsten Kreise sind, die Sie sich vorstellen können. Und so gibt es Hunderte optische Späßchen, die wir «optische» oder «Augentäuschungen» nennen. Es ist zwar sehr ärgerlich, aber unsere Augen scheinen sich täuschen zu lassen.

Das wird Ihnen bei anderen Sinnesorganen nicht gelingen. Sie können einem Kind zwar eine bittere Pille geben, indem Sie von außen eine Zuckerschicht darüber ziehen, aber wenn es darauf zu lange kaut, wird es wirklich eine bittere Pille. Der Geschmack läßt sich nicht betrügen. Das Auge aber sehr wohl. Sie mögen noch so lange hinsehen, es gelingt Ihnen nicht, anstelle einer Spirale Kreise zu sehen.

Wie kommt es, daß wir uns mit unseren Augen irren können? Das kommt, weil wir «in unseren Augen» denken! Darum irren Tiere in der Natur sich niemals. Sobald Tiere zu Menschen kommen, fangen sie auch damit an, die verrücktesten Dinge zu tun und Irrtümer zu begehen. Aber in der Natur irrt ein Tier sich nie, weil es niemals nachdenkt. Nur der Mensch denkt über die Dinge nach. Und da das Denken ganz besonders übers Auge tätig ist, ist auch «Augentäuschung» nur übers Auge möglich. Wenn Sie eben noch einmal an das Spiel mit der weißen Vase und den schwarzen Gesichtern denken, merken Sie, daß der Gedanke bestimmend ist für das, was wir sehen. Wir ergänzen, was wir sehen, durch unser Denken mit dem, was wir zu sehen erwarten, und dann entsteht Augentäuschung. Wir sollten also besser von «Verstandestäuschung» sprechen. Goethe hat recht, wenn er sagt: «Die Sinne trügen nicht, aber das Urteil trügt» (Sprüche in Prosa). Und das ist die andere Seite des Auges. Auf der einen Seite ist es ein Gemütssinnesorgan, auf der anderen Seite ein wissenschaftliches Instrument, ein Werkzeug zum Denken.

Das drückt sich auch in der Tatsache aus, daß wir immer verstehen wollen, was wir sehen. Wenn wir ein Gemälde sehen, fragen wir sofort, was es darstellt. Bei Musik haben wir diese Neigung überhaupt nicht. Da finden wir die Nachahmung von Naturlauten – das Singen eines Vogels oder das Gebrüll eines Löwen – eher etwas billig, nicht künstlerisch. Aber ein Portrait würden wir zum Beispiel nie verkehrt herum aufhängen. Oder wenn ein Dia verschwommen gezeigt wird, werden wir unruhig und rufen: «Schärfer!» Wir wollen die Dinge sofort in begreifbarer Art sehen. Darum ist auch für viele Menschen moderne Malerei so nichtssagend. «Man kann es genausogut umgekehrt aufhängen!» Bei kleinen Kindern, die noch nicht so scharf konturiert denken, spielt es keine Rolle, wie herum ein Bild hängt.

Und noch eine interessante Eigenschaft hat das Auge. Das merken wir, wenn wir unsere beiden wichtigsten Sinnesorgane, Auge und Ohr, einmal miteinander vergleichen. Es gibt natürlich viel zu hören in der Welt. Vor allem im Sommer summt und braust es sogar die ganze Nacht hindurch. Doch gibt es auch ruhige Plätze auf der Erde, wo nichts zu hören ist. Oder wir können uns in Räume einschließen, wo nichts zu hören ist. Dem steht gegenüber, daß wir *immer sehen.* Sie werden sagen: «Ja, aber im Dunkeln sehen wir doch nichts?» Aber das stimmt nicht. Sie können dann nur nichts unterscheiden. Wenn Sie bei vollem Sonnenschein in dicken Nebel geraten, dann «sehen» Sie auch nichts. Dennoch erleben Sie dann deutlich Licht, und so erleben Sie im Dunkeln deutlich Dunkelheit. Wir denken meistens, daß ein Blindgeborener sich im Dunkeln befindet, aber er kennt das Dunkel ebensowenig wie das Licht. Sie können diese Erfahrung selbst auch machen mit dem Versuch zum «Blinden Fleck» (s. S. 285). Wenn der Fleck verschwindet, kommt statt dessen nicht etwa das Dunkel, sondern «nichts». Da ist nichts. Wenn bei einer Augenoperation der Sehnerv betäubt wird, dann wird es nicht dunkel, sondern da ist nichts. Mit dem andern, nicht betäubten Auge können Sie sehr wohl das Dunkel erleben, wenn sie es schließen. Sie merken schon, das Auge ist anders als die anderen Sinnesorgane. Wenn es nichts zu hören gibt, dann hören wir nichts; wenn es nichts zu riechen gibt, riechen wir nichts usw. Die große Ausnahme ist das Auge: Wir sehen immer, es ist das wachende Organ.

Überlegen Sie einmal: Wir haben jetzt bereits etliche Sinnesorgane behandelt; warum können wir über diese Sinnesorgane sprechen? Weil wir sie alle sehr genau mit unseren Augen angesehen haben. Wir können nicht vom Geruchssinn aus über das Auge sprechen, während wir sehr wohl vom visuellen Organ aus über das Geruchsorgan gesprochen haben. Das Auge ist das Sinnesorgan, in dem alle Sinnesorgane enthalten sind. Dafür werde ich Ihnen ein paar Beispiele geben.

Um das Gleichgewicht zu halten, gebrauchen wir eindeutig unsere Augen, viel mehr als dies bei Tieren der Fall ist. Ein Pilot im Nebel weiß nie, in welche Richtung er fliegt, wenn er nicht auf seine Instrumente schaut. Er weiß nicht, ob sein Flugzeug gerade oder schief fliegt, ob es steigt oder sackt. Aber ein Hund, der neben ihm steht, der weiß das! Man sieht, wie er sich schief gegen die Schwere stellt, während der Mensch das nicht so schnell wahrnimmt. Ein Mensch, der blind ist und über ein Brett, einen Gleichgewichtsbalken gehen soll, kann das normalerweise nicht. Eine blinde Katze dagegen ist kaum von einer nichtblinden Katze zu unterscheiden. Alle beide laufen über das schmalste Gesims. Der Mensch hat aber auch eine Art Gleichgewichtsorgan im Auge. Wir haben vier Muskeln, mit denen wir unseren Augapfel bewegen können, und dann noch zwei sogenannte «Rollmuskeln» (m. obliquus) oben und unten, mit denen das Gleichgewichtsorgan direkt verbunden ist. Damit sehen wir, ob die Dinge gerade oder schief stehen. Und in der Reihe der vielen Nervenfäden ist ein deutlicher Unterschied zwischen Links und Rechts festzustellen, sogar in dem sehr kleinen gelben Fleck, mit dem wir scharf sehen. Unsere Standortbestimmung, von der ich beim Gleichgewichtsorgan gesprochen habe, hat also unmittelbar etwas mit dem Auge zu tun.

Wie unter anderem das Gleichgewichtsvermögen in unserem Auge vorhanden ist, ist es auch der Temperatur- oder Wärmesinn, über den ich gleich etwas sagen will. Wir sprechen von warmen und von kalten Farben. Aber auch von süßen Farben oder von schmutzigen Farben, und da sind wir dann beim Geschmackssinn und dem Geruchssinn. Ganz eindeutig ist auch der Bewegungssinn in unserem Auge enthalten: Kein Sinnesorgan ist so beweglich wie unsere Augen. Wenn Sie ein Dreieck sehen, laufen Sie eigentlich mit Ihren Augen daran entlang. Mit Ihren Augen laufen Sie eigentlich immer. Und zur selben Zeit spüren Sie mit Ihrem Lebenssinn, ob das, was Sie sehen, angenehm ist oder nicht. Und wenn wir einander von Mensch zu Mensch begegnen, was mit dem Ichsinn zusammenhängt, dann spielen unsere Augen dabei eine große Rolle. Auch «tasten» wir mit unsichtbaren Händen die Welt auf Entfernung ab. Und man kann sogar jemanden mit Blicken «töten»! Es gibt wirklich nur einen Begriff, der passend für das Auge ist, ein Begriff, bei dem wir auch eine Gebärde machen können, und der ist, daß wir sagen, das Auge ist ein *allumfassendes* Sinnesorgan.

Welches Sternbild wird nun zum Auge gehören? Das kann kein anderes sein als die *Jungfrau* (♍), das größte Sternbild. Die Jungfrau sorgt dafür, daß wir der Innenheit, den unmittelbaren Seelenregungen der Dinge begegnen. Und damit ist eigentlich das Geheimnis all dessen, was mit dem Auge zusammenhängt, ausgesprochen. Was ich zunächst viel grober beschrieben habe mit dem Bild der großen Darbietung, kann ich nun bezeichnen als das Sternbild der Jungfrau, der Frau im Tierkreis. Denn es geschieht vom Weiblichen her, daß die Natur, daß der Kosmos uns ihr Inneres auf der Erde offenbaren. Das ist das so Anrührende, Allumfasssende dieses Sinnesorgans: Die Jungfrau ist die Weltseele. Und diese Weltseele wurde in alten Zeiten Isis genannt, oder auch Sophia, die göttliche Weisheit, von der die Denkkraft in die Welt ausströmt.

Ich muß Ihnen noch einige Bemerkungen zum Äußeren des Auges machen. Zuerst über seine Durchsichtigkeit. Durchsichtiges Gewebe kennen wir eigentlich nur aus der Embryologie. Solange alles noch mikroskopisch klein ist, ist es durchsichtig und klar. Wenn ein Wesen wächst, wird alles zugleich dichter und trüber. Die absolute Ausnahme davon ist das Auge. Die Hornhaut mit all ihren Nerven – Sie wissen ja, wie empfindlich wir dort sind –, die so kompliziert gebaute Linse, der Glaskörper mit seinen Zellen, die Netzhaut, die nur aus Nervenzellen besteht – alles bleibt unbegreiflicherweise kristallklar! Erst im hohen Alter treten da Trübungen auf, die manchmal sogar wieder verschwinden. Obwohl die Augen des neugeborenen Kindes schon nahezu ausgewachsen sind, bleibt die Materie des Gewebes jung, durchsichtig, unbeschmutzt, jungfräulich. Etwas ganz Besonderes hat es mit der Linse auf sich: Sie wächst, wenn auch langsam, solange der Mensch lebt. Also auch beim Achtzigjährigen. Dieses Wachstum, das eigentlich zum Jungsein gehört, ist das charakteristische Merkmal des Augengewebes. Auch in der unglaublichen Beweglichkeit des Auges finden wir das Funkelnde, Jugendliche. Wir rühren hier an das Problem der «prima materia», der Urmaterie, mit der sich die Alchimisten beschäftigt haben.

Wenn wir in der lebendigen Natur nach diesem Phänomen suchen, finden wir die Flügel von Insekten, beispielsweise die der Libellen. Aber diese Flügel sind außerordentlich dünn. Wir können vielleicht auch an Glasfische denken, aber auch die sind sehr flach. Quallen sind nicht wirklich durchsichtig, sondern eher durchscheinend trübe. Die völlige Durchsichtigkeit ist also das Charakteristikum des Auges.

Dennoch habe ich Ihnen das «offenbare Geheimnis» des menschlichen Auges noch nicht erzählt: Der Augenspalt ist nämlich so weit offen, daß wir an beiden Seiten der Regenbogenhaut schon aus großer Entfernung ganz deutlich das makellose, reine Weiß der Augen sehen. Bei vielen Tieren, Fischen, Amphibien, Reptilien, Vögeln, finden wir oft wunderbare Augen – aber wir sehen kein Weiß, auch bei den Affen nicht. Nur ein klein wenig, wenn sie sehr stark zur Seite blicken.

Tiere sind an ihre Begierden, ihre Triebe gebunden, Anthroposophisch sagen wir: an ihren Astralleib. Der

Mensch ist ein «Ich», das diese Begierden zügeln, sie beherrschen kann. Der sichtbare Ausdruck davon ist das Weiß im Auge, das den farbigen Teil des Auges, die Offenbarung des Astralen, umschließt. Wunderbar schon beim kleinen Kinde, hier etwas bläulich, weil von hinten schwarzes Pigment durchscheint. Wenn etwas nicht in Ordnung ist, wenn das Auge beispielsweise blutunterlaufen ist, dann erschrecken wir. Meistens heilt es rasch und wird wieder weiß. Schwarze Flecken sind sehr selten. Dieses Weiß ist fleckenlos bei Jung und Alt, bei Mann und Frau, bei Menschen jedes Volkes und jeder Rasse. Es ist nicht so sehr Spiegel der Seele als vielmehr Ausdruck unseres inneren Menschen. Dieses Weiß diskriminiert nicht.

Wenden wir uns nun dem Wärme- oder Temperatursinn zu! Mit der Wärme betreten wir wieder eine ganz andere Welt. Aber auch hier dürfen wir, ebenso wie beim Auge, die Sonne nicht vergessen. Beide, Wärme und Licht, werden uns von der Sonne geschenkt, wenn auch auf völlig verschiedene Weise. Wenn die Sonne untergegangen ist, verschwindet auch das Licht auf der Erde, und zwar ziemlich schnell, wenn auch nicht überall so schlagartig wie in den Tropen. Anders, nicht so abrupt, geht es mit der Wärme. Die Dinge selbst sind durch und durch warm geworden und geben ihrerseits wieder Wärme ab. Man könnte es ein «Nachsonnen» nennen. Wärme strahlt also ebenso wie das Licht, sie durchstrahlt die Materie, so wie das Licht beispielsweise durch einen klaren Kristall oder durch Glas scheint. Aber nicht nur das – sie erfüllt diese Materie auch, verbindet sich mit ihr, selbst mit dem härtesten Material. Doch muß die Materie die Wärme wieder abgeben. Wärme kann man niemals ganz einsperren.

Wir wollen uns einmal das Umgekehrte vorstellen: Die Sonne geht unter, und alles auf der Erde leuchtet noch ein Weilchen nach, als phosphoreszierten die Dinge; aber es wird sofort schauderhaft kalt. Durch eine solche Phantasieübung nähern wir uns der Weisheit der Schöpfung. Die Sonne «bebrütet» die Welt tagsüber, nachts übernimmt dies die Natur. Wir bezeichnen den Menschen und mit ihm die höheren Tiere, die Vögel, die Säugetiere, als Warmblüter: Sie haben eine eigene Wärmeorganisation. Der Mensch selbst ist eine Wärmesonne, keine Lichtsonne. Aber der Körper muß die entweichende Wärme immer wieder erneuern. Das gilt nicht für die niederen Tiere, die nennen wir Kaltblüter. Diese Tiere sind deshalb auch vollkommen von der Wärme ihrer Umgebung abhängig. Je kälter es ist, desto träger werden ihre Bewegungen. Überraschend ist es, daß wir unter den niederen Tieren auch solche finden, die selber Licht abgeben: Tiefseefische, Tintenfische, die eine leuchtende Flüssigkeit ausspritzen, Feuerfliegen und Glühwürmchen. Wir Menschen strahlen kein Licht aus. Hier nähern wir uns dem Mysterium der Wärme. Stellen Sie es sich noch einmal deutlich vor: Die Welt voller Licht, aber ohne Wärme. Dann würde völlige Starre herrschen. Ohne Wärme wäre keine Veränderung möglich. Die Zeit stünde still, oder besser gesagt: es gäbe keine Zeit.

In unserem Kühlschrank lassen wir tatsächlich die Zeit – fast – stillstehen. Alle Prozesse, also auch die verderblichen, werden verzögert oder kommen sogar zum Stillstand. Alles wird konserviert. So sind aus dem Kühlschrank der Welt die prähistorischen Mammute zum Vorschein gekommen.

Die Etymologen, die Wissenschaftler, die sich mit Bedeutung und Herkunft der Wörter befassen, gehen davon aus, daß das lateinische Wort für Zeit, tempus, und das Wort Temperatur miteinander verwandt sind. Noch interessanter ist es, daß das Wort Zeit mit dem griechischen daiomai – teilen, verteilen – zusammenhängt. Und dies hängt wieder mit dáy- aus dem Sanskrit zusammen, welches verteilen, besitzen und Mitleid haben heißt, und auch mit dayā –, das Sympathie oder Mitleid bedeutet. Teilen, verteilen, austeilen hat immer eine soziale Komponente. Alles, was mit Veränderung, Bewegung, Strömung und Werden zu tun hat, müssen wir also mit der Wärme in Zusammenhang bringen. Und je wärmer es ist, desto schneller verlaufen die Prozesse. Dieses Dynamische ist auch wieder unlösbar mit Kraft, mit Energie verbunden. Unser Wort Energie kommt vom Griechischen en ergeo, «ich bin tätig». Dieses Erleben von Kraft fehlt dagegen völlig bei allem, was mit dem Licht und den Farben zusammenhängt. – Das andere merkwürdige Phänomen ist, daß sich durch Wärme alles ausweitet, sich mit unwiderstehlicher Kraft ausdehnt. Wenn wir also Eisen erhitzen, vergrößert sich das Volumen. Das kann in einem heißen Sommer dazu führen, daß sich Eisenbahnschienen verbiegen. Bei großer Hitze können sich feste Stoffe sogar verflüssigen und dann verdampfen. Sie werden also beweglicher, leichter, kurz: weniger erdgebunden, weniger von der Schwerkraft abhängig. Alles wird «sonniger», will zur Sonne zurück. Auch verschwinden alle Grenzen; die Absonderung, das Alleinsein wird aufgehoben. Viele Stoffe können sich jetzt auch miteinander vermischen und sogar neue chemische Verbindungen eingehen.

Das ist die Macht, die Magie der Wärme: Sie ist alldurchdringend. So einfach wie es ist, das Licht aufzuhalten, so unmöglich ist dies bei der Wärme. Natürlich gibt es Stoffe, die Wärme schwerer leiten als andere, aber letztlich wird die Wärme doch alles durchdringen. Wärme wird aufgenommen, aufbewahrt, gespeichert – aber auch wieder zurückgeschenkt. Das geschieht in hohem Maße bei den Wassermassen der Meere, die uns dadurch helfen zu überwintern. Die Meere sind die Wärmflasche der Erde. Wir dürfen auch nicht vergessen, daß die Atmosphäre, aus der wir unseren Sauerstoff schöpfen, nicht ohne die Sonnenwärme zu denken ist; die Luft wäre sonst ein fester Stoff. Wärme ist letztlich sogar dazu in der Lage, Materie zu erhellen, sie erglühen zu lassen. Die Krönung der Wärme ist das Feuer, der Träger aller Kultur. Die Wärme ist die absolute Voraussetzung für unsere irdische Existenz, für all unser Tun, das heißt für unser Bewegen, Fühlen, Denken und Wahrnehmen mit den zwölf Sinnen. Aber all diese Vorgänge muß unser Körper mit Hilfe seiner äußerst komplizierten Wärmeorganisation aktiv unterstützen.

Bis jetzt haben wir die Wärme als Erscheinung beschrieben. Was aber ist das Wesen der Wärme? Was ist es, das wir nicht aufhalten können, das alles durchdringt? Wir sagen zwar, die Wärme pflanze sich fort – beispielsweise über das silberne Löffelchen, das wir in den heißen Tee stellen –, aber was meinen wir damit genau? Wenn Sie auf einer Wiese eine Reihe Maulwurfshügel sehen, dann sagen Sie: Da kriecht ein Maulwurf, also ein Wesen, unter der Erde und läßt uns das Ergebnis seiner Arbeit sehen. Sie sagen nicht: Da pflanzt sich ein Maulwurfshügel fort. So «kriecht» auch das Wesen Wärme durch das silberne Löffelchen und zeigt uns, wie es arbeitet, unter anderem eben als Wärme. Also nicht die Wahrnehmung Wärme, sondern das Wesen Wärme pflanzt sich fort. Es ist gar nicht so schwierig, dieses Wesen zu charakterisieren: Es ist der Enthusiasmus! Das bedeutet «in Gott sein» (das

Griechische en ist «in», und theos ist «Gott»). Wenn jemand mich für etwas «erwärmt», dann meine ich damit nicht, daß er mir meßbare Wärme zuführt. Natürlich kann jemand meine kalten Hände mit den seinen erwärmen. Herrlich! Aber das meine ich nicht. Er erweckt etwas in mir zu eigener Aktivität, zum Selbsttun, zum Mittun. Denn auch wenn jemand mir die Hände wärmt, so ist dies merkwürdigerweise nur der Ansporn dazu, mir selber die Hände zu wärmen. Wenn ich der Wärme des anderen nicht meine eigene Wärme gegenüberstelle, werde ich krank. Ich «erwärme» mich und bekomme vielleicht Fieber, so wie ich auch Fieber bekomme, wenn ich mich «erkälte». Unser Körper verträgt also keine fremde Temperatur. Die äußere Wärme darf sich nicht zu sehr in den eigenen Körper hinein fortpflanzen. Wenn man im Zug steht, sowohl in der Wärme als auch in der Kälte, so hat das zur Folge, daß eine fremde Temperatur sich bei uns einschleichen kann. Erstaunlich ist es, daß ich mich dagegen schützen kann, indem ich mir zuvor dessen bewußt bin. Gerade wenn man unbewußt einen Temperaturwechsel erlebt, erhöht sich die Gefahr einer Erkältung.

Wir brauchen die äußere Wärme also nur als Basis, als Aufruf zur eigenen Aktivität. Um äußerlich zu überleben, müssen wir uns kleiden, müssen wir das Feuer benutzen. Um innerlich zu überleben, um ein menschenwürdiges Dasein zu führen, müssen wir dies alles aus innerer Aktivität heraus zustande bringen.

In der Anthroposophie nennen wir die Organisation, durch die sich der Mensch aus einem inneren Antrieb bewegen kann, den Astralleib, das bedeutet «Sternenleib». Wir dürfen auch sagen «Sonnenleib», denn die Sonne ist ja ein Stern – ich erwähnte es schon bei der Behandlung des Bewegungssinnes. Wir alle kennen den Unterschied zwischen Pflanze und Tier. Pflanzen wachsen zwar, aber sie bewegen sich nicht, sie haben noch keinen inneren Antrieb. Das aber ist bei Tier und Mensch der Fall. Der Mensch kann sich infolge seiner Neugier, seines Interesses frei und bewußt auf der Erde bewegen. Der Astralleib ist die Quelle des Organs für den Wärmesinn. Ohne die Wärme ist der Mensch als ein sich bewegendes Wesen nicht denkbar.

Wir benutzten schon das Wort Warmblüter. Blut ist nicht zufällig rot. Bei Rot erleben wir deutlich den Charakter der Wärme. Rot ist der Ausdruck strömender Kraft, mit dem Herzen als unermüdlichem Mittelpunkt. Unsere willkürlichen Muskeln, die Diener unseres Willens, sind ebenfalls rot. Selbst die kleinsten Tiere, wie die Einzeller, sind durch ein sehr aktiv pulsierendes Bläschen (klopfende Vakuole) von den Pflanzen zu unterscheiden. Das harmonische, ausgeglichene, ruhige Grün ist charakteristisch für die begierdelose Pflanze. Grün entsteht nur am Licht. Das Rot des Blutes entsteht gerade im Dunkeln: im Knochenmark, mit Hilfe des Eisens. Dieses Eisen befördert den Sauerstoff, den wir durch die Lungen aufnehmen, überall hin und sorgt damit für die Wärmebildung. Wir haben in der Schule gelernt, daß auch das Herz ein Muskel ist. Aber dieser Muskel ist zentral gelegen, verborgen, und er reagiert unmittelbar auf unsere Gemütsbewegungen. Wir haben keinen Einfluß darauf. Alle unsere Muskeln, die wir bewußt einsetzen können, die willkürlichen Muskeln, die durch die Tätigkeit dieses zentralen Herzens versorgt werden, sind dagegen nach außen gerichtet, vorzugsweise in den Armen und Beinen. Sie alle sind gleichsam periphere Herzen, mit denen wir uns in unseren Gebärden von innen nach außen zeigen.[18]

An den Eispolen der Erde ist praktisch kein Leben

möglich, obwohl da das Licht ein halbes Jahr lang ununterbrochen scheint.Der Kaiserpinguin, der auf dem Südpol sogar mitten im Winter seine Eier ausbrütet, verkörpert vermutlich das Äußerste, was unter diesen Bedingungen von einem Lebewesen noch geleistet werden kann. Auch in kalten Tiefseegebieten und in bestimmten Höhlen ist kärgliches Leben ohne Licht möglich. Es gibt Bakterien, die das Licht nicht einmal vertragen. Es gibt auch Nachttiere, beispielsweise die Fledermaus. Aber was wir im allgemeinen als überwältigende Naturpracht mit ihrem nicht aufzuhaltenden begeisterten Überlebensdrang anschauen, schöpft die Kraft aus der alles erfüllenden Sonnenwärme, die bewirkt, daß alles fließt, und die sogar bewirkt, daß der Sturm braust und die Wellen gegen die Felsen donnern. (Vielleicht findet man keinen Menschen, der dieses Durchglühtsein der Schöpfung so tief erlebt hat wie Vincent van Gogh, dieser wahre «Sonnensäemann»!). Und dieses alles spielt sich nota bene lediglich in einem äußerst dünnen atmosphärischen Mantel ab, der durch die Schwerkraft zusammengehalten wird.

An den Polen und auf hohen Bergen fast unbeweglich ewiger Schnee, an den sogenannten Brüchen hitzespeiende Vulkane mit unerwarteten Ausbrüchen, Erdbeben, sogar Erdverschiebungen – ein großer Gegensatz also: Wärme und Bewegung auf der einen Seite, Kälte und Erstarrung auf der anderen.

Unsere moderne Naturwissenschaft mit ihrer fanatischen Angewohnheit, alles messen zu wollen, meint, unsere Erde sei nur ein unglaublich kleines Staubkorn, das in einem nur nach Lichtjahren zu messenden, nicht zu begreifenden leeren Raum umhertreibe. Nun, wir können in diesem äußerst winzigen Kulturgebiet noch einmal nach einem sehr kleinen Ort suchen, beispielsweise nach der

Stadt Mailand. In dieser Stadt können wir uns auf die Suche nach einem bestimmten Museum machen, und in diesem Museum können wir uns auf die Suche nach einem bestimmten Fresko von Leonardo da Vinci machen. Wir stehen vor dem «Abendmahl». Ein ganz kurzer Augenblick ist hier abgebildet, nämlich die Ankündigung des hohen göttlichen Wesens Christus, daß einer der um ihn versammelten Jünger ihn verraten werde (Joh 13,21). Es gibt keinen Maßstab, so hoch er auch sein möge, der den Wert dieses Werkes bestimmen könnte. Dieser Wert hat also mit der Anzahl der Meter nichts zu tun. Die Größe, die Großartigkeit wird durch die innere Macht der Komposition bestimmt.

In diesem Kursus versuche ich immer wieder, diese Macht der Komposition auf verschiedene Art deutlich zu machen. Nichts ist wertvoll an sich, sondern nur im Zusammenspiel mit dem anderen. In der Anthroposophie spielt die Erforschung der Beziehung der großen Welt, des Makrokosmos, zu der kleinen Welt, dem Mikrokosmos, dem Menschen, eine sehr große Rolle. Es handelt sich dann nicht mehr um «unvorstellbar groß» oder «unvorstellbar klein», sondern um den Zusammenhang beider, ihre Verbindung, ihre Religion (lat. religere heißt verbinden).

Es ist der Segen der gemäßigten Zonen, daß wir hier diesen großen Gegensatz zwischen Wärme und Kälte erleben können. In den Tropen ist das sehr viel weniger möglich. Und so eindrucksvoll Eislandschaften auch sein mögen, wir dürfen nicht vergessen, daß wir sie nur betrachten, wenn wir in wunderbar warme Kleidung eingepackt und mit Proviant und einem Kochapparat versehen sind. Wir betrachten diese Eislandschaft also als selbst «sommerliche» Wesen, mit einem warm klopfenden Herzen, und wir begreifen dann, daß wir dankbar sein dürfen, daß nicht die ganze Erde ein solcher Eispalast ist. Jedes Jahr wieder zeigen uns Frühling, Sommer und Herbst dank der von Licht begleiteten Wärme die keimenden, sprossenden, blühenden und reifenden Prozesse. In der Kälte ist die Materie geballte Kraft. Durch Erwärmung wird diese frei. Der Dampfdruck läßt den Kessel, wenn dieser keine Öffnung hat, platzen. Das Licht dagegen versteht es, diese Kraft in der Pflanzenwelt wieder zu verdichten, sie irdisch, nämlich zu Brennstoff, zu machen. Das Grün der Pflanze verdichtet sich zu Kohlensäuregas. Das Licht kann also verdichten, irdischer machen, Nahrung bereiten, aus der wir wieder unsere Wärme schöpfen. Auch unser Knochengerüst verdichtet sich erst wirklich durch das Sonnenlicht. Sie wissen sicher, daß kleine Kinder, die nicht genug Licht bekommen, rachitisch werden: Das Knochengerüst verformt sich unter dem Gewicht des Körpers. Bemerkenswert ist es auch, daß Pflanzen nicht so saftig wie Fleisch sind. Beim Kochen fügen wir den Pflanzen auch Feuchtigkeit hinzu, während wir Fleisch sehr wohl braten und sogar rösten, es also trockener machen können. In diesem Zusammenhang ist es interessant, daß wir den saftigen Teil von Früchten Frucht-«fleisch» nennen.

Nun kommen wir zu der Frage: Wann finden wir etwas warm oder kalt? Die Umgebung, in der wir uns befinden, halten wir gern zwischen 18°C und 20°C (Zimmertemperatur). Das bedeutet, daß wir gerade keine Wahrnehmung der Temperatur haben wollen. Also auch hier haben wir wieder den großen Gegensatz zwischen der Welt der Farben, deren Buntheit uns in ihren Bann schlägt, und der Welt der Wärme, die uns nur als neutrale Umgebung dienen soll. Verschiedene Temperaturen gleichzeitig zu erleben bedeutet einen unhaltbaren Zustand. Daher mischen wir das heiße und kalte Wasser, bevor wir ins Bad steigen.

Überraschend ist nun folgendes: Wenn wir uns mit Wasser waschen, das Zimmertemperatur hat, dann ist das für uns kalt. Am behaglichsten fühlen wir uns merkwürdigerweise, wenn das Badewasser unsere eigene Körpertemperatur, also 37°C, hat, das ist die Temperatur, in der sich der Embryo aufhält. Auch beim Händewaschen ist uns eine Temperatur bis ungefähr 40°C angenehm. Wiederum ganz anders erleben wir die Temperatur auf dem Gebiet des Essens und Trinkens. Warme Getränke haben eine Temperatur von 50°C. Für einen Finger ist das beinahe unerträglich heiß. Aber auch Eisgetränke finden wir angenehm. Warme und kalte Getränke genießen wir dadurch, daß wir die Temperatur, die wir erleben, selbst aktiv verändern. Wir schlucken heißen Tee erst dann hinunter, wenn wir ihn im Mund abgekühlt haben. Und entsprechend warten wir mit einem Stückchen Eis im Mund solange, bis wir es genügend erwärmt haben. Wasser empfinden wir weder als warm noch als kalt, wenn es eine Temperatur von 29°C hat, das sind 8 Grad weniger als unsere eigene Körpertemperatur. Das zu trinken, ist abscheulich, wir spülen höchstens unseren Mund damit; unsere eigene Aktivität wird dadurch nicht angeregt.

Wenden wir unsere Aufmerksamkeit jetzt einmal dem Schlafzustand zu! Zuerst die Frage: Warum müssen wir eigentlich schlafen? Die vorläufige Antwort ist: weil wir müde werden, wir können kein Interesse mehr aufbringen. Aber warum werden wir müde? Darauf können wir vorläufig sagen, daß unser Bewußtsein selbst keine aufbauenden Kräfte in sich birgt, sondern von unseren Lebenskräften zehrt. Unser Herz und die anderen Organe, von denen wir kein Bewußtsein haben, werden nie müde. Das Bewußtsein baut unsere Lebenskräfte ab. Wir sagen zu Recht, daß der Schlaf diesen Abbau wieder in Ordnung bringen muß. Wenn wir schlafen wollen, suchen wir die Dunkelheit und die Stille auf. Wir schließen uns also so gut wie möglich von der sinnenfälligen Welt ab mit der einzigen Ausnahme, daß wir sehr wohl für eine angenehme Temperatur sorgen. Wir können schlecht schlafen, wenn es uns etwas zu kalt oder etwas zu warm ist. Dem Gesicht macht es viel weniger aus, aber unsere Hände halten wir am liebsten unter der Decke. Alles, womit wir am Tage aktiv sein müssen, umhüllen wir nachts mit einem Wärmemantel, der unsere Körpertemperatur annähernd stabil hält. Wir können vorläufig davon ausgehen, daß höhere Mächte in der Nacht unseren Körper wieder aufbauen, indem sie ihr Interesse, ihre Fürsorge auf diesen Körper lenken. Unser Wärmeorganismus ist das Eingangstor für diese Aufbaukräfte. Am Tage wollen wir unser Interesse über alle Gebiete der Welt ausbreiten, und wir können uns die Frage stellen: Haben wir nicht tief im Innern das Gefühl, damit aufbauend in der Welt zu stehen? Bedeutet unser tagwaches Interesse nicht ebensoviel für den Makrokosmos, wie dessen Aufbaukräfte in der Nacht für unseren Körper bedeuten? Wollen wir nicht immer ein Stück Welt pflegen, versorgen?

Wenn die Umgebung, in der wir leben, ebenso warm wäre wie unser Körper, also 37°C, würden wir das als eine aufreibende, geradezu tropische Hitze erleben, die uns apathisch zu machen drohte. Offenbar ist dieser Unterschied, dieser Abstand, dieses Wärmeintervall von 17°C zwischen der Umgebungstemperatur und der Körpertemperatur notwendig, um unserer eigenen Aktivität Antrieb zu geben. Die Erde schenkt uns, mit Hilfe der Sonne, zwar eine beträchtliche Grundwärme, aber das Weitere muß von uns selbst ausgehen. Dieser Abstand ist gleichsam ein Appell an uns, einen freiwilligen, verbindlichen Beitrag zu leisten. Er ruft uns dazu auf, nicht gleichgültig zu sein.

Bei der Geburt findet diese Aufforderung auf sehr drastische Weise statt: Es geht aus 37°C Wärme im Fruchtwasser in die Temperatur der Zimmerluft von 20°C. Den Schreck hören wir an dem Weltschmerzensschrei des Babys als Antwort auf seinen ersten eigenen Atemzug. Bei keinem Säugetier kündigt sich der Lebenswille so übermächtig an. Will das Kind nicht atmen, so wirkt ein kalter Wasserguß Wunder: Ja, man muß ihn sogar manchmal anwenden, ich kann nur sehr dazu ermutigen! Wir kommen etwa wie ein Raumfahrer aus einem gewichtslosen, schwebenden Zustand auf der harten Erde an, wo wir von nun an auch unseren Körper selber tragen lernen müssen. Es ist sehr merkwürdig, daß wir unser eigenes Körpergewicht praktisch nicht erleben. Wir staunen zu Recht, wenn wir einen anderen Menschen von 70 Kilogramm hochheben sollen. Wiege ich etwa auch soviel? Mutter Natur trägt unser Körpergewicht. Erst wenn wir müde oder krank sind, erleben wir unser Körpergewicht. Wenn wir aber auf der Erde arbeiten, so bedeutet das: das Gewicht aller Dinge erleben. Wir müssen jetzt selbst Kraft aufbringen. Hier haben wir es also mit einem Gewichtsintervall zu tun.

Beim Geruchssinn haben wir darauf hingewiesen, daß der Mensch beinahe keine angeborene Instinktweisheit mehr besitzt. Alles muß er selbst innerlich erwerben, und zwar ein Leben lang. Kein Tier ist so lange hilfsbedürftig wie der Mensch, kein Tier liegt ein halbes Jahr lang auf dem Rücken. In der Zeit muß das Wahrnehmen, das Interesse entwickelt werden.

Meistens beginnen Beschreibungen des Temperatursinnes mit einem tatsächlich interessanten Versuch. Man nehme drei Eimer: einen mit kaltem Wasser, einen mit warmem Wasser und dazwischen einen Eimer mit Wasser von 29°C. Man lege zuerst die eine Hand ins kalte und die andere ins warme Wasser, ungefähr zwei Minuten lang; und dann lege man beide Hände in das Wasser des mittleren Eimers. Für die Hand aus dem kalten Wasser fühlt sich dieses warm an. Für die Hand aus dem warmen Wasser fühlt es sich geradezu kalt an. Es ist wirklich ein überraschendes, verwirrendes Erlebnis. Man will mit diesem außerhalb des Lebens stehenden Versuch darauf aufmerksam machen, daß unser Wärmesinn unzuverlässig sei. Man empfiehlt: Nimm doch ein Thermometer, das gibt wenigstens exakt, unzweideutig, zuverlässig, wirklich an, welches die Temperatur des Wassers im mittleren Eimer ist. Aber wenn wir nun anstelle unserer Hände je ein Thermometer in die Eimer stecken, was sehen wir dann? Im kalten Wasser steht das Quecksilber niedrig, im warmen Wasser hoch. Stecken wir die beiden Thermometer nun in den mittleren Eimer, dann geht das niedrige Quecksilber hoch, und das hohe Quecksilber geht hinunter, bis eine gleich Höhe erreicht ist. Dies geht sehr schnell, aber in unseren beiden Händen geschieht genau dasselbe, nur etwas langsamer. Wenn man ein wenig Geduld aufbringt, erleben beide Hände nach einiger Zeit das Wasser in der Mitte als gleich warm. Also: Nicht die Sinne, die Gelehrten foppen uns.

Viel interessanter ist es übrigens, daß ein Thermometer kein neutrales Gefühl hat, an dem Kalt und Warm gemessen werden kann. Unser Körper hat das, als Thermometer betrachtet, sehr wohl. Bei unserem Versuch hatte das mittlere Wasser 29°C. Bei einem menschlichen Thermometer müßte das also sinnvollerweise als Null bezeichnet werden.

Die Urfrage, die der Mensch sich stellt, lautet: Was will ich eigentlich? Auch wenn er fragt: Wer bin ich eigentlich? oder : Woher komme ich? – mündet das doch wieder in die Frage: Was will ich weiter tun? Nun, um etwas zu tun, muß man erst einmal lernen. Wir gehen zur Schule, um Fertigkeiten zu erwerben. Eine gute Schule sorgt dafür, nicht Kübel voller Information auszugießen, sondern Lebenslust zu wecken, die Flamme der Begeisterung, die Fackel der Freude weiterzureichen – eine geistige Stafette. Jeder weiß, daß wir gerade den Lehrern dankbar sind, die ihren Lehrstoff mit Enthusiasmus übermittelt haben. Und wenn wir später einen Beruf wählen, versuchen wir unsererseits auch wieder einen Ort zu finden, an dem wir andere begeistern können. Alle Arbeit beruht im Prinzip darauf, dem anderen zu helfen, uns um ihn zu kümmern. Aus dieser Urfrage: Was will ich? verstehen wir auch die Beschreibung, die Rudolf Steiner von der Entstehung des Menschen gibt.

Warum will ein Wesen, sei es nun ein Gott oder ein Mensch, etwas erschaffen? Dieses Bedürfnis entsteht, wenn eine reiche Erfahrung gewonnen ist. Diese Erfahrung wollen wir mit anderen teilen. Wir können es nicht für uns behalten. In seinem Buch *Aus der Akasha-Chronik*[19] stellt Rudolf Steiner dar, daß sehr hohe göttliche Wesen – in der christlichen Lehre werden sie die Throne genannt – das wahre umfassende Menschsein als innere Erfahrung in vorirdischen, geistigen Bewußtseinzuständen schon durchgemacht haben. Diese Wesen waren darüber in eine solche Begeisterung geraten, daß sie diese innere, geistige Erfahrung mitteilen, äußerlich zum Ausdruck bringen wollten. Unsere erschaffene Welt ist schließlich das Resultat. Rudolf Steiner gibt diesen Thronen auch den Namen «Geister des Willens» und beschreibt diese Wesen als «strahlende Flammen» oder «strahlende Leben». Die Schöpfung ist demnach die nach außen gebrachte göttliche Menschheitserfahrung der «Feuergeister». Und diese erschaffene Welt wiederum ruft die Menschen dazu auf, sich die äußere Schöpfung durch warme, aktive Teilnahme zur inneren Erfahrung zu machen. Novalis drückt dies so aus: «Das Äußere ist ein in Geheimniszustand erhobnes Innre.» Das bedeutet, daß die Schöpfung die Offenbarung der geistigen Welt, einer tiefen inneren, warmen Geisteserfahrung ist.

Wir versuchen also davon auszugehen, daß wir nach Gottes Bild geschaffen sind. Was aber ist daran charakteristisch? Im mittelalterlichen Paradeisspiel aus Oberufer finden wir eine Textstelle, die uns einen Schlüssel reicht. Gott, der Vater, hat die Welt, das Paradies, geschaffen. Er hat etwas Inneres nach außen gebracht. Er konnte es nicht für sich behalten. Aber es kam noch etwas hinzu: Es war noch ein Zuschauer nötig. Alle Schöpfungen, die sechs Schöpfungstage, waren gut. Selbstverständlich glauben wir, daß Gott alles weiß. Das Merkwürdige ist nun, daß er offenbar etwas doch nicht weiß. Denn er stellt die Frage: Was denkt der Mensch darüber? Und so heißt es in dem Spiel: «Sag an, Adam, wia's dir gfallt, / Denn i's von herzen gerne wüeßt.» Wie kommt die nach außen gebildete Schöpfung bei dem Menschen an? Wie verinnerlicht er sie, kann er sie bewundern, kann er sie genießen? Das ist es vor allem, was Gott interessiert. Die Neugierde Gottes muß von seinem Geschöpf Adam beantwortet werden. Der Mensch ist dazu aufgerufen, selbständig aktiv zu sein, Begeisterung zu zeigen. Und so werden wir mit Hilfe des Wärmesinnes zu «Interessewesen», zu Mitgenießern. Die Liebe, mit der

Gott alles geschaffen hat, verlangt einen Widerklang, ein Echo. Die einfache Tatsache, daß wir uns gegenseitig immer wieder die Frage stellen: Wie findest du das? ist also charakteristisch für unsere göttliche Abstammung. Der Mensch darf nie außerhalb stehen, nie gleichgültig sein.

Rudolf Steiner nennt den Wärmesinn das zuerst entstandene Sinnesorgan des Menschen. Es lag ursprünglich oben auf dem Kopf. Sie haben sicher schon einmal vom «dritten Auge» gehört. Aber dieses dritte Auge war niemals ein Auge.[20] Sie finden dieses Organ noch bei Reptilien, beispielsweise den Eidechsen: Es sitzt unmittelbar unter der Schädeldecke. Die Schädeldecke hat dort ein Loch. Es sieht wirklich wie ein primitives Auge aus. Man hat feststellen können, daß die Tiere damit eine infrarote Strahlung – das ist nichts anderes als Wärme – wahrnehmen können. Es ist also ein Wärmesinnesorgan. Beim Menschen war es früher das Organ, mit dem er die besten Stellen auf der Erde aufsuchte, an denen er sich wohlfühlen konnte und wo auch Nahrung zu finden war. Dieses «Früher» werden Sie in der anthroposophischen Literatur beschrieben finden als die «lemurische Zeit». Das Organ wurde also zur Selbsterhaltung gebraucht. Aber im Laufe der Entwicklung hat sich dieses dritte Auge ganz zurückgezogen. Es ist nun eine kleine Drüse geworden, die Epiphyse oder Zirbeldrüse.[21] In der embryonalen Phase können wir diese Drüse unter der großen Fontanelle, wo die Schädeldecke noch nicht geschlossen ist, wahrnehmen. Später wächst das Großhirn darüber. Die Embryologie enthüllt uns hier, daß der Mensch in früheren Zeiten sehr merkwürdige Entwicklungen durchgemacht hat.

In der Wissenschaft weiß man noch sehr wenig über den Temperatursinn. Man spricht von Kältenerven und Wärmenerven, aber die Gelehrten widersprechen einander. Ich glaube, daß nur eine einzige Theorie die richtige ist, und diese Theorie habe ich nur ein einziges Mal in meinem Leben in einer Vorlesung gehört. Diese Theorie ist die folgende. Wir haben unter der Haut verschiedene übereinander liegende Schichten sehr kleiner Blutgefäße, Haargefäße. Und nun verlaufen unter der Haut auch eine Reihe verschiedener, noch nicht deutlich erklärbarer Nerven. Es sind einfache Nerven, nackte Nerven, die nicht in einem speziellen Sinneswerkzeug enden. Und diese nackten Nerven laufen durch diese übereinander liegenden Blutgefäßschichten. Es sind Nerven, die einfach wahrnehmen, daß Wärme durch die Haut austritt oder aber eintritt.

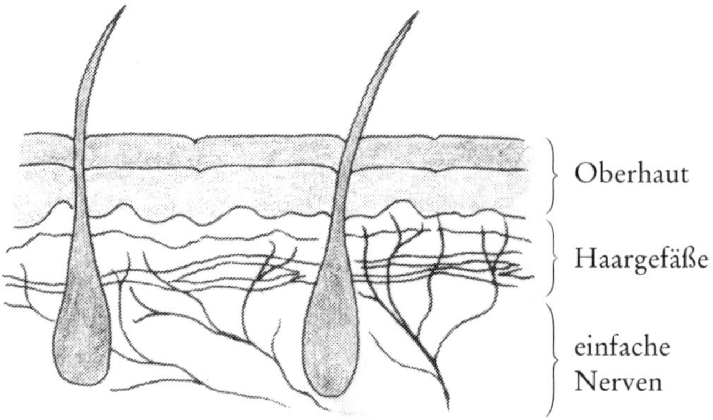

Längsschnitt durch die Haut

Es sind völlig unkomplizierte Nerven, weil sich hier auch etwas völlig Unkompliziertes in der menschlichen Seele abspielt. Die Seele will ihr Interesse zeigen und wartet ab, ob ihr etwas entgegenkommt oder nicht. Und dazu braucht sie die «Interesse-Nerven». Kommt uns etwas entgegen? Ja? Dann erleben wir es als Wärme. Dann fühlen wir uns aufgenommen, vom Kosmos akzeptiert, wir können mitmachen, wir werden stimuliert, begeistert. Und umgekehrt können wir uns als Seelenwesen ebenso verhalten. Wir kümmern uns doch um den anderen. Wir erwärmen uns doch für etwas. Das genau ist es, was wir tun, wenn wir uns für die Welt interessieren. Der Wärmesinn ist das Ur-Sinnesorgan, das als Grundfähigkeit in allen anderen Sinnen vorhanden ist.

Es liegt im Wesen jedes Sinnesorgans, daß es Interesse ausstrahlt. Das erste Auge hat sich äußerlich, als lokales Sinnesorgan, zurückgezogen (Epiphyse), aber seine Wirksamkeit bildet die Grundlage aller sinnlichen Wahrnehmung. Die zwölf Sinne sind gleichsam zwölf Arten von Wärmeerfahrungen, zwölf Formen von Begeisterung für die Welt.

Die Urtatsache bleibt bestehen, daß wir als körperlich wärmebildendes Wesen tätig sein wollen. Arbeitslosigkeit heißt sich ausgeschlossen fühlen. Wir wollen mit Hilfe unseres Interesses Erfahrungen machen. Und das Merkwürdige ist: Hier wollen wir soviel Abwechslung wie nur möglich. Für die Fülle dessen, was durch das Auge hereinströmt, sorgt die Natur. Für die Abwechslung in den Erfahrungen, die wir machen wollen, müssen wir selbst sorgen. Gerade dadurch, daß unser Körper ein Wärmeorganismus ist, sind wir in der Lage, uns auf der Erde zu bewegen. Aber die Erfahrung, die wir suchen, ist etwas Innerliches. Mit dem Lebenssinn erleben wir Angenehm und Unangenehm, also äußerlich, körperlich. Der Temperatursinn lehrt uns die Gefühle Freude und Schmerz. Auch wenn wir ohne eigene Aktivität etwas bekommen, ein schönes Geschenk oder schönes Wetter, müssen wir aktiv darauf eingehen. Sogar wenn uns etwas nicht gefällt oder auch etwas nicht gelingt, wenn wir Pech haben, bleibt die Notwendigkeit bestehen, daß wir das innerlich erleben. Tiere bewegen sich, um Nahrung für ihre eigene körperliche Existenz zu finden. Der Mensch bewegt sich darüber hinaus, um Erfahrungen zu finden, das ist geistige Nahrung.

Beachten Sie auch die Umkehrung im Gebrauch des Wärmesinnes. Das Ur-Wärmesinnesorgan, das dritte Auge, war ein «egoistisches» Organ im Dienste der Selbsterhaltung. Unser heutiges Wärmeorgan will sich gerade nicht mehr mit äußerer Kälte oder Wärme beschäftigen. Es will in seiner äußeren Wärmeabgabe innere Wärme, Interesse mitschenken (denken Sie an den Unterschied von 17°C).

Ich möchte Sie jetzt um Ihre Aufmerksamkeit für einige ganz bekannte, aber darum nicht weniger merkwürdige Erscheinungen bitten. Zuerst das Niesen. Wir haben es im Laufe unseres Lebens gelernt, behutsam mit der Wärme umzugehen, uns nicht am Feuer oder an anderen heißen Dingen zu verbrennen, uns so zu kleiden, daß wir uns nicht erkälten und so weiter. Nun verfügt unser Körper auch über einen sehr drastischen Warnreflex, eine Äußerung des Lebenssinnes, der im Gebiet des Riechens zum Tragen kommt. Eine wahrhaft höchst dramatische, komische Vorführung, eine Art Urknall. Sie niesen nicht nur von scharf riechenden Düften wie Pfeffer oder Niespulver, die sogar Schmerzen verursachen, sondern auch, wenn Sie irgendwo stehen, wo es zugig ist. Was geschieht, wenn wir niesen? Wir atmen stoßweise ein, als ob wir anfangen würden zu weinen, wir ziehen uns in unserem oberen Pol zusammen. Dann, auf dem Höhepunkt, explodieren wir zu unserem unteren Pol, zu Bauch und

Gliedmaßen hin, auseinander. Wir schmettern es hinaus: Tränen des Weinens werden Tränen des Lachens. Eine einzige Sekunde lang sind wir schwer erkältet. Der Lebenssinn gibt eine Warnung ab: In deinem Wärmeorganismus ist Unordnung entstanden. Los jetzt, mit voller Kraft, schnell alles wieder zurechtschütteln! Es ist wie bei einem Vogel, dessen Federn unordentlich, durcheinander geraten sind. Einmal schnell schütteln, und alles sitzt wieder vorbildlich. Beim Niesen schütteln wir unser Wärmefederkleid in die richtigen Falten.

So stellt der Lebenssinn ein wunderbares Zusammenspiel zwischen den beiden polaren Sinnesorganen Geruch und Wärmesinn zur Schau: ein Vorbild für die Zusammenarbeit der Sinnesorgane. Bei diesem Übergang «vom Weinen zum Lachen» produzieren wir außerdem äußerst vernehmbare Geräusche. Das internationale Wort «Hatschi», möglichst dreimal, erfüllt den Raum. Niesen ist noch immer das beste Vorbeugungsmittel gegen eine drohende Erkältung. Nicht zufällig bot man sich früher eine Prise Schnupftabak mit einem ermutigenden «Gesundheit!» an.

Eine Erscheinung, die auch viel aussagt und zum Wärmesinn gehört, ist das Zittern vor Kälte. Es ist dem Niesen, das von einem ganz kleinen Fleck (dem Riechgebiet) ausgeht, genau entgegengesetzt. Wir zittern mit der ganzen Körperoberfläche, und zwar nicht mit einem Knall, sondern fortwährend, ohne Unterbrechung. Wir fühlen uns von der Kälte bedroht, fühlen gleichsam voraus, daß wir steif werden, und wir werden dazu angespornt, uns heftig dagegen zu wehren. Wir tun dies, indem wir uns selbst bewegen: die Hände reiben, mit den Füßen stampfen, mit den Armen schlagen. Dies ist also ein deutliches Beispiel dafür, daß wir zu eigener Aktivität aufgerufen werden. Die Polarität von Wärmesinn und Geruchssinn finden wir in der Polarität von Zittern und Niesen sehr deutlich wieder.

Sehr erhellend ist auch der Gegensatz zwischen Angst und Scham. Wenn wir Angst haben, werden wir bleich, die peripheren Hautgefäße verengen sich. Wir versuchen gleichsam, uns so klein wie möglich zu machen, als wollten wir in einem Punkt verschwinden. Wenn wir uns schämen, können wir bis zum Bauchnabel rot werden. Im Gegensatz zu dem Bedürfnis, unsere Erfahrungen mit anderen zu teilen, versuchen wir, wenn wir uns schämen, gerade etwas versteckt zu halten. Anstatt Interesse auszustrahlen, versuchen wir, einen Panzer um uns herum zu bilden, Wärme festzuhalten – vergeblich, denn wir merken, daß wir uns durch das Erröten desto mehr bloßstellen. Es ist die große moralische Kraft der Scham, daß das Schlechte nicht verborgen bleiben kann. Es wirklich wahr, daß der Mensch bis zum Nabel erröten kann. Der höhere Mensch schämt sich für den niederen Menschen. Wir brauchen uns hier nicht dabei aufzuhalten, daß in unserer Kultur alles getan wird, die Scham aufzuheben. Babylon kommt immer mehr an die Macht. Die Kirche hat immer einbezogen, daß der Mensch nichts für sich behalten kann. Darauf beruht die Beichte. Die Pervertierung dieses intimen Treffens zwischen Sünder und Priester ist die Verlegung des Beichtstuhls in den Fernsehapparat. Die schamlosesten Dinge werden, gegen hohe Bezahlung, zwecks Erhöhung der Zuschauerzahlen auf den Bildschirm gebracht.

Der Wärmesinn hindert uns fortwährend daran, daß wir gleichgültig werden. Das müssen wir ganz konkret auffassen. Durch den Wärmesinn nehmen wir stets den Unterschied zwischen uns selbst und der Welt wahr, und das erweckt unser Interesse. Unser Menschsein endet, wenn dieses Interesse nicht mehr vorhanden ist. Wir sprechen dann von lauen Seelen. Mit denen weiß nicht einmal der liebe Herrgott Rat. Da sie nicht gut genug für den Himmel und nicht schlecht genug für die Hölle sind, gibt Dante ihnen einen Platz im Vorhof der Hölle, wo sie nackt den Fliegen und Wespen ausgesetzt sind.[22] Sie sollen also von außen her zur Aktivität kommen, weil es von innen nicht geschieht.

Das Tierkreiszeichen des Wärmesinns ist der Löwe (♌). Das prachtvolle Tier mit seiner majestätischen Mähne, mit diesen prachtvollen Sonnenhaupt, besteht aus reinem begeisterten Genießen. Sie können auch niemals wirklich Mensch werden, solange Sie niemals gründlich nach den Katzentieren, den Löwen, Tigern, Hauskatzen und so weiter, geschaut haben. Wenn Sie sich der Geschmeidigkeit ihrer Bewegungen hingeben würden – dem lautlosen Schleichen, dem Rennen, dem Sich-Drehen und Wenden, dem Springen, dem Zupacken, dieser Kraft, dieser Biegsamkeit –, dann würden Sie merken, wie durchglüht, wie durchlebt, wie eurythmisch dies alles ist. So ausgedehnt beim Aufwachen, so zusammengerollt beim Schlafen. Nirgends ist eine Erstarrung wahrzunehmen; sogar die Krallen können noch bewegt werden. (Versuchen Sie einmal Ihre Nägel zu bewegen!) Und dann das Spielen, das Tändeln, das Herumrollen, Sie brauchen sich nur einmal unsere Katze anzusehen. Auch das Spiel mit einem Gegenstand, einem Federchen, einer Murmel, einem Papierbällchen, der Versuch, eine Fliege zu fangen, über eine dünne Leiste zu balancieren – alles bleibt graziös. Und dann das Gegenteil: die Ruhe, das unendliche Genießen der Sonne. Kein Tier hat ein solches mimisches Ausdrucksvermögen, sowohl was den Kopf allein als auch, was die ganze Gestalt betrifft. So rührend anhänglich, so erschreckend mit gekrümmtem Rücken und gesträubten Haaren, sämtliche Geschwindigkeiten beherrschend: rauh zupackend, zart tastend. Ein scheinbar müheloses Erklettern der Bäume. Und: eine Katze vorm Fenster sitzend, den Schwanz elegant um sich herum gelegt. Was mich betrifft, so hätte die Schöpfung hiermit enden können. Solche Genießer müßten alle Sinnesorgane werden, sie müßten schnurren vor Freude. – Aber vergessen wir vor allem nicht, daß der Löwe ein Raubtier ist, der mit großer Kraftanspannung seine Beute packen muß. Eine solche Löwenkraft gehört zu jedem Interesse. Im gegenseitigen Geben und Nehmen wollen wir begreifen und begriffen werden.

Lassen Sie uns zum Schluß noch einmal tiefer auf diesen sehr merkwürdigen Prozeß eingehen: Das erste Wärmesinnesorgan ist äußerlich verschwunden, aber die Fähigkeit, sich allseitig zu interessieren, hat sich zu allen anderen Sinnesorganen umgebildet. Auch sich selbst hat es von einem zentralen Organ zu einem Organ umgebildet, das über die gesamte Oberfläche unseres Körpers ausgebreitet ist: eine Entwicklung vom Zentrum zur Peripherie. Es gibt ein großes Vorbild für diesen wundersamen Prozeß. Die Bibel erzählt von der Taufe im Jordan. Das Christuswesen verbindet sich dabei mit einem menschlichen Wesen, Jesus, in dessen dreißigstem Jahr. Ein göttlichen Wesen erscheint in Menschengestalt und wirkt nun unter den Menschen. Nach zweieinhalb Jahren finden der Verrat, die Kreuzigung, der Gang in die Unterwelt (die sogenannte Höllenfahrt) und die Auferstehung (Ostern) statt. Vierzig Tage lang hält sich der auferstandene Christus bei den Aposteln auf und gibt ihnen seinen tiefen, esoterischen Unterricht. Er ist, obwohl übersinnlich, in ihrer Mitte. Dann plötzlich geht Christus von ihnen (die Himmelfahrt, am Donnerstag), wodurch die Apostel in großer Verlassenheit, in großer Seelenkälte zurückbleiben. Am zehnten Tag dieser Seelenkälte – am fünfzigsten Tag nach der Auferstehung – findet die trostbringende Ausgießung des Heiligen Geistes statt; es ist Pfingsten, ein Sonntag (das Wort Pfingsten kommt von griech. pentecoste, das heißt der fünfzigste Tag). Sie kommt aus der Peripherie, wie es durch das Bild der feurigen Zungen ausgedrückt wird, die sich auf die Häupter der Apostel niedersenken. Jeder spricht jetzt seine eigene Sprache, und doch verstehen sie einander. Die feurigen Zungen sind Bild des Enthusiasmus. Die Apostel sind jetzt dazu in der Lage, ihre Sendung zu vollbringen, die Flamme weiterzureichen, jeder seiner eigenen Kraft entsprechend. Nun erst sind sie Apostel im wahren Sinne des Wortes geworden. In der Evolution der Sinnesorgane finden wir einen ähnlichen mächtigen Prozeß vom Zentrum zur Peripherie. Die Sinnesogane sind die großen Lehrer der Menschheit geworden. Jedes Sinnesorgan spricht seine eigene Sprache, und doch begreifen sie sich gegenseitig und bilden einen einzigen Kreis.

Ich möchte dieses Kapitel gerne mit zwei «Gedichten» abschließen, an denen Sie erleben können, wie so ganz Unterschiedliches aus dem Wärmesinn geboren werden kann. Das erste stammt von Friedrich Nietzsche aus «Die fröhliche Wissenschaft» (1882), sein Titel «Ecce homo» bedeutet «Siehe, das ist ein Mensch» (Joh. 19,6); das zweite ist ein «Wahrspruchwort» Rudolf Steiners aus dem letzten Jahr seines Lebens.[23]

Ecce homo

Ja! Ich weiß, woher ich stamme!
Ungesättigt gleich der Flamme
Glühe und verzehr' ich mich.
Licht wird alles, was ich fasse,
Kohle alles, was ich lasse:
Flamme bin ich sicherlich!

Ich möchte jeden Menschen
Aus des Kosmos' Geist entzünden,
Daß er Flamme werde
Und feurig seines Wesens
Wesen entfalte. –
Die Andern, sie möchten
Aus des Kosmos' Wasser nehmen,
Was die Flammen verlöscht
Und wäßrig alles Wesen
Im Innern lähmt. –
O Freude, wenn die Menschenflamme
Lodert auch da wo sie ruht!
O Bitternis, wenn das Menschending
Gebunden wird da, wo es regsam sein möchte.

5.
Der Gehörsinn

Komm, Jessica! Sieh, wie die Himmelsflur
Ist eingelegt mit Scheiben lichten Goldes!
Auch nicht der kleinste Kreis, den du da siehst,
Der nicht im Schwunge wie ein Engel singt,
Zum Chor der hellgeaugten Cherubim.
So voller Harmonie sind ew'ge Geister,
Nur wir, weil dies hinfäll'ge Kleid von Staub
Ihn grob umhüllt, wir können sie nicht hören.

Shakespeare, Der Kaufmann von Venedig

Wie bei den vorigen Malen, werde ich Ihnen als erstes einen Überblick über die bisher besprochenen Sinnesorgane geben. Wir haben diesen Kursus mit den vier ausdrücklich leibgerichteten Sinneswerkzeugen begonnen, das waren: der Tastsinn, der Lebenssinn, der Eigenbewegungssinn und der Gleichgewichtssinn. Der Tastsinn, durch den wir uns als isoliertes Wesen erleben; der Lebenssinn, der uns darauf aufmerksam macht, daß wir voller Lebensprozesse sind, daß wir also eine Konstitution haben, daß wir krank oder gesund sind; der Eigenbewegungssinn, der uns darauf hinweist, daß wir eine dynamische Fähigkeit besitzen, mit der wir uns in unserem Körper ausdrücken können, mit der wir uns bewegen können; und schließlich das Gleichgewicht, bei dem ich Ihnen erzählt habe, daß der ganze Mensch als Gleichgewichtswesen gebaut ist. Wie wir mit dem Tastsinn von der Welt Abschied nehmen, so betreten wir sie wieder mit dem

Gleichgewicht. Wir können nur Gleichgewicht halten im Hinblick auf die Welt.

Nach diesen vier leibgerichteten Sinnesorganen haben wir ausführlich über die vier bekannten Seelensinnesorgane, den Geruch, den Geschmack, das Sehen und den Temperatursinn, gesprochen. Sie finden eine Art Wiederholung der Wirkensweise der leibgerichteten Sinnesorgane bei diesen vier Seelensinnesorganen wieder. Bei dem Geruch haben wir es wirklich mit etwas Trockenem zu tun – wenn Sie einen Schnupfen haben, können Sie nicht riechen –, und mit etwas Schattenhaftem, mit etwas, das eigentlich schon gestorben ist. Der Duft einer Pflanze, mag noch so sehr Leben in ihr sein, ist doch immer nur Ausdünstung, stoffliche Ausscheidung. Wir haben gesehen, daß Gerüche sehr aggressiv auf uns wirken und daß auch wir darauf sehr aggressiv reagieren. Düfte wirken eigentlich triebhaft auf uns, und wir, von unserer Seite aus, reagieren auch wieder triebhaft darauf. Man könnte vielleicht sagen, daß der Geruch einen Willenscharakter hat.

Beim Geschmack, dem merkwürdigen Grenzgebiet im Menschen, habe ich erklärt, daß er in Wirklichkeit das am meisten mißbrauchte Sinnesorgan im Menschen ist, weil wir immer mehr nur das schmecken, was lecker und was nicht lecker ist, während der Auftrag des Geschmacks darin besteht, daß wir prüfend schmecken, ob etwas gesund oder ungesund ist, so, wie wir auch unseren Lebenssinn benutzen. Nur steht es beim Geschmack viel mehr in unserer eigenen Freiheit, ob wir diese Fähigkeit entwikkeln werden oder ob wir es bleiben lassen.

Wenn wir nur diese beiden leibgebundenen Sinnesorgane hätten, nur den Geruch und den Geschmack, dann wären wir natürlich verträumte, fast in Trance lebende Wesen. Erst durch das Auge öffnet sich die Welt für uns.

Das Auge ist ein ganz unglaubliches Organ, das alles zusammenfaßt, durch das wir die ganze Welt sehen. Ich habe Ihnen dargelegt, daß die Farben in der Welt das Innere der Welt offenbaren. Durch die Farben wird die Weltseele geoffenbart, wir begegnen dadurch der Seele der Welt. Und so, wie wir selbst auch als Wesen zwischen Licht und Dunkel leben, wie wir im Licht nach draußen gehen und uns im Dunkeln zurückziehen, wieder zu uns kommen, so existieren auch die Farben zwischen diesen beiden Polen. Jeder, der an Gelb denkt, hat sofort das Gefühl, daß es etwas mit dem Licht zu tun hat, während Blau Repräsentant der Finsternis ist. Goethe hat uns hierüber Näheres gelehrt. Auch in der Weisheit der Sprache finden wir die Beziehung zwischen Farben und Seelenstimmungen immer wieder. Wir sprechen von fröhlichen Farben und von düsteren Farben, es ist die Rede von einem dezent ausgemalten Raum usw. Beim Geschmack ist das nicht möglich. Wir sagen doch nie, daß die Wurzeln fröhlich schmecken oder daß wir düstere Zwiebeln essen? Wir haben es hier also mit dem Gebiet der Seelenregungen zu tun.

In der Anthroposophie wird dies Gebiet die *Empfindungsseele* genannt. Es geht hier um Seelenstimmungen.

So, wie der Geruch einen Willenscharakter hat und der Geschmack durch seinen intimen Charakter mehr ein Gefühlsprozeß ist, spielt beim Sehen, beim Öffnen der Augen, eine Art Denkprozeß eine große Rolle. Gleichzeitig «denken» wir immer durch unsere Augen. Wir wären keine denkenden Wesen, wenn wir keine Augen hätten. Von daher habe ich auch über die optische Täuschung gesprochen. Die ist nur deshalb möglich, weil das Denken beim Sehen ein Rolle spielt. Sie dürfen jetzt nicht die Folgerung ziehen, daß jemand, der blind ist, etwa nicht denken könnte. Allerdings hat ein Blinder immer die Hilfe eines Sehenden beim Lernprozeß nötig. Es handelt sich darum – und dies gilt selbstverständlich auch für alle anderen Sinnesorgane –, daß das Prinzip eines Sinnesorgans, in diesem Fall des Sehvermögens, der Menschheit mit auf den Weg gegeben worden ist. Wir würden also keine denkenden Wesen sein können, wenn wir als Menschheit nicht die Fähigkeit hätten zu sehen.

Überlegen Sie einmal, über welche Dinge Sie denken. Diese hängen doch zu einem großen Teil mit Seheindrükken zusammen. Sogar wenn wir vom Geruch oder vom Geschmack reden, schauen wir auf unsere Nase oder unseren Mund und beschreiben, was daran oder darin zu sehen ist. Wir haben die größte Mühe, da wir nun einmal als Menschen denkende Wesen sind, unsere Augen auszuschalten. Die ganze Naturwissenschaft ist in vielerlei Hinsicht eine «Augenwelt». Wir können geradezu ein Gleichheitszeichen setzen: Wissen = Einsehen!

Als Nummer acht in dieser Reihe tauchte schließlich der Temperatursinn auf. Und obgleich ich dieses Sinnesorgan erst als achtes beschrieben habe, ist der Temperatursinn eigentlich das erste Sinnesorgan, das im Menschen angelegt war. Denn durch den Temperatursinn können wir eine Begegnung mit der Welt haben. Dies ist etwas, das der Mensch mit den Tieren gemeinsam hat. Pflanzen können nichts wahrnehmen. Erst Tiere und Menschen können wahrnehmen, weil sie aus sich selbst heraus eine Begegnung mit der Welt haben wollen. Dieses Vermögen wird der *Astralleib* genannt. Im Astralleib, oder Seelenleib, haben wir es mit dem Temperatursinn zu tun. Ein Tier wird jedoch ausschließlich von seinen Trieben gejagt, so daß ein Tier kein Bewußtsein davon hat, daß es wahrnimmt, daß es eine Begegnung mit der Welt hat. Der Mensch dagegen hat dieses Bewußtsein. Dadurch hat er ein bewußtes Wahrnehmen davon, daß er an der Welt teilhat. Und da dieses Teilnehmen oder Nichtteilnehmen an der Welt sich in der Temperatur ausdrückt, können wir behaupten, daß sich in der Wärme das Dazugehören, das Mittundürfen ausdrückt – wir merken, daß unser Interesse erwidert wird –, und in der Kälte das Abgeschlossensein – wir bleiben in der Kälte stehn. Hiermit haben wir das ganz Elementare, die Urvoraussetzungen der menschlichen Seele ausgedrückt. Der Mensch wird sich immer mit der Welt um sich herum verbinden, indem er Interesse ausstrahlt und indem er etwas zurückerwartet.

Die Kälte erleben wir als eine von der Sonne verlassene Erde; die Wärme als Aufforderung, uns ganz mit dem Kosmischen zu durchdringen, und nicht nur uns, sondern auch alles andere Irdische. Die Erde muß wieder Sonne werden. Einst hat die Erde die Sonne verlassen. In der Tiefe der Erde, in unserer Tiefe, fühlen wir die zurückgelassene Wärme. Wir dürfen hier auch an alles denken, was mit dem Vulkanismus zusammenhängt. Unsere Aufgabe ist es, durch unseren Enthusiasmus dafür zu sorgen, daß sich die Erde wieder mit der Sonne vereinigen könne: «... daß auch sie einst Sonne werde», dichtete Christian Morgenstern.[24]

Viele von Ihnen werden jetzt denken, daß das *Gehör* auch zu den Seelensinnesorganen gehört. Ich hoffe, daß ich Ihnen im folgenden verdeutlichen kann, daß wir mit dem Gehör in eine prinzipiell andere Welt eintauchen. Überlegen Sie einmal Folgendes. Unser Körper hat einen bestimmten Geruch. Daran können wir nichts ändern. Ein Kannibale könnte uns aufessen und sagen: Der schmeckt so oder so. Unsere Körper haben verschiedene Farben und – in begrenztem Umfang – auch verschiedene Wärmegrade, die wir nicht aus eigener Kraft regulieren können. Alles ganz unabänderliche Dinge! Aber Geräusche können wir schon von unserer Geburt an hervorbringen. Wir sind also dazu in der Lage, nicht nur mit Gegenständen oder mit Instrumenten Geräusche und Töne zu produzieren, sondern unser Körper selbst ist ein Instrument, auf dem wir spielen können. Wir können flöten, summen, singen und sprechen, für uns allein oder auch mit anderen; wir selber sind eine Geräuschquelle.

In der Welt ist immer etwas zu sehen. Eine bunte Menge an Eindrücken überspült uns. Überall herrscht auch eine bestimmte Temperatur. Aber im Vergleich dazu gibt es auffallend wenig Geräusche. Abgesehen vom Rauschen der Baumblätter im Wind, dem Brausen eines Wasserfalls oder der Brandung des Meeres, dem Prasseln der Regentropfen, dem Gewitterdonner oder dem Niederstürzen einer Lawine und, nicht zu vergessen, den Geräuschen, welche die Tiere hervorbringen, gibt es große Gebiete auf der Erde, in denen Stille herrscht. Wir suchen sogar die Stille auf: unser Zimmer, den Wald, die freie Natur. Natürlich können wir den Gesang der Vögel genießen, aber sie singen nicht immer. Nur ein Vogel wie die Lerche singt außergewöhnlich lang ohne Unterbrechung.

Unser Auge lebt fortwährend in einer Welt von Farben. Nebel erleben wir als eine gräßliche Ausnahme. Wirklich helle Töne sind dagegen außerordentlich selten. Die Singvögel sind die Ausnahme und bezaubern uns vielleicht gerade deshalb so sehr. Wirklich eine Ausnahme! Denn unter den Tausenden von Vogelarten sind die Vögel, die helle Laute hervorbringen, an den Fingern einer Hand abzuzählen. Kein Landtier singt. Einige Affenarten haben einen «Abendgesang», aber das ist eher ein Weinen als ein Singen. Vögel gehören zur Höhe, zum Element der Luft.

Die Engländer zählen sie nicht zu den Tieren, sondern zu etwas ganz Besonderem, sie sprechen von «birds and animals». Wenn wir überirdische Wesen, beispielsweise Engel oder Drachen, sinnbildlich wiedergeben, versehen wir sie mit Flügeln. Es gibt Vögel, die nicht mehr fliegen können: der Pinguin, der Vogel Strauß und so weiter. Das sind aber keine Singvögel.

Stellen wir uns einmal vor, es wäre umgekehrt: eine Welt mit großen Gebieten ohne Farben! Wir würden uns dort wie blind erleben. Eine panische Angst würde uns überfallen. Sofort zurück ins Reich der Farben! Oder: eine Landschaft voller hoher Töne. Ein vergleichbares Erlebnis haben wir vor einem Konzert, wenn die Musiker ihre Instrumente stimmen. Das Resultat ist eine wirre Kakophonie, alles falsch, lediglich Mißklänge, Dissonanzen. Stellen Sie sich vor, Sie hörten das den ganzen Tag! – Wir können uns fragen: Warum ist die Schöpfung so eingerichtet, wie sie es ist? Könnte es sein, daß der Mensch dazu aufgerufen ist, diese Geräuschleere zu füllen? Am Anfang «war das Wort». Ja, es war. Sollte vielleicht alles wieder Wort werden?

Lassen Sie uns mit dieser stillen, fragenden Stimmung im Hintergrund die Welt der Geräusche einmal näher erkunden. Ich möchte hierzu mit der Frage anfangen: Wie entsteht eigentlich Klang? Stellen Sie sich einmal vor, daß Sie noch nie etwas gehört haben in Ihrem Leben. Sie haben wohl alles gesehen, sogar eine schöne Kupferglocke. Sie wissen jedoch nicht, daß es so etwas wie Klang gibt und daß diese kupferne Glocke noch etwas anderes zu bieten hat als einen schönen Anblick. Und auf einmal, wenn Sie schon erwachsen sind, stoßen Sie zum ersten Mal in dieser lautlosen Welt gegen diese blitzende, blinkende Glocke und hören zum erstenmal einen Laut. Was wird dann in Ihnen geschehen? Sie werden dann wahrscheinlich völlig aus dem Häuschen sein und sich fragen, wie es nur möglich ist, daß dieser wunderbar blitzende, blinkende Gegenstand offenbar ein wunderbar klingender Gegenstand ist. Würden Sie dann glauben, daß das einfach ein paar Schwingungen sind, die genau zu berechnen und graphisch wiederzugeben sind? Das würde Ihnen doch gar nichts sagen? Das hat doch, wenn Sie das so hören, nichts mit dem Wesen des Klanges zu tun?

Was ist notwendig dazu, um etwas zum Klingen zu bringen? Wenn Sie gegen einen Klumpen aus nassem Ton schlagen, klingt es nicht. Nein, etwas muß hart, «irdisch» sein, um einen Klang geben zu können, wenn wir daran tippen. Doch das ist nicht die einzige Voraussetzung dazu, um es klingen zu lassen. Schlagen Sie einmal an ein Stück Erz, das noch fest im Boden sitzt. Das klingt doch auch nicht? Solange etwas in der Erde festsitzt, klingt es nicht. Wir müssen also etwas sehr Hartes, etwas sehr Irdisches haben, das nicht mehr mit der Erde verbunden ist, damit es Klang produzieren kann. Nur das Irdische, das vom Irdischen getrennt ist, klingt. Wir müssen es hochheben, es erlösen von der Erdgebundenheit. Das schönste Beispiel dafür ist Metall. Erst dann, wenn das Metall extra gehärtet und in den Hochöfen völlig von irdischen Resten gereinigt ist und wir es dann schweben lassen, dann erst kann der allerschönste Ton produziert werden. Allerdings können wir die letzte Anforderung nicht ganz erfüllen: Wir müssen es immer irgendwo festhalten. Aber stellen Sie sich einmal vor, daß es doch möglich wäre, daß wir das gehärtete, gereinigte Metall wirklich schweben lassen könnten, dann könnten wir, indem wir dagegen schlügen, die schönsten Klänge produzieren. Und indem man dagegenschlägt, entsteht tatsächlich eine Schwingung, eine Bewegung.

Was ist nun das Besondere an dieser Schwingungsbewegung? Sie wissen alle, daß sich die Erde dreht. Das ist bestätigt durch den berühmten «Pendelversuch von Foucault» im Panthéon von Paris Mitte des vorigen Jahrhunderts. Die Bewegung des Pendels ist nämlich nicht konstant. In jedem Moment ändert sich die Geschwindigkeit des Pendels. Vom höchsten Punkt bis nach unten bewegt es sich immer schneller, bis es ganz kurz an seinem höchsten Punkt stillsteht, um danach wieder mit zunehmender und später mit abnehmender Geschwindigkeit zurückzuschwingen. Die Bewegung ist also nicht konstant, sondern «in sich selbst» bewegt. Außerdem orientiert diese in sich selbst bewegte Bewegung sich am Kosmos. Die vertikale Fläche, in welcher das Pendel sich bewegt, ist bezüglich der kosmischen Richtung konstant. Dadurch aber, daß die Erde sich im Kosmos dreht, scheint es so, als ob die Richtung des Pendels sich veränderte. Jedoch ist es die Position der Erde, die sich verändert. Und so ist es auch mit den Bewegungen, den Schwingungen des Klanges. Diese sind genau wie bei dem ebenfalls «von der Erde gelösten» Pendel in sich selbst bewegte Bewegungen, die sich nach dem Kosmos richten. Daß da wissenschaftlich noch ein Unterschied gemacht wird zwischen den Schwingungen fester Stoffe und denen eines Pendels – man spricht von «longitudinal» und «transversal» –, ändert nichts an den Übereinstimmungen.

Wenn Sie dieses Bild von etwas Irdischem, das «unirdisch» gemacht ist und das eine gewaltige Bewegung, eine Schwingung aussendet, die sich nach dem Kosmos richtet – wenn Sie dies Bild festhalten: dann fangen Sie an, etwas vom Klang zu verstehen. Sie versetzen die Materie in einen Zustand, der dem Wesen der Materie entgegengesetzt ist. Das habe ich Sie eigentlich hiermit sehen lassen wollen.

Damit können Sie erst wirklich etwas vom Wunder des Klanges verstehen. Von dem Wunder, daß Klang erst entsteht, wenn wir etwas, das sich aus sich selbst heraus niemals bewegen könnte, etwas Hartes, etwas ganz Irdisches, in einen Zustand versetzen, der losgelöst von der Erde ist, und es danach dann in einen grandios bewegten Zustand versetzen, der sich nicht mehr nach dieser Erde richtet, sondern nach zwei Sternen, die sich am Horizont genau gegenüberstehen, nach kosmischen Positionen also.

Jetzt, wo wir wissen, welches das Wesen des Klanges ist, kommen wir zu der Frage, wie die Arbeitsweise des «Apparates» am Menschen ist, der den Klang wahrnehmen kann: das Ohr.

Das Ohr besteht aus drei Teilen: dem äußeren Ohr, dem Mittelohr und dem Innenohr. Das äußere Ohr besteht aus der Ohrmuschel, dem äußeren Gehörgang und dem Trommelfell. Im Mittelohr sitzen drei Knöchelchen: Hammer, Amboß und Steigbügel. Vom Mittelohr führt die Trompete, eine Röhre, zum Mund. Sie ist verstopft, wenn Sie erkältet sind; nach ihrem Entdecker wird sie Eustachische Röhre genannt. Schließlich enthält das Innenohr die sogenannte Schnecke, die mit den drei halbkreisförmigen Gleichgewichtsorganen, den Bogengängen, über die wir schon gesprochen haben, verbunden ist.

Das Gehörorgan entsteht, genau wie die meisten anderen Sinnesorgane, an der Oberfläche. Zuerst entsteht eine kleine Kerbe in der Haut, im sogenannten Kiemenspaltenbereich, aus dem auch der Atem- und Eßmechanismus entsteht. Dies geschieht schon in einem frühen embryonalen Stadium, wenn die Augen erst in einer Anfangsphase an der Seite des Kopfes sitzen. Nach und nach «schieben» sich die Augen jedoch nach vorn, während sich die Flecken des Gehörs gerade nach hinten schieben. Die Ohren sind also

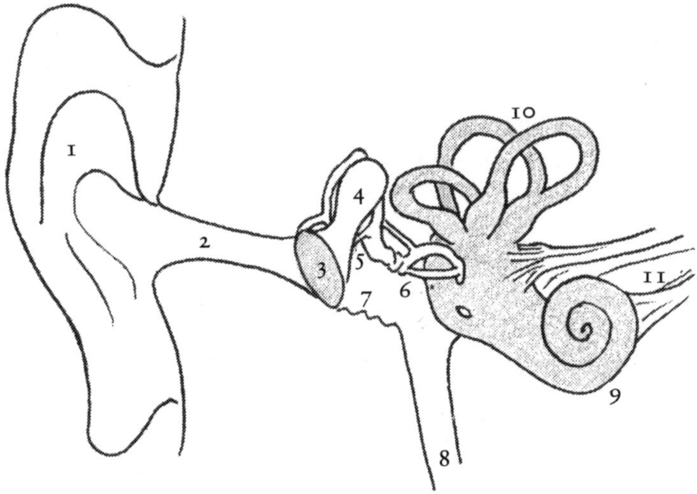

Äußeres Ohr

1 Ohrmuschel
2 Gehörgang
3 Trommelfell

Mittelohr

4 Hammer
5 Amboß
6 Steigbügel
7 Paukenhöhle
8 Eustachische Röhre

Innenohr

9 Schnecke
10 Bogengänge (Gleichgewichtsorgan)
11 Nerven

Schnitt durch das Gehörorgan

letzten Endes an einer anderen Stelle als da, wo sie ursprünglich angelegt waren. Inzwischen wird aus der kleinen Kerbe in der Haut irgendwann ein mit Feuchtigkeit gefülltes Bläschen. Hieraus entstehen dann in einem nächsten Stadium die drei Bogengänge des Gleichgewichtsorgans und die Schnecke. Aus einem Stück Haut also, aus etwas, was Außenseite ist, entsteht so allmählich unser Innenohr. Das eingeschlossene Bläschen verlagert sich immer tiefer und wird zur Schnecke und zu den drei halbkreisförmigen Kanälen, den Bogengängen, umgebildet. Was zuerst Haut war, liegt beim Menschen schließlich ganz tief im Felsenbein, in der Schädelbasis. Wenn Sie den Schädel von Säugetieren betrachten, sehen Sie, daß dort diese Tiefe absolut nicht erreicht wird. Dort hängt das Innenohr einfach unten am Schädel. Nur beim Menschen wird es so ganz tief drinnen verwahrt, im allerhärtesten Knochen.

Das Innenohr also ist dadurch entstanden, daß ein Stückchen unserer Außenseite ganz in unserer Innenseite gelandet ist. Und die Herkunft der Gehörknöchelchen im Mittelohr? Diese Gehörknöchelchen entstehen dadurch, daß unter anderem ein Stückchen des Kiefers sich zurückzieht und sich dann zu den Gehörknöchelchen umformt, und zwar gemeinsam mit dem, was später das Zungenbein werden wird. Das äußere Ohr schließlich entsteht dadurch, daß etwa sechs Hautknubben sich zur äußeren Gehörmuschel auswachsen. Aber die entscheidenden Teile des Ohres sind natürlich die inneren.

Und dann sehen Sie, daß auch das Ohr auf eine sehr merkwürdige Weise entstanden ist, jedoch mit einer Gebärde, die der Entstehung der Augen völlig entgegengesetzt ist. Dort beginnt der Prozeß in dem ruhigen, unbeweglichen Gehirn, das sich nach vorn ausstülpt und in voller Blüte nach außen kommt in unseren sehr beweg-

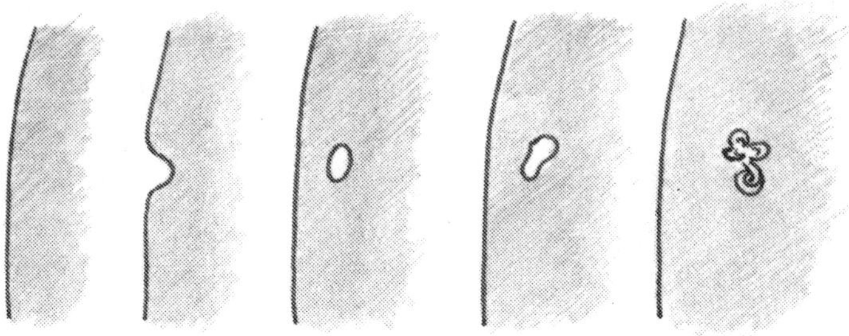

Schematische Darstellung der Entstehung des Innenohres

lichen Augen. Der Weg des Ohres beginnt gerade im unruhigen Begierdepol, in dem Bereich, mit dem wir, um uns selbst zu erhalten, essen und atmen.

Auf der Universität, wo ich studierte, sagte ein Professor immer, wenn er sich mit der Abstammung der höheren Tiere, zu denen er auch den Menschen zählte, befaßte: «Wir hören zur Zeit mit dem Teil, mit dem wir früher gegessen haben!» Er meinte das im Spaß, aber es ist auch wirklich wahr. Ich würde nur noch lieber sagen: «Wir hören jetzt mit dem, womit wir früher gefressen haben», weil es keinen größeren Gegensatz gibt als den zwischen fressen und lauschen. Und hier ist nun auch das Geheimnis der Verinnerlichung verborgen. Bedenken Sie einmal, daß bei einem «Schlag», einer Gehirnblutung, die Funktionen von Essen und Atmen zuletzt ausgeschaltet werden. Dieser Bereich wird besonders behütet, denn der Lebensquell des Menschen ist in der Tatsache zu sehen, daß er essen und atmen kann. Und aus diesem Bereich entsteht das Gehör; es zieht sich von da zurück und bekommt später eine entgegengesetzte Funktion.

Ein größerer Kontrast ist tatsächlich nicht denkbar. Denn unser Unterkiefer wird wirklich von den stärksten

Muskeln bewegt. Wenn Sie kräftig auf etwas beißen, dann ist das dieselbe Kraftleistung, als wenn Sie einen Menschen aufheben. Und das können Sie viele Male hintereinander tun. Denken Sie nur an die Zirkusnummer, wo ein Mann kopfüberhängend eine Stange im Kiefer festgeklemmt hat, an deren beiden Enden zwei bildschöne Glitzerfrauen hängen!

Jetzt muß ich Ihnen eine neue Bewegung erklären. Eine Bewegung, die vielleicht ein ganz neuer Begriff für Sie sein wird. Ich kann zum Beispiel laufen, immer schneller laufen, und ich kann auch immer langsamer laufen, bis ich auf einmal stillstehe. Können Sie sich jedoch auch eine Bewegung vorstellen, die noch stiller als still ist? Also irgend etwas, ein Unterkiefer zum Beispiel, bewegt sich erst schnell und dann langsamer, bis dieses «Irgendetwas» – dieser Unterkiefer – aufhört, sich zu bewegen und dann still steht. Wenn Sie diese eigene Bewegung nun weiter durchziehen, noch am Stillstehen vorbei, dann können Sie sich vielleicht vorstellen, daß wir dann in den Bereich des «Sich-Bewegen-Lassens» hineinkommen. Mit anderen Worten: Noch stiller als still ist, sich bewegen lassen, geradeso wie noch weniger als keinen Besitz zu haben, Schulden haben ist. Beim Gelde bedeutet das Verlust, dem Geist indessen ist es Gewinn. Unsere Gehörknöchelchen lassen sich tatsächlich bewegen. Denn aus dem triebhaftesten Gebiet, wo wir, indem wir essen und atmen, um unseren Selbsterhalt kämpfen und wo auch die stärksten Muskeln zu finden sind, zieht sich etwas zurück, das so still wird, das sich so sehr verinnerlicht, sich derartig in unserem härtesten Knochen einschließt, so ruhig wird, daß es sich bewegen *läßt*. Denn sogar die paar kleinen Muskeln, die an unseren Gehörknöchelchen sitzen, dienen nur dazu, die Bewegung, die durch das Bewegtwerden entsteht, zu bremsen, falls sie zu stark wird.

Jetzt werde ich mit dem äußeren Ohr fortfahren. Ich habe schon gesagt, daß dies ein paar Knubben sind, die sich zu der Ohrmuschel auswachsen. Merkwürdig daran ist aber, daß die Ohrmuscheln des Menschen – genau wie die der Affen und Menschenaffen übrigens – so platt und starr am Kopf sitzen, anstatt daß sie, wie die Ohren eines Pferdes zum Beispiel, wie eine Art Trichterchen auf dem Kopf stehen. Warum ist das so? Ein Trichterchen wäre doch viel geschickter? Denn wenn jemand schlecht spricht oder wenn der Ton leise ist, formen wir einen kleinen Trichter mit einer Hand, um besser zu hören. Ich möchte aber behaupten, daß Sie zwar hören könnten, aber niemals lauschen könnten, wenn Ihre Ohren als kleine Trichter gebaut wären! Achten Sie einmal darauf, daß ein Pferd nicht lauscht, sondern daß es mit seinen Ohren «sieht»; es kann seine Ohrmuscheln noch völlig bewegen, weil es nicht lauschen kann. Dieses Bewegungsvermögen hält der Mensch gerade zurück. Obgleich die Ohrmuscheln reichlich von Muskeln umgeben sind, kann der Mensch seine Ohrmuscheln gar nicht oder kaum bewegen, auf keinen Fall nach vorne. Wir sehen also die merkwürdige Erscheinung, daß etwas angelegt wird, damit es nicht benutzt wird. Ohne Ohrmuschel hören wir nicht schlechter! Auch ist der Rand der Ohrmuschel nicht scharf wie bei einem Trichter, was bei vielen Tieren sehr wohl der Fall ist, sondern ganz fein zurück nach innen gefaltet. Eine Geste der Zurückhaltung. Vielleicht ist das die schönste Form, weil es keinerlei äußere Funktionen mehr hat.

Und nun können wir anfangen, etwas vom menschlichen Geist zu verstehen. Denn der menschliche Geist ist höher als die menschliche Seele. Bei der Seele geht es darum, auf die Welt zu reagieren, etwas in der Welt zu «tun», während wir mit dem Geist etwas an uns selbst «tun» können. Was uns beim Gehör am stärksten berührt, ist die Tatsache, daß es zwar aus dem Pol stammt, wo der Mensch alles aus eigener Aktivität heraus tun möchte, daß es sich aber daraus zurückzieht. Durch diesen Prozeß der Überwindung des Triebhaften kann der Mensch *verinnerlichen.* Denn Verinnerlichen ist ein Prozeß, und darum muß auch das Ohr zuerst außen angelegt werden und den Verinnerlichungsprozeß durchmachen. Wäre das Ohr schon innen angelegt, wäre keine Verinnerlichung möglich. Der Mensch mußte diese Entwicklung durchmachen. Und das ist das Grandiose der Embryologie als Wissenschaft. Dadurch können wir immer sehen, wie der *Entwicklungsweg* der einzelnen Organe ist. So, wie das Auge den Entwicklungsweg der Neugierde geht und dadurch nur der dargestellten oberflächlichen Welt begegnet, so geht der Entwicklungsweg des Ohres vom Äußerlichen immer tiefer zum Innerlichen hin.

Nun muß ich Ihnen noch etwas über das Innere sagen. Sie wissen, daß ein Knochen immer Knochenmark hat. Knochenmark ist der Lebensbronn des Menschen, unser Blut lebt davon. Und nun geschieht mit diesem Felsenbein, in das sich das Gehör zurückgezogen hat, etwas völlig Unerwartetes. In einem bestimmten Augenblick der embryonalen Entwicklung beobachten wir, daß lauter Zellen zu diesem Felsenbein wandern, um das Knochenmark, unseren Lebensquell, «aufzuessen». Die «heiligsten Stätten» werden aufgegessen, und es entstehen tote, höhlenartige Räume. Hier sehen wir wieder denselben Prozeß. Denn dieser Knochen ist zuerst voller Leben, und dann wird all das Leben weggeholt. Es entstehen also

Hohlräume. Recht logisch, werden Sie sagen, es muß doch Resonanzräume geben. Das ist richtig, was ich aber so interessant finde, ist die Tatsache, daß diese Hohlräume auch sofort hätten angelegt werden können, wenn nicht dieser Prozeß, dieses Leben-Wegholen, von Bedeutung gewesen wäre. Nein, gerade indem wir uns gut in die Embryologie vertiefen, kommen wir dahinter, wie sinnvoll alles ist. Die drei Gehörknöchelchen besitzen kein Mark.

So lehrt uns die Embryologie, daß unser Gehörorgan genau zu diesem Plan paßt, uns nämlich aus der Triebsphäre zu lösen. Denn was ist ein Trieb? Ein Trieb ist etwas, das uns an die Erde bindet. Wie also ein Metall aus der Erde geholt werden muß, aus seiner irdischen Verbindung erlöst werden muß, um einen Klang hervorzubringen, so muß auch das Organ, das diesen Klang empfangen kann, aus der Erde erlöst werden, aus der Triebsphäre, aus dem Gebiet, das nur auf Selbsterhaltung gerichtet ist, erlöst werden. Und dadurch können Sie auch verstehen, daß wir mit unserem Gehör viel tiefer in die Wirklichkeit kommen als mit unseren Augen, die letztlich nur die Oberfläche der Dinge sehen. Unser Wärmesinn geht schon etwas tiefer. Ihre Augen kann ich noch hinters Licht führen, mit dem Wärmesinn ist das schon viel schwieriger. Mit ihm sind wir nicht nur an der Außenseite der Dinge, sondern spüren mehr oder weniger, wie etwas durch und durch ist. Und doch ist der Wärme- oder Temperatursinn noch von der Umgebung abhängig: Denselben Gegenstand nehmen wir in der Kälte in einem anderen Zustand wahr als in einer warmen Umgebung. Aber wenn wir etwas hören, dann hören wir es wirklich so, wie es ist. Indem wir ein Weinglas anticken, können wir hören, ob es aus Kristall ist. Und ein italienischer Busschaffner hat ein kleines Marmorplättchen bei seiner Kasse, auf die er die Münzen fallen läßt: Er will hören, ob sie echt sind. Im Gehör klingt wirklich die Stimme der Dinge, dort offenbart sich das tiefste Innere: Silber klingt so, und ein anderes Metall klingt so. Kristall klingt hell, und gewöhnliches Glas klingt wieder anders. Mit dem Gehör dringen wir tief ins Innere der Materie hinein.

Und doch geschieht nirgendwo im Menschen etwas, das so mechanisch ist, wie eine Schallschwingung. Nirgends wird die Außenwelt bis so tief in uns zugelassen. Nirgends dröhnt in uns etwas so, wie die Gehörknöchelchen. Aber wir hören kein Dröhnen. Wir hören die Schwingung nicht. Wir hören einen Klang! Das ist doch ein gewaltiges Rätsel. Etwas ausdrücklich Maschinenartiges arbeitet in uns. Alles am Klang können wir messen. Wir können es in exakter Weise in Zahlen festlegen. Es ist so irdisch, wie es nur sein kann. Nirgendwo dringt das Irdische so in uns hinein wie hier, aber wir hören etwas völlig Unirdisches. Das ist das Unbegreifliche. Wir hören keine 87 oder 493 Schwingungen, wir hören einen Ton. Einen Taubstummen können wir nur oberflächlich die äußeren Schwingungen fühlen lassen; ein Innerseelisches entsteht dabei nicht.

Hier muß ich ein neues Wort einführen, um deutlich zu machen, womit wir es beim Verinnerlichen auch zu tun haben, und zwar *wegwischen*. Denn was ist eigentlich Verinnerlichen? Es ist ein Auslöschphänomen. Ich kann das mit Hilfe des folgenden Beispiels erklären. Was geht vor sich, wenn Sie lesen? Lesen Sie die einzelnen Buchstaben? Nein, denn dann buchstabieren Sie, wie kleine Kinder es tun, die noch nicht lesen gelernt haben. Sie müssen die einzelnen Buchstaben, diese besonders gestalteten schwarzen Tintenkleckse auf dem Papier, «wegwischen», um den Text insgesamt lesen zu können. Nun ist Lesen übrigens etwas ganz Eigenes, weil auch dabei das Ohr eine Rolle spielt. Sie «hören» eigentlich das Wort, auch wenn Sie still lesen. Früher konnten die Menschen auch nur laut lesen, wie unsere kleinen Leseanfänger es jetzt noch tun. Sie gebrauchen noch ihren Eigentriebpol.

Geradeso, wie der Prozeß vom Buchstabieren zum Lesen ein Auslöschprozeß ist, können wir beim Gehör sagen, daß wir die Schallschwingungen auswischen, auslöschen. Wir hören niemals eine Schallschwingung, denn die wischen wir gerade weg. Wir wischen alles Irdische aus, und das ist deshalb möglich, weil das Gehörorgan sich völlig erlöst hat von seinem Triebpol, dadurch, daß das Ohr ganz und gar «verinnerlicht» ist.

Indem Sie es so sehen lernen, werden Sie unglaublich viel vom Gehör begreifen. Sie werden jetzt auch begreifen, daß Sie nicht nur Klangschwingungen auslöschen können – das tun Sie immer automatisch –, sondern auch Töne. Sie können ein c spielen und dann ein g, also eine Quint bilden. Was geschieht, wenn Sie diese beiden Töne auf einem Klavier anschlagen? Dasselbe. Wenn Sie ein Intervall hören, hören Sie nicht mehr den Grundton und den folgenden Ton. Nein, das wischen Sie aus, und Sie hören nur das Intervall. Und so hören Sie auch eine Melodie. Eine Melodie ist niemals eine aufgereihte Anzahl von Tönen. Wenn Sie eine Anzahl von Tönen hören würden, würden Sie keine Melodie hören. Die Melodie ist dasjenige, was zwischen den Tönen entsteht. Und um das hören zu können, müssen Sie die einzelnen Töne wegwischen.

Sie spüren wohl, daß wir es hier nicht mit einer Seelenqualität zu tun haben. Hier sind wir wirklich in ein Gebiet des Geistes gekommen. Darum hat Musik auch so viel mit Mathematik zu tun. Wir können alles in der Musik in Zahlen ausdrücken. Das kann man bei Farben nicht, die sind nicht in mathematischen Formeln zu bestimmen. Aber bei Klängen ist das sehr wohl möglich. Sie können ganz einfach zählen, wie viele Klangschwingungen in einem bestimmten Ton sind. Sie können das Intervallverhältnis genau in Zahlen ausdrücken. Denn Mathematik ist in Wirklichkeit innerlich Hören, ist Geist.

Mit welchem Sternbild haben wir uns nun beim Gehör befaßt? Wahrscheinlich wird es Ihnen, wenn ich das Symbol des Sternbildes aufmale (♋), schon ein bißchen deutlich werden, warum das Gehör etwas mit dem *Krebs* zu tun hat. Denn dieses Symbol will sagen, daß eine bestimmte Welt aufhört und eine neue Welt anfängt. Und welches sind denn die beiden Welten des Krebses? Dazu werde ich zunächst einige allgemeine Ausführungen machen müssen, die etwas mit der Spiralform zu tun haben.

Wenn wir zum Makrokosmos blicken, sehen wir dort den gigantischen Spiralnebel mit seinen Tausenden von Sternen. Woher kommt der Spiralnebel? Woher kommen alle die sichtbaren Sterne? Es ist ein Urgesetz, daß alles Sichtbare immer aus dem Unsichtbaren kommt. Alles, was entstanden ist, ist aus dem Unsichtbaren heraus geworden. Also sind auch unsere sichtbaren Sterne, Nebel, Spiralnebel aus dem Unsichtbaren entstanden. Was wir wahrnehmen, ist nur die sichtbare Hälfte, die vom Unsichtbaren Abschied genommen hat. *In Wirklichkeit ist jede Schöpfung dasjenige, was aus dem Urquell freigelassen wird, und zwar auf eine solche Weise, daß das schaffende Element in das geschaffene übergeht.* Das ist die kürzeste Formulierung für den Urbeginn der Welt.

Diese Bewegung, die ich für den Makrokosmos beschrieben habe, findet auch im Mikrokosmos statt, und zwar in unserem Bauch, in unseren Därmen. Auch unser Darmsystem ist eine Spirale. In der Embryologie können

Sie sehen, daß unsere Därme zuerst ganz einfach als eine Röhre angelegt werden und dann auf einmal anfangen, sich zu drehen, so daß wir eine Spirale bekommen. Nun wissen wir natürlich, daß das sehr nützlich ist, weil wir lange Därme haben. Aber warum muß es nun eine Spirale sein? Was drückt sich darin aus? Welches ist die dazugehörende Signatur? Was geschieht im Darm? Ich habe das beim Geschmack eigentlich schon besprochen: Wir essen den Makrokosmos, wir essen etwas aus der Welt; und das muß ganz und gar verschwinden, das muß ganz und gar umgesetzt werden, das muß seine Struktur verlieren, weil nichts von der Außenwelt, von allem, was daran klebt, direkt in den Menschen hineinkommen darf. Es muß völlig vernichtet werden. Dieser Makrokosmos wird sozusagen auf einen Nullpunkt gebracht, um anschließend assimiliert zu werden; er wird zur eigenen Substanz gemacht; alles Fremde verschwindet daran. Der Makrokosmos wird also unsere eigene Substanz, und das ist nur in einer Spirale möglich. Die Darmspirale drückt aus, daß die Welt dort aufhört und daß die eigene Welt daraus aufgebaut wird.

Nun werden Sie auch verstehen, warum die Schnecke im Ohr als Spirale gebaut ist. Das kann gar keine Zickzackform, Linie oder ein Kreis sein. Das muß eine Spirale sein, denn es drückt aus, daß hier die ganz tote, mechanische Welt aufhört, und daß hier das Spirituelle, der Geist aus der Materie, erlöst wird. Und diese Bewegung – der eine Zustand hört auf, und dadurch entsteht ein neuer, genau entgegengesetzter Zustand – finden wir im Krebszeichen wieder.

Was aber hat dieses Symbol der sich einwickelnden und auswickelnden Spirale mit dem Tier Krebs zu tun? Da kann die Phantasie helfen. Stellen Sie sich vor, daß Sie dreißig Jahre lang viele Male große Freude daran hatten, wie Ihr Nachbar, allein oder mit anderen zusammen, musizierte. Sie selbst haben die Spieler und die Instrumente niemals gesehen. Eines Tages sind Sie so neugierig geworden, daß Sie bei Ihrem Nachbarn klingen, und man zeigt Ihnen die Instrumente. Eines ist sicher: Sie werden niemals glauben, daß die wunderbare Musik aus diesen merkwürdigen Dingern kommt, und zwar solange nicht, bis man es Ihnen demonstriert. Jetzt sind Sie vollkommen überzeugt und können nur eine Meinung haben: «Ihr seid Zauberer!» All diese harten, toten Gegenstände, die scheinbar nichts mit Musik zu tun haben, haben doch sehr viel, ja alles damit zu tun.

Und nun der Krebs: ein abscheuliches Untier, hinterhältige Tastwerkzeuge, der Kopf umgeben von Marterwerkzeugen. Und diese schrecklichen Scheren. Alles, auch die Beingliedmaßen, hart, gepanzert. Ein Alptraum.

Alles in der lebendigen Natur wächst von ganz klein und zart hin zu größer und härter. Aber ein Panzer kann nicht wachsen. Wie löst die Natur das Problem? Nun, ein Krebs, der eine gewisse Größe erreicht hat, frißt ein paar Tage lang nicht. In dieser Zeit löst sich alle Härte auf, vor allem der Kalk; er strömt zur Magenwand und schlägt sich dort als die sogenannten Krebsaugen nieder, viele linsenförmigen Krebssteinchen. Nun kann der Krebs wieder ein Stück wachsen, und dann löst sich der Kalk wieder von der Magenwand und strömt wieder zur Peripherie, und ein größerer Panzer wird gebildet. Das ist der Zauberer Krebs: Materialisieren – Entmaterialisieren. Nirgendwo in der Natur wird uns so beeindruckend vor Augen geführt, wie Tod und Erstarrung wieder zu strömendem Leben werden. Ebenso wie ein Musikinstrument hart, irdisch sein muß, um die ganz unirdische Musik hervorzuzaubern, haben wir den sehr harten Krebs, in dem sich die unirdische Befreiung aus dem Panzer viele Male rhythmisch vollzieht. Musik ist die Entpanzerung der Materie. – Übrigens sind die Krebsaugen in der Medizin ein wunderbares Heilmittel bei Verhärtungen.

Man weiß, daß ein absolut taub geborenes Kind niemals ein Künstler werden wird. Auch kein Bildhauer, kein Maler, kein Architekt und so weiter. Das bedeutet, daß ein Künstler immer ein «Hörender» ist, auch wenn er es auf dem speziellen Gebiet der Musik nicht weit gebracht hat. Denn jeder Mensch kann sich doch ein bißchen an Musik freuen und sogar mitsummen. Man kann daher in diesem Sinne den Gehörsinn als den Kunstsinn bezeichnen.

Sie sehen, daß wir lange Umwege beschreiten müssen, um etwas ganz Einfaches zu verstehen. Es ist doch ein vollständiges Rätsel, warum das Gleichgewichtsorgan und die Schnecke denselben Ursprung haben. Allein von der Naturwissenschaft aus ist doch niemals erklärbar, was das Gleichgewicht mit dem Gehör zu tun hat? Lediglich wenn wir wirklich auf die Entwicklung des Menschen schauen – wobei uns die Embryologie behilflich ist, weil der Mikrokosmos der Entstehung des Individuums eine Spiegelung des Makrokosmos der Entstehung der Menschheit ist –, können wir anfangen zu verstehen, daß unser Gehör und unser Gleichgewicht aus demselben Hautbläschen entstanden sind, weil sie einander genau polar gegenüberstehen. Denn durch unser Gleichgewichtsorgan verbinden wir uns mit der Erde, orientieren wir uns im irdischen Raum. Und erst dann, wenn wir irdisch orientiert sind, können wir daraus erhoben werden. Und wie werden wir daraus erhoben? Wie können wir in den Geist, ins Kosmische hineingelangen? Indem wir lauschen! Mit unserem Gehör! Wir müssen also das äußerliche Gleichgewicht ausschalten, um ein innerliches Gleichgewicht zu bekommen. Und das Lauschen auf ein Musikstück können wir ansehen, als würden wir einen «Spaziergang» mit dem *innerlichen* Gleichgewicht unternehmen. Das Gleichgewicht zwischen tief und hoch, langsam und schnell. Und wenn dieses Gleichgewicht in einem Musikstück nicht vorhanden ist, sprechen wir mit Recht von einem unausgewogenen Stück.

Nun können wir alle erleben, daß wir, je zusammengesackter wir dasitzen, je mehr wir in unserem Stuhl hängen, also, je weniger wir unser irdisches Gleichgewicht halten, je weniger wir uns als Körper fühlen, desto besser schöne Musik hören können. Es ist wirklich nicht so, daß jemand, der mit seinem Kopf den Takt der Musik mitnickt, besser hört. Im Gegenteil, wir müssen eigentlich weniger als nichts tun. Wir können erst dann gut hören, wenn wir unser irdisches Organ, unser Gleichgewichtsorgan, ausschalten. Aber dazu müssen wir es allerdings erst haben! Einfacher gesagt: Indem wir das Gleichgewichtsorgan nicht benutzen, wird es gleichsam der Resonanzboden für das Lauschen.

Was ist das Wesentliche der Musik? Musik besteht nur aus drei Dingen: Tonhöhe, Tonlänge und Tonstärke. Das ist alles. Wenn wir die drei beherrschen, können wir spielen, denn mehr gibt es nicht in der Musik.

Ich möchte jetzt gern ein paar Übungen mit Ihnen machen. Ich lasse Sie zuerst tiefe Töne hören, dann aufsteigend immer höhere Töne. Versuchen Sie, mit Ihren Händen die Tonhöhe wiederzugeben. Sie merken: Jeder gibt sie wieder, indem er die Hände erst niedrig hält und dann allmählich höherbringt. Auch in Ihrem Körper selbst spüren Sie die tiefen Töne unten in Ihrem Körper, die hohen oben. Ja, bis ganz oben in Ihrem Kopf. Wenn Sie einmal versuchen, eine Melodie zu improvisieren, werden Sie sehen, wie selbstverständlich das gelingt.

Die nächste Übung. Ich schlage einen Ton an. Sie werden gleichsam aufgerufen: Sie stellen sich hin. Jetzt schlage ich einen etwas höheren Ton an, einen noch höheren Ton, und so weiter. Sie bekommen das Gefühl, sich immer mehr von unten nach oben aufzurichten: die erste Dimension.

Ich halte jetzt immer denselben Ton an, also ohne die Stärke zu verändern, ich lasse ihn durchklingen. Wenn Sie versuchen, sich damit zu vereinigen, breiten Sie Ihre Arme aus. Der Ton verbreitet sich: die zweite Dimension, eine Fläche.

Nun lassen wir denselben Ton an Kraft anschwellen. Sie haben jetzt den Hang, mit ausgebreiteten Armen nach vorne zu gehen. Der Ton bekommt Gewicht, Macht, setzt Sie in den Raum hinein in Bewegung: die dritte Dimension.

Ist das nicht prachtvoll? Unser Gleichgewichtsorgan stellt uns in den äußeren Raum, den Raum der Schwerkraft. Ich sagte Ihnen bereits, daß die drei halbkreisförmigen Kanäle eng mit den Nerven unserer Muskeln verbunden sind, mit den sogenannten motorischen Nerven. Musik führt uns auch in den Raum, aber in einen ganz anderen: einen innerlichen dreidimensionalen Raum. Musizieren ist also: Gleichgewicht halten in einem innerlichen Raum, der Schwerkraft entgegengesetzt, eine innerliche Raumwanderung. Allerdings schweben wir nicht einfach so herum, nein, wir suchen wirklich ein Gleichgewicht. Nach langsamer Musik wollen wir schnellere. Hohe und tiefe Töne müssen einander abwechseln, und so weiter.

Jetzt werde ich ganz ausgefallene Gehörübungen mit Ihnen veranstalten. Sie kennen sicher alle dieses abscheuliche Kratzen mit dem Nagel auf der Schultafel. Etwas Abscheuliches. Das ist wahrlich kein Klang. Sie «hören» das mit Ihrer Haut. Sie spüren es über Ihre Haut hin scheuern, Sie hören es überhaupt nicht mit Ihren Ohren. Bei etwas so Extremem werden wir uns plötzlich einiger Dinge bewußt. Wir merken, daß ein solches Geräusch nicht in uns hineinkommt, sondern an der Oberfläche bleibt. Lauschen Sie dagegen auf eine wunderbare Geigenmusik, dann spüren Sie die irgendwo ganz anders. Geigenmusik, zumindest wenn sie rein ist, hat wirklich etwas mit dem Gefühl zu tun; das bleibt nicht auf der Haut, sondern das geht bis ganz wenig unter die Haut wie ein Streicheln. Da wird das Gefühl angesprochen. Es ist nicht zufällig, daß das Falschspielen auf einer Geige, das Kratzen auf einer Geige, dem Kratzen auf einer Schultafel so sehr ähnelt. Das liegt nahe beieinander.

So, wie wir eine Geige direkt unter unsrer Haut spüren, gibt es andere Instrumente, die wir woanders spüren können. Wir schlagen zum Beispiel auf das Xylophon, und wir versuchen, uns ganz und gar auf die Wirkung des Klanges in unserem Körper zu konzentrieren, dann merken wir, daß dieser Klang tiefer wirkt, als der von der Geige. Er schlägt gegen unser Skelett. Darum wird bei einem Tanz von Skeletten auf der Theaterbühne automatisch nach einer Xylophonbegleitung gegriffen. So wirkt ein Vibraphon nicht. Das ist prinzipiell anders als ein hölzernes Xylophon. Den Klang von Metall «hören» wir viel stärker mit unseren Muskeln. Während das Holz uns das Gefühl gibt, am Harten von uns selbst angekommen zu sein, an unseren Knochen, erleben wir den Metallklang als Massage.

Auch Flötenmusik wirkt tiefer in uns, aber doch wieder ganz anders, als die hölzernen und metallenen Schlaginstrumente. Eine Flöte wirkt vor allem in unserem Luftorganismus. Die tiefen Töne mehr im Bauch, die hohen Töne mehr in den Höhlungen des Kopfes. Wie eine Geige unsere Haut streichelt, wirkt eine Flöte auf unser Luftsystem. Es gibt ein einziges Musikinstrument, von dem man sagen könnte, daß der Mensch nicht *auf* ihm spielt, sondern daß er es selbst spielend ist: die Flöte. Das atmende Wesen Mensch kann flöten!

Ein anderes Blasinstrument ist das Horn oder die Trompete. Das ist für viele Menschen etwas schwieriger zu spüren. Diese Instrumente haben zwar auch etwas mit unserem Luftsystem zu tun, aber mit doch noch tieferen Schichten, nämlich mit dem Gebiet, wo die Luft wirklich in unserem Körper verarbeitet wird, in unserem Blut, in unserem Herzen. Vielleicht kann das Bild vom Engel, der die Posaune bläst, dies etwas deutlicher machen. Im Blasen der Posaune spricht das Herz des Engels.

Und auf welche Körperteile werden schließlich die Harfe und die Leier eine Wirkung ausüben? Kennen wir ein anderes Instrument, das einen so zarten, sensiblen Ton erklingen läßt wie die Harfe oder die Leier? Gibt es ein Instrument, von dem so viel Beruhigendes ausgeht, das in Wahrheit heilend wirken kann? Harfen- und Leiermusik nehmen wir tatsächlich mit unseren Nerven wahr. Wenn jemals eine Therapie für verbrauchte Nerven entstehen soll, dann wird es eine Leiertherapie sein müssen. So wohltuend, so heilend kann eine Leier auf unsere Nerven wirken. Man könnte auch sagen: Unser Nervensystem ist die Harfe in uns. Wir spüren die hohen Töne der Harfe höher, die tiefen Töne tiefer in uns. Bei keinem anderen Instrument stimmt das so genau. Untersuchen Sie es einmal selbst. Aus all diesen Übungen wird deutlich, daß wir mit unserem ganzen Körper hören!

Es ist nicht der Sinn dieser Übungen, daß Sie es lernen sollen, bewußt mit Ihren einzelnen Körperteilen zu lauschen. Das müssen wir beim richtigen Zuhören prinzipiell vergessen. Als Versuch jedoch ist es interessant, weil ich Sie durch diese Übungen mit Instrumenten habe erleben lassen wollen, daß der Klang uns in Wirklichkeit erst festhält, aber daß wir ihn danach – und nochmals, das spielt sich glücklicherweise meist unbewußt ab – wegwischen, auslöschen, um einen «Sprung» in die geistige Welt zu machen.

Mit dem Gehör beginnt dann auch erst das *soziale Element* in der Kultur. Es hebt uns über uns selbst hinaus, weil es uns zunächst körperlich ergreift. Es überwindet wirklich, es löscht das Körperliche aus. Wir können aufeinander hören, wir können zusammen singen!

Mit welchen Kräften tun wir das? Wenn wir die ganze Reihe der Sinnesorgane durchgehen, bleibt uns zunächst nichts, um dies zu vollbringen. Wir haben gesehen, daß uns große Kräfte zur Verfügung stehen bei den niederen Sinnesorganen: dem Lebenssinn, dem Eigenbewegungssinn und dem Gleichgewichtssinn. Auch haben wir erkannt, daß alle Seelenkräfte auf die vier Seelensinnesorgane verteilt sind: die Bewußtseinsseele und unser Wille auf den Geruch, die Gemütsseele und unser Gefühl auf den Geschmack, die Empfindungsseele und unser Denken auf das Auge und der Astralleib und unser unmittelbares Interesse, unsere Aufmerksamkeit auf den Wärme- oder Temperatursinn. Was steht uns dann zur Verfügung beim Hören? Es bleibt überhaupt nichts übrig. Rudolf Steiner sagt dazu, daß der Mensch selbst nicht hören kann, sondern daß andere Wesen uns dabei helfen müssen. Wir hören, weil uns durch die Seele der *Engel* geholfen wird. Wir hören mit der Seele der Engel und nicht mit unserer eigenen Seele, weil wir dafür, grob gesagt, zu egoistisch sind. Das wahrhaft Soziale, das wahrhaft Uneigennützige, das wahrhaft Liebevolle im Sozialen ist bei den Menschen noch lange nicht zu finden. Es wird noch eine ganze Zeit dauern, bevor das entwickelt ist. Natürlich versuchen wir oft, sozial zu sein, liebevoll zu handeln. Aber nur Engelwesen tun dies immer. Sie sind immer uneigennützig tätig als Beschützer des Menschen. Und darum sind es auch die Engel, die in uns wirken in unserem wahrhaft sozialen, wahrhaft spirituellen Sinnesorgan, im Gehör.

Rudolf Steiner hat eine seltsame Bemerkung über unser Gehörorgan gemacht; er sagte, daß der Temperatursinn zwar das erste Sinnesorgan des Menschen sei, aber daß das Gehör noch *vor dem Anfang* da war.[25] Beim Eigenbewegungssinn habe ich schon gezeigt, daß ein Plan vor-zeitlich ist; erst seine Ausführung spielt sich in der Zeit ab. Wir haben es hier also mit einem Sinnesorgan zu tun, das es eigentlich gar nicht geben kann, das noch vor der Schöpfung liegt. «Noch vor der Schöpfung» bedeutet: schöpfend, noch nicht geschaffen. Damit verstehen wir sogleich den mitreißenden, zur Bewegung zwingenden Charakter der Musik besser. Musik ist niemals geschaffen, sie muß stets wieder aufs neue gemacht werden. Darum ist es auch so wichtig, daß wir unsere Kinder erziehen, indem wir selbst Musik machen, nicht dadurch, daß wir mumifizierte Platten abspielen.

Wir haben also im Gehör das Paradox eines Sinnesorgans, das vollkommen irdisch ist, das unerbittlich irdisch funktioniert, das aber doch unmittelbar aus dem Himmlischen aufgebaut ist und in dem noch immer Engel, die Wesen aus den himmlischen Hierarchien, die unmittelbar über dem Menschen stehen, tätig sind. Klang ist eine Realität, und nicht eine Verschleierung, wie beim Sehen, nicht ein Bild – es ist Magie. Sie werden nie vor einem Gemälde zu tanzen anfangen, aber es ist schwierig, bei Musik still sitzen zu bleiben. Mit Musik können wir ganze Heere anführen und aufpeitschen. Mit Musik können wir einen Trupp Soldaten, der nicht weiterkann vor Erschöpfung, wieder stundenlang weiterlaufen lassen. Mit Musik können wir jemanden wecken und einschlafen lassen, bis zu Tränen rühren und aufmuntern, Mauern einstürzen lassen und Kühe mehr Milch produzieren lassen. Musik ist eine dynamische, schaffende Macht; und da sie eine himmlische Macht ist, kann sie auch die dämonischste Macht werden. Dämonen wissen genau, wo sie den Menschen angreifen müssen, und daher tun sie es in der Musik. Nichts kann so dämonisch sein wie Musik, weil sie die höchsten Kräfte in sich hat und weil es für den Menschen schwierig ist, sich dieser Kräfte bewußt zu werden und ihnen zu widerstehen. Es ist also alles Magie.

Aber wirklich Lauschen hat zur Voraussetzung: Still sein. Gerade auf dem Gebiet, das uns am stärksten in Bewegung bringen kann, müssen wir die Bewegung verinnerlichen, sie mit der Seele auffangen. Und so finden wir im Gehör das Wesen des Sozialen: Etwas, das nicht irdisch geworden ist, das im Himmel geblieben ist, kann doch noch immer den Menschen, während er lauscht, wie ein Faden durchziehen. Hören heißt immer, Abstand von uns selbst zu nehmen und aufzugehen in etwas anderem oder in einem anderen. Und das können wir noch nicht mit unseren eigenen Kräften. Denn bei jeder Gemeinschaft, die entsteht, bei jeder Beziehung zwischen zwei Menschen ist immer Hilfe und Schutz des Schutzengels notwendig.

Nach allem, was ich Ihnen über die Welt des Klanges und über das Hören erzählt habe, verstehen Sie sicher, daß diese Welt in unserer Zeit eine unglaubliche Entwürdigung erlebt. Über einen Aspekt davon will ich zum Schluß noch etwas sagen.

Wir leben in einer Zeit, in der wir alles festhalten wollen, und zwar für ewig. Wir wollen alles in einem «Gedächtnis» lagern, «mumifizieren»: Filme, Kassetten usw. Dabei werfen wir alles auf einen Haufen, alles ist erlaubt, und wir kommen gar nicht auf den Gedanken, zwischen Bild und Ton zu unterscheiden. Und doch ist geisteswissenschaftlich gesehen ein großer Unterschied zwischen dem, was wir abbilden, und dem, was wir als Klang festlegen. Ich sagte es schon: Bild ist immer Schein; Klang ist immer wirklich.

Es geht nun um folgendes: Auf die Gestorbenen hat alles, was Abbild ist, keinen Einfluß. Das ist aber sehr wohl der Fall mit Klang, vor allem mit der menschlichen Stimme. Musik, Sprechen müssen immer wieder aufs neue in der Zeit entstehen. Mit einer Bandaufnahme halten wir forciert etwas fest, das vorbei ist. Wenn wir dies innerlich begreifen, verstehen wir auch, daß es nicht unproblematisch ist, die konservierte, magnetisch eingeblendete Stimme von jemandem, der gestorben ist, der uns lieb ist, wieder «anzustellen». Das hemmt die Entwicklung der Seele, die nun in der Geisteswelt ist, die dort ihren Weg gehen muß. Etwas anderes ist es, selbst, mit eigener Energie, die Erinnerung an den Gestorbenen zum Leben zu erwecken, wie unvollkommen das auch gelingt. Und wie sollen spätere Geschichtsschreiber jemals begreifen, daß im zwanzigsten Jahrhundert bei Kremationen Tonbänder gebräuchlich waren, um konkret anwesende Musiker oder Sänger zu ersetzen? Ein gestammeltes Wort, ein nicht ganz sauber gesungenes Lied ist tausendmal mehr wert als die perfekteste Symphonie, von dem berühmtesten Orchester einstmals ausgeführt. Zwar ist es perfekt, aber nicht anwesend, nicht wahr? Das einzige, was in dieser Sphäre dringend notwendig ist, das ist, wirklich schaffend, anwesend zu sein.

6.
Der Sprachsinn, der Gedankensinn und der Ichsinn

Dieses Mal werden wir zu einer Abrundung kommen müssen. Ich habe Ihnen beim ersten Mal schon gesagt, daß wir uns mit dem ersten Kapitel der Anthroposophie beschäftigen würden. Sie wissen nun inzwischen, was Sie sich mit diesem «ersten Kapitel» aufgehalst haben. Ich habe Sie damals schon gewarnt, daß dieses erste Kapitel allumfassend ist. Ich kann Ihnen jetzt sagen: Welches Kapitel der Anthroposophie Sie auch nehmen, es ist immer allumfassend. Das ist das Besondere der Anthroposophie. Man geht nicht vom Reduktionismus aus. Im Gegenteil, selbst wenn wir uns nur mit einem kleinen Teilgebiet befassen, können wir es nur aus dem Allumfassenden heraus verstehen, während das Umfassende nie aus dem Kleinen heraus zu verstehen ist. Oft wird gedacht, daß wir aus winzigen Atomen heraus alles verstehen können. Um aber ein winziges Atom, ein kleines Teilgebiet, zu verstehen – und die Sinnesorgane sind solche Teilgebiete –, haben wir eine alles umfassende Weltanschauung nötig. So dachte man seit der Erfindung des Mikroskops, die Zellen seien die «einfachen Bausteine» des Körpers und wenn man diese Zellen erforschte, würde man alles andere verstehen können. Leider zeigt es sich, daß diese Zellen komplizierter sind als der ganze Körper.

Beim vorigen Mal haben wir uns nur mit dem Gehör beschäftigt. Ich habe mich bemüht, Ihnen darzulegen, daß wir es beim Gehör mit einem *sozialen* Sinnesorgan, einem *Geistessinnenorgan* zu tun haben. Wir haben über den Klang gesprochen und über das Hören von Klängen. Wir haben gesehen, wie unser Gehörorgan aus einem Stückchen Haut und einem Teil des Atem-Essen-Gebiets entstanden ist. Ich habe versucht, Ihnen das Wesentliche davon deutlich zu machen. Wir wissen jetzt auch, wo in unserem Körper wir die Klänge der einzelnen Instrumente hören, und wir wissen, daß wir am besten auf Musik lauschen können, indem wir unseren Körper so wenig wie möglich beachten. Wir begreifen jetzt, daß es wohl Schallschwingungen gibt, daß wir diese Schwingungen aber *nicht* hören. Wir wischen diese Schwingungen gerade aus, um zum Ton zu gelangen, zum Innerlichsten der Materie. Und so können wir auch von der Materie viel mehr begreifen, wenn wir uns mit Musik beschäftigen, als wenn wir durch ein Mikroskop spähen. Auch die Wissenschaft hat dies von einer ganz anderen Seite mehr oder weniger entdeckt. Sie wissen, daß wir die Stoffe zur Zeit in das sogenannte atomare System einteilen. Hierbei hat man unter anderem entdeckt, daß man alle Stoffe in einen Rhythmus ordnen muß, in einen musikalischen Rhythmus, in eine Art Tonleiter, wobei man immer sieben Stoffe aneinanderreiht, und der achte Stoff – wie der Oktavton – wieder ähnliche Eigenschaften besitzt wie der erste.[26] Wir nennen es das «Periodische System» von Mendelejeff.

Wir haben auch begriffen, warum das Gleichgewichtsorgan und das Gehörorgan so dicht beieinanderliegen, ja sogar denselben Ursprung haben. Und abschließend habe ich Ihnen dargestellt, daß wir durch das Gehör in ferner Zukunft soziale Gefühle, wahres soziales Handeln entwickeln können, daß es aber jetzt noch die Engelwesen sind, die uns dabei zur Seite stehen müssen, und daß sie in Wirklichkeit unser Gehör «verwalten».

Heute abend will ich die drei letzten Sinnesorgane, die wir noch nicht besprochen haben, behandeln: den Sprachsinn, den Gedankensinn und den Ichsinn. Diese drei Sinnesorgane sind nun wirklich von Rudolf Steiner entdeckt worden. Es gibt inzwischen schon mehr Menschen, die diese Sinnesorgane beschreiben. Wir finden beispielsweise bei Prof. Buytendijk ausführliche Studien über den Ichsinn, wenn er über die menschliche Phänomenologie spricht. Aber Rudolf Steiner hat die ersten Mitteilungen darüber gemacht. Gerade wegen des Neuen, Unbekannten dieser Sinnesorgane müssen wir uns sehr darum bemühen, deutlich zu machen, worum es sich bei diesen Sinnesorganen eigentlich handelt. Die Worte fehlen eigentlich noch. Das ist immer bei neuen Dingen so, da fließen die Worte noch nicht so recht, da müssen wir ein bißchen zwischen den Zeilen hören, um zu begreifen, was eigentlich gemeint ist.

Wortsinn oder *Sprachsinn* bedeutet, daß wir eine Sprache hören, daß wir merken, daß jemand eine Sprache spricht. Unmittelbar ist deutlich: es ist also *der* Kommuniziersinn, *der* Kontaktsinn. Da werden Sie vielleicht zuerst denken: Natürlich hören wir das, wir haben doch ein Gehörorgan! Durch Rudolf Steiner wissen wir jedoch, daß es etwas völlig anderes ist, ob wir auf Musik lauschen oder ob wir eine Sprache hören. Das ist etwas prinzipiell anderes. Eine Sprache ist nicht eine komplizierte Art von Musik; sie ist nicht eine Art «Verabredungsmusik» etwa so: Wenn wir diese Töne ausstoßen, meinen wir dies damit, und wenn wir jene Töne ausstoßen, das. Rudolf Steiner hat darauf hingewiesen, daß eine

Sprache ebensoweit vom Hören entfernt liegt wie beispielsweise die Temperatur vom Sehen oder Gerüche vom Geschmack. Das Hören von Musik, also von Tönen, vom musikalischen Element, ist grundsätzlich anders als das Hören einer Sprache. Probieren Sie einmal das folgende aus: Setzen Sie sich vor ein Radio, das viele Sender empfangen kann und wählen Sie einen Sender, auf dem Sie Musik hören, die Sie noch nie gehört haben, die Ihnen völlig fremd ist, und danach einen Sender, auf dem Sie eine Sprache hören, die Sie überhaupt nicht kennen. Und obgleich Sie die Musik und die Sprache nicht kennen, wissen Sie sofort, das eine ist Musik und das andere ist eine Sprache. Das hören Sie sofort. Wenn Sie das hören, ja, wo liegt denn der Unterschied? Das ist eine schwierige Frage. Was geschieht in Ihrer Seele, wenn Sie Musik hören, und was geschieht, wenn Sie eine Sprache hören? Sie merken es sofort – aber können Sie es auch beschreiben und erklären? Zunächst einmal hat es nichts mit der Tatsache zu tun, daß eine Sprache etwa komplizierter wäre; das hören Sie keineswegs. Musik kann auch sehr kompliziert sein, vor allem, wenn es Musik aus ganz anderen Kulturen oder wenn es moderne Musik ist. Und doch hören wir, daß es Musik ist. Und was ist dann eine Sprache?

Nun werden einige Menschen sagen, daß eine Sprache auch Musik ist. Wir sprechen doch vom musikalischen Element einer Sprache? Das ist wahr. Wir erkennen die eine Sprache im Unterschied zur anderen daran wieder, daß das musikalische Element tatsächlich anders ist. Aber das musikalische Element steht nicht im Vordergrund. Jede Sprache hat etwas Musikalisches, aber das ist keine Musik. Es verbirgt sich ein viel tieferes Geheimnis hinter der Sprache. Wir können sehr wohl Musik komponieren. Aber eine Sprache, eine lebende Sprache? Das geht nicht!

Das wird natürlich versucht, zum Beispiel mit Esperanto, aber das ist etwas Künstliches. Obwohl die Struktur von Esperanto ihren «Schöpfern» zufolge logisch ist, einfach ist, praktischer als alle lebenden Sprachen, wird Esperanto nie eine lebende Sprache werden. Niemand wird es je als eine wirkliche Sprache empfinden. Es ist ein typisches Beispiel für «keine Sprache». Es ist mehr wie eine riesige Portion Verabredungen. Und das kommt deshalb, weil Sprache eben nicht eine komplizierte, verabredete Musik ist, sondern weil sie einer ganz andern Größenordnung zugehört. Wer Musik macht, kann deshalb noch nicht sprachformend tätig sein. Es gibt Menschen, die wirklich «Sprachgenies» sind, wie wir das nennen, und es gibt Menschen mit musikalischer Veranlagung, aber das trifft meistens nicht zusammen. Man kann wirklich nicht sagen, daß musikalische Menschen fließend fremde Sprachen sprechen lernen. Musikalische Menschen haben dagegen oft viel Gefühl für das Mathematische, aber «Sprachgenies» und «Musikgenies» sind sehr unterschiedliche Genies.

Wenn ich eine Sprache wirklich hören will, muß ich zuerst die Musik darin beiseitedrücken, auswischen. Ich darf gerade nicht auf das Musikalische achten. Natürlich ist gerade das sehr interessant, genauso, wie es auch interessant war, Musikinstrumente irgendwo im eigenen Körper zu hören. Aber wenn Sie das versuchen, wenn Sie wissen wollen, was denn nun das Musikalische in einer Sprache ist, und dies vergleichen wollen mit dem Musikalischen in einer anderen Sprache, dann gelingt es Ihnen nur, indem Sie ganz gezielt Ihre Aufmerksamkeit darauf richten. Und dann hören Sie nicht mehr, *was* gesagt wird, sondern *wie* es gesagt wird. Beim gewöhnlichen Hinhören auf eine Sprache nehmen wir das Musikalische zwar mit auf, es wird jedoch nicht bewußt wahrgenommen, wir wischen es aus, weil wir einer Sprache als Sprache begegnen: *Sprache ist Sprache*.

Wir können an einer Sprache nicht herumbasteln. Versuchen Sie einmal, ein Wort in einer Sprache einzuführen. Das ist sehr schwierig und gelingt auch nur selten. Ein neues Wort entsteht ganz plötzlich in einer Sprache. Auf einmal «schafft» es das. Oft wissen wir nicht einmal, woher es stammt. Nehmen Sie nur das niederländische Wort für Fahrrad: «fiets»! Woher stammt das? Natürlich gibt es Leute, die sagen, daß es von «vélocipède» abgeleitet ist. Das sind aber nur Theorien. Wir wissen es nicht. Und auch wenn es wirklich davon abgeleitet ist: Wer hat das dann getan? Und warum dann «fiets» und nicht «velos» oder so etwas? Nein, so ein Wort entsteht und «geht einem sofort ein».

Wir wissen, daß es immer wieder Sprachschöpfer und Sprachreformer gegeben hat. Das gegenwärtige Deutsch ist bis zu einem gewissen Grade Luther zu danken; der besaß eine solche Fähigkeit. Und im Italienischen weist vieles auf Dante; er hat das Italienische wirklich geprägt. Nur einzelne, gewaltige Künstler sind dazu fähig, eine Sprache zu gestalten. Die Weisheit der Sprache ist nämlich eine Welt für sich, die mit dem musikalischen Element nicht gleichzusetzen ist. Und was ist diese ganz eigene Welt, wenn wir das Musikalische fortgewischt haben?

Sie wissen, daß eine Sprache aus Selbstlauten und Mitlauten, aus Vokalen und Konsonanten, besteht. Nun werden Sie sagen: «Ist das nicht auch genau wie in der Musik? Da haben wir doch auch klingende Töne und mitklingende Töne?» Ich werde Sie selbst erleben lassen, daß dies nicht dasselbe ist. Sie können nämlich mit den Elementen der Sprache etwas tun, was Sie mit Tönen auf dem Klavier niemals tun können. Ein a zum Beispiel auf dem Klavier liegt felsenfest, das hat eine bestimmte Anzahl Schwingungen. Und weil diese Anzahl in der Musik festliegt, haben wir diesen Ton a genannt. Die Musik ist in der Weise festgelegt, daß jeder Ton an seinem Platz steht. Aber mit dem Buchstaben A, dem Selbstlaut A, kann ich etwas ganz Seltsames anstellen. Die Tonhöhe des Vokals A liegt nämlich nicht fest. Ich kann mit einer ganz tiefen Baßstimme das A sagen, und ich kann es mit einer ganz hohen Piepsstimme sagen. Es bleibt A. Ich kann sogar eine Melodie auf den Vokal A singen. Ich kann also auf einen Vokal singen, und mit ein bißchen mehr Mühe auch auf einen Konsonanten. Ich kann das N in verschiedenen Tonhöhen summen. Ich kann also auf jedes einzelne Element der Sprache singen. Auf die einzelnen Elemente der Musik aber nicht.

Und womit können wir genauso Melodien spielen? Auf einer Geige können wir das. Und auf einer Flöte, oder auf einem Klavier. Kurz, auf allen Instrumenten können wir Melodien spielen, indem wir auf ihnen mehrere Töne hintereinander folgen lassen. Also ist in Wirklichkeit der Wert der Sprachelemente, der Wert also der einzelnen Vokale und der Wert der einzelnen Konsonanten, mit dem Wert der einzelnen Instrumente zu vergleichen. Dasselbe, was Sie mit einer Geige anstellen können, das können Sie mit einem Vokal oder einem Konsonanten anstellen. Das gehört einer höheren Ordnung an als die Musik. Wenn Sie einer Sprache lauschen, zum Beispiel einem Wort wie «Pflanze», dann achten Sie nicht darauf, wie das musikalisch klingt. Buchstabieren Sie es einmal: «P-f-l-a-n-z-e». Oder sprechen Sie es einmal tief, oder gerade hoch. Dabei geschieht weiterhin etwas Unbegreifliches: Während Sie eine Reihe von Musikinstrumenten nacheinander hören, wischen Sie ja fortwährend das musikalische Element aus! Stellen Sie sich also das Verrückte vor, daß Sie eine Gitarre hören und gleich darauf eine Flöte, dann eine Geige, dann eine Trompete usw. Das wäre nicht anzuhören in der Musik. Und doch hören Sie das so in der Sprache. In der Sprache hören Sie nichts anderes als eine Reihe von Musikinstrumenten nacheinander.

Ich bin nur einmal in meinem Leben jemandem begegnet, der das auch so beschrieb. Es war der englische Autor A. C. Harwood, der sich eines Tages während einer Reise todmüde in einem Hotelzimmer aufs Bett legt, um zu schlafen. Gerade bevor er einschläft, kommen Gäste ins Zimmer nebenan. Dadurch kann er nicht richtig einschlafen, und nun ist er förmlich dazu gezwungen, in seinem ermüdeten, traumartigen Zustand diesen anderen Gästen zuzuhören. Sie sprechen eine Sprache, die er nicht kennt. Es sind Ausländer, also versteht er sie nicht. Er hört ihre Sprache pur, rein, als Phänomen, und er ist so müde, daß sein Intellekt ausgeschaltet ist. Und was erlebt Harwood jetzt? Er hat es viel schöner ausgedrückt, als ich es je habe sagen können: «Es war, als hörte ich eine Melodie, gespielt auf einer Reihe aufeinanderfolgender Instrumente, obgleich natürlich der Übergang nicht abrupt sondern organisch war.»[27]

Also, wenn Sie diesen Satz hören, dann sehen Sie, wie jemand in einem traumartigen Zustand unmittelbar das erlebt hat, was ich Ihnen umständlich versucht habe zu erklären. Dann merken Sie, welche unglaubliche Leistung wir beim Hören einer Sprache erbringen, eine Leistung, die noch weiter geht als beim normalen Hören, die auch noch weiter geht als beim Anhören von Musik: Wir wischen nicht nur die Schwingungen aus, wir wischen nicht nur die Töne aus, um zum Intervall zu kommen, sondern sogar das Musikalische, die gesamte Musik wischen wir in der Sprache aus. Und wenn Sie dies verstanden haben, dann erkennen Sie, daß die Vokale und die Konsonanten Gebilde einer höheren Ordnung sind, daß es kosmische Instrumente sind; und daß wir dazu fähig sind, eine Folge aus diesen Instrumenten unmittelbar miteinander zu verbinden. Und das gehört nun wirklich einer höheren Ordnung an, als wenn Sie nur Töne, eine Melodie aus Tönen, hören können. Hier haben Sie eine Melodie aus aufeinanderfolgenden Instrumenten, die eine Sprache bilden.

Die Art, in der wir diese Instrumente, die Buchstaben, in unseren Worten benutzen, ist gewiß nicht willkürlich. Welches sind die besten Instrumente, um einen Gedanken, eine Stimmung, eine Situation auszudrücken? Ich gebe ein Beispiel. Wir haben im Niederländischen das Wort «slak». Im Deutschen sagt man «Schnecke». Aber unser L drückt viel besser das Schleimschlüpfrige dieses Tieres aus. Das L ist also ein gut gewähltes Instrument. Ein weiteres Beispiel. Wir sprechen von einem «Handschuh». Der Engländer sagt «glove». Prachtvoll drückt diese Reihe von Buchstabeninstrumenten aus, wie die Hand in die Umhüllung gleitet. Die Idee «bol», also etwas Glatt-Rundes, finden wir in den Wörtern «Ball», «ballen», «Beule» wiedergegeben. Ein «wiel» gleitet geräuschlos, ein «Rad» rattert. Wir sagen im Niederländischen: Ein Flugzeug fliegt «over het gebergte», der Deutsche sagt «über das Gebirge». Das Ü drückt das «Höher» besser aus als das O. Wir sagen: «zinken – zonk – gezonken». Der Deutsche sagt: «sinken – sank – gesunken». Das U sinkt tiefer als das O.

Ebenso wie wir beim Eigenbewegungssinn auf die Eurythmie verweisen mußten, so hier auf die anthroposophische Sprachkunst als Mittel, uns das Instrumentale, die schaffende Bildekraft der Buchstaben beziehungsweise Laute zur eigenen Erfahrung zu machen. Die Ursprache ist verloren gegangen. Die Bibel beschreibt dies im Bild der babylonischen Sprachverwirrung. Es ist unsere Aufgabe, diese Sprachverwirrung wieder zu überwinden, so daß die Sprache nicht mehr an ein einziges Volk, eine einzige Sprachgruppe gebunden ist.

Die einfachste Übung ist die folgende: Achten Sie einmal auf den Unterschied zwischen einem mechanischen Geräusch in der Natur – beispielsweise dem Donner, fallendem Gestein, dem Rauschen eines Baches oder auch dem Klang eines Musikinstrumentes – und den Lauten eines Tieres, beispielsweise dem Brüllen eines Löwen. Wir erleben sofort, daß sich hier ein Wesen ausdrückt. Der Sprachsinn fängt also schon bei den Tierlauten an zu funktionieren; wir hören darin unmittelbar das Innere dieses Wesens. Sie dürfen das nicht mit den mechanischen Geräuschen verwechseln, die einige Tiere produzieren, zum Beispiel dem Klappern des Storches, dem Zirpen der Grillen und dem Klopfen des Spechts. Eine ganz subtile Übung besteht auch darin, den Unterschied herauszuhören, wenn man auf einer Flöte spielt und wenn man selbst mit dem Mund pfeift. Versuchen Sie es einmal.

Dieser Wortsinn, oder Sprachsinn, wie Rudolf Steiner ihn auch nennt, steht dem Eigenbewegungssinn gegenüber. Ich habe Ihnen erklärt, daß der Eigenbewegungssinn die Fähigkeit ist, mit der wir unsere eigene Bewegung wahrnehmen, erleben, empfinden. Nun, was tun wir eigentlich, wenn wir unsere eigenen Bewegungen erleben? Es gibt zwei Sorten von Bewegungen: Anpassungsbewegungen und emotionale, Ausdrucksbewegungen. Alle Bewegungen, die sich einem Instrument, einem Werkzeug, anpassen, sind Anpassungsbewegungen. Zum Beispiel zimmern, hobeln, sich anziehen, Auto fahren, Tee trinken. Sogar wenn ich auf etwas zeige, passe ich mich meinem Finger als Werkzeug zum Zeigen an. Emotionale Bewegungen, Ausdrucksbewegungen, verwende ich jedoch, um mein eigenes Gefühl auszudrücken. Es sind mimische Gebärden, zum Beispiel des Erstaunens, Schrecks, der Angst, der Freude.

Sie spüren vielleicht: Wenn ich etwas ergreife, wenn ich mit einem Werkzeug umgehen muß, dann ist das dem Umgehen mit Konsonanten zu vergleichen. Die Konsonanten sind in gewisser Weise mit Werkzeugen zu vergleichen. Sie geben daher einer Sprache auch die Struktur. Die Konsonanten sind das Skelett der Sprache. Beim Dialekt sind es beispielsweise in erster Linie die Vokale, die sich verändern, die anders ausgesprochen werden, während sich die Konsonanten viel weniger verändern. Die Konsonanten bleiben auch in den verschiedenen Sprachen mehr oder weniger gleich, während die Vokale in anderen Sprachen völlig anders werden, zum Beispiel boom – Baum, hond – Hund, sterk – stark. Die Vokale sind daher auch unseren Ausdrucksbewegungen zu vergleichen, unseren emotionalen Bewegungen, unserem Gefühl.

Ich habe Ihnen schon erzählt, daß wir unsere Sprache nicht selbst bilden. Es sind kosmische Wesen, die durch uns hindurch die Sprache bilden: die *Erzengel.* Erzengel haben nämlich nicht, wie die Engel, die Aufgabe, sich mit der Gestaltung der Individuen zu befassen. Jeder Mensch hat seinen eigenen Engel, aber nicht seinen eigenen Erzengel. Erzengel gestalten Menschengruppen, Sprachgruppen, in denen wir uns heimisch fühlen, in denen wir erzogen werden. Sie müssen es sich daher auch so vorstellen, daß Sie, indem Sie einer Sprache lauschen, eigentlich mit dem Wesen eines Erzengels lauschen, der gleichsam eine

Gruppe von Menschen leitet; der uns, auch wenn es aus größerem Abstand und nicht so nah und so individuell geschieht wie beim Engel, doch mehr oder minder stark in der Sprache formt. Denn eine Sprache ist formend. Wenn wir eine Sprache mit vielen Konsonanten haben, beispielsweise das Tschechische, dann hören wir sogar in der Struktur sowohl dieser Sprache als auch dieses Volkes ein anderes Wesen heraus, als wenn wir eine Sprache mit sehr vielen Vokalen haben. Die gesamte Strukturierung eines Menschen reicht unglaublich tief und hat auch viel mit der Sprache zu tun, mit der er aufgewachsen ist.

Indem wir uns auf diese Art in eine Sprache vertiefen, können wir in die Welt der Erzengel gelangen. Wir müssen dann völlig von uns selbst absehen; wir müssen unsere eigenen Gefühle beiseite legen, nicht mehr unsere eigenen Werkzeuge, unsere eigenen Instrumente, beachten, sondern nur die Instrumente der Götter, der Erzengel. Denn die sind unsere Sprachgeister oder Volksgeister, und sie stehen noch eine Stufe höher als die Engel.

Sprache ist ein wunderbar organischer, fließender Übergang von einem Instrument zum nächsten. Und diese Instrumente sind die Gefühle und die schaffenden Elemente des Sprachgeistes, des Erzengels, der sich mit uns verbunden hat.

Ich will jetzt fortfahren, und zwar mit dem *Gedankensinn.* Mit dem Gedankensinn hat Rudolf Steiner darauf hinweisen wollen, daß es noch etwas anderes gibt, als eine Sprache zu hören, als festzustellen, daß es sich um eine Sprache handelt. Und das ist: *verstehen, begreifen, was* da gesagt wird. Erst wenn wir eine Sprache beherrschen – und das braucht wirklich nicht nur die Muttersprache zu sein –, wird eine solche Sprache, wenn wir sie sprechen hören, gleichsam transparent für uns. Wir können durch sie hindurch sehen. Wir können dem, was gesagt wird, folgen. Es ist phantastisch, das zu erleben. Wir merken dann sofort, daß jetzt eine ganz andere Seite der Wahrnehmung in uns hineinströmt. Das Gehörte wird zu Begriffen für uns. Dazu hat Rudolf Steiner im 4. Kapitel seiner philosophischen Arbeit *Die Philosophie der Freiheit* gesagt, daß wir einen Begriff nicht in Worte fassen können! Sie müssen einmal versuchen, zu erklären, was nun eigentlich ein Begriff, eine Vorstellung ist. Das können Sie gar nicht in Worten ausdrücken. Worte weisen nur darauf hin, daß es Begriffe gibt.

Das Interessante ist, daß wir nie genau sagen können, was wir meinen. Und warum nicht? Wir haben eine Idee von etwas. Und wo lebt diese Idee? Lebt die in der Sprache? Nein, die liegt höher als die Sprache. Das Problem ist nur, daß Sie eine Sprache brauchen, wenn Sie jemandem anderen diese Idee vermitteln wollen. Sie müssen sich entscheiden, ob Sie es in Englisch oder in Französisch, in Niederländisch oder in Deutsch sagen wollen. Manchmal gelingt es nicht einmal in einer einzigen Sprache, dann müssen Sie Übergriffe machen. Dann müssen Sie ein Wort aus einer anderen Sprache verwenden. Wir haben im Niederländischen beispielsweise kein Wort für «überhaupt». Und ein Deutscher hat keine Worte, die dasselbe ausdrücken wie unser niederländisches «het valt mee». Das ist eine typisch niederländische Ausdrucksweise, die unübersetzbar ist. Manchmal gibt es eine Art Spracharmut für einen bestimmten Bereich, dann können Sie eine Vorstellung nicht in Ihrer eigenen Sprache wiedergeben. Anthroposophen kennen das wahrscheinlich alle mehr oder weniger, weil Rudolf Steiner sich darum bemüht hat, seine Ideen, seine Vorstellungen, seine Gedanken so klar wie möglich zu vermitteln – im Deutschen! Und dann ist es oft schwierig, solche Begriffe im Niederländischen wiederzugeben. Sie kennen sicher alle auch auf anderen Gebieten das Problem, daß Sie etwas sagen wollen, daß Sie etwas ganz klar vor sich sehen, daß Sie die Idee sehr gut greifen können, aber daß Sie nicht wissen, welche Worte Sie dafür gebrauchen sollen. Dann spüren Sie, daß es hinter den Worten noch etwas gibt, das nicht in Worte zu fassen ist, das nicht mehr aussprechbar ist. Und wenn Sie es dann doch aussprechen, geraten Sie in eine Art babylonischer Sprachverwirrung. Sie haben sich für eine bestimmte Sprache entscheiden müssen, während doch die Idee *sprachlos* ist. Sie ist nicht mehr aussprechbar. Sie können in verschiedenen Sprachen «table», «Tisch», «tafel» sagen; das ist Entscheidungssache. Aber was ist die Idee «Tisch»? Die lebt in einer vollkommen stillen Welt. Die Ideen leben in einer schweigenden Welt. Und das ist das Grandiose: Sie spüren, daß Sie dazu in der Lage sind, auch die Worte auszuwischen. Denn Sie müssen damit rechnen, daß niemand jemals genau das ausdrücken kann, was er will. Sie verstehen erst dann den andern, wenn Sie auch das wegwischen, was er sagt. Sie müssen die Sprache wegwischen, und dann kommen Sie nicht zu «Tisch» oder «tafel» oder «table», sondern zu der oberhalb aller Sprachen verborgenen Idee.

Sehen Sie, es wird immer mehr ausgewischt. Natürlich müssen Sie erst ein gutes Gehörorgan haben, in dem die Klangwellen, die Schwingungen, ausgewischt werden, so daß Sie hören können. Ich habe Ihnen gesagt, daß es die Engelwesen sind, die in diesem sozialen Sinnesorgan in Ihnen tätig sind. Dann aber muß Ihnen geholfen werden von Wesen einer noch höheren Hierarchie, von den Erzengeln, um das Musikalische in der Sprache wegzuwischen, so daß Sie hören können, daß etwas eine Sprache ist. Und Sie können noch weiter gehen. Es gibt einen ganz bestimmten Augenblick, da verstehen Sie eine Sprache, indem Sie diese Sprache wiederum wegwischen, indem diese Sprache für Sie transparent wird, so daß Sie zu der Ideenwelt hinter der Sprache aufsteigen können. Sie betreten das übersprachliche, das die ganze Schöpfung haltende Sein. Sie gelangen dann, indem Sie die Sprache auswischen, unmittelbar in die Vorstellung des andern hinein.

Nun ist es so, daß der Vorstellungssinn dem Lebenssinn gegenübersteht, dem Sinnesorgan, mit dem Sie Ihre eigene Befindlichkeit fühlen, mit dem Sie wahrnehmen, ob Sie sich elend oder müde fühlen, ob Sie Schmerzen oder Hunger haben oder ob Sie sich im Gegenteil gerade kräftig fühlen. Sie nehmen Ihren eigenen Lebensleib, Ihre eigene Konstitution wahr. Mit der Ideenwelt aber betreten Sie ein völlig anderes Gebiet. Sie verstehen, daß die Idee nichts mit Ihrer Befindlichkeit zu tun hat. Sondern im Gegenteil: Wenn der andere Mensch etwas von seiner Ideenwelt ausspricht, dann hängt es nicht von Ihrer Laune ab, ob dies wahr ist oder nicht. Sie können zum Beispiel nicht sagen: «Hör' mal zu, heute sind die drei Winkel eines Dreiecks nicht zusammen 180°, denn ich hab' eine so schlimme Migräne!» Nein, um bis zur völlig schweigenden Ideenwelt des andern vorzudringen, müssen Sie auf Ihren Lebenssinn verzichten. Dazu müssen Sie Ihren Lebenssinn allerdings erst einmal verflixt gut entwickelt haben. Denn Sie können erst dann etwas opfern, wenn es etwas zu opfern gibt.

Was haben wir eigentlich mit unserem Lebenssinn gelernt? Die «Mühen des Lebens!» Ich habe Sie darauf aufmerksam gemacht, daß ein Mensch sich auch abmühen will, auch ab und zu Schmerzen erleiden will. Wir würden nie zur Wahrheit vordringen, wenn wir nie Schmerzen erlitten hätten. Es ist außerordentlich wichtig, daß der Lebenssinn gut geübt wird während der Kindheit und Jugend. Wenn wir Kinder nur immer verwöhnen, so daß sie nie Schmerzen haben, fehlt ihnen später das Gefühl für Wahrheit. Es ist ganz typisch für eine Kultur des Verwöhnens, daß dort das Wahrheitsgefühl fehlt. Dann kann es sogar vorkommen, daß man Kindern erzählen muß – ich habe es wirklich aus einem modernen Aufklärungsbuch: «Und nun wollt ihr sicher auch gern wissen, woher ihr selbst kommt. Aus einem Ei! Du bist auch ein Eichen gewesen, das ist mit allen Menschen und Tieren so!» Etwas derartiges schneidet mir einfach durch die Seele. Denn wissen Sie, was hier eigentlich steht? Da steht, daß man selbst aus dem Ei kommt und also ein Ei gewesen ist. Ich bin also ein Ei gewesen. Das ist ungefähr dieselbe Logik wie: «Sieh' mal, Papa kommt aus dem Auto, Papa ist auch ein Auto gewesen!» Und dieser Wahnsinn, diese Unwahrheit muß der Autorin dieses Büchleins zufolge allen Ernstes in der ersten Klasse behandelt werden! Weil es die Wahrheit ist. Der Storch ist Unsinn, aber daß Kinder Eier gewesen sind, nicht!

Wir müssen uns abquälen, um zur Wahrheit zu kommen. Und dafür ist Geisteskampf nötig. Denken Sie einmal an die Zeit zurück, als Sie Ihre ersten Rechenaufgaben machen mußten: Damals übten Sie den Geisteskampf. Übrigens mache ich in diesem Kurs auch kaum etwas anderes, als daß ich Sie, verehrte Zuhörer, quäle. Ich sage natürlich nicht, nun wollen wir uns einmal tüchtig gegenseitig Schmerzen zufügen, um das Wahrheitsgefühl zu entdekken. Das verstehen Sie wohl. Aber wenn Sie fragen, wo Wahrheit in der menschlichen Seele entsteht, dann ist es immer da, wo viel Leid ertragen worden ist. Rudolf Steiner nennt Weisheit kristallisierten Schmerz. Darum ist es so wichtig, daß wir ein Kind auch mühevolle Dinge tun lassen. Auch das Gegenteil ist nötig: Mühe aufzuwenden, um etwas zu unterlassen! Es ist gut, daß das Kind einmal auf das Essen warten muß, daß es nicht unbedingt alles bekommt, was es haben will, daß es einmal Dinge tun muß, die nicht so erfreulich sind. Nicht auch immer auf Fragen unmittelbar antworten. Geduld haben, warten lernen, selber mal um etwas ringen müssen – das schafft erst den fruchtbaren Boden für den Geist. Wir können nun einmal nicht zum Wahrheitsgefühl kommen, wir können nun einmal dem andern nicht folgen, nicht hinter die Ideenwelt des andern gelangen, wenn wir nicht innerlich jemals Schmerzen erlitten haben. Erst wenn wir durch unseren Lebenssinn gelernt haben, erst körperlich Schmerzen zu haben, können wir dies Gefühl, diese Erfahrung auswischen, und dann können wir Schmerz empfinden, wenn ein anderer nicht die Wahrheit sagt. Ich spreche hier nicht von der unmoralischen Unwahrheit, denn die Autorin dieses Aufklärungsbuches meint es hundertprozentig gut, sie will die Kinder wirklich nicht bemogeln. Sie tut es mit einer hundertprozentigen, fast möchte ich sagen: christlichen Überzeugung. Aber das, was sie sagt ist schmerzlich, weil es keinen Wahrheitsgehalt hat. Es stimmt nicht mit der einfachsten Logik zusammen. Und leider ist dies Gefühl bei immer weniger Menschen vorhanden; und doch ist es gerade dies Gefühl, das wir immer stärker entwickeln müssen.

In welcher Welt befinden wir uns eigentlich, wenn wir über die Ideenwelt sprechen, über die Welt, in der alles äußerlich Hörbare ausgewischt ist, wo Worte nicht mehr existieren, wo Sprachen unwichtig geworden sind, wo nur die Begriffe leben? Das muß eine Welt sein, in der also auch die Sprachgeister nicht mehr wichtig sind. Rudolf Steiner sagt hierzu, daß wir den Gedankenwahrnehmungssinn einem höheren Wesen zu danken haben, das durch die Menschheit hindurch helfend tätig ist. Und so, wie die Engel uns dabei helfen, den Klang wahrzunehmen, wie die Erzengel uns helfen, eine Sprache wahrzunehmen, haben wir es hier mit dem *allgemeinen Menschengeist* zu tun. Hier haben wir es wirklich unmittelbar mit dem *Christuswesen* zu tun. «Denn nur im Vorstellungsleben läßt sich der Christusgeist in seiner wahren Gestalt zuerst erfassen ...»[28]

Das müssen Sie jetzt erst einmal ganz in Ruhe auf sich wirken lassen: Dort, wo die Welt in der Ideenwelt völlig zum Schweigen kommt, sind wir durch das allgemein Menschliche miteinander verbunden. Dort finden wir etwas in uns selbst, was uns alle miteinander verbindet, was nicht in einer Sprache auszudrücken ist, sondern noch hinter diesem Sich-Ausdrücken steht und in uns allen als Ideen, als Vorstellungen lebt. Und *in diesem Vorstellungsleben können wir die erste Brücke zum Christus schlagen.* Dort begegnen wir dem Christus als dem kosmischen Wesen, das uns allen zur Seite steht, dem Geist der Wahrheit.

Der Gedankenwahrnehmungssinn kann also dadurch tätig sein, daß er den Lebenssinn gerade nicht benutzt, und zweitens dadurch, daß er das vorige Sinnesorgan auswischt. Wir können schlicht sagen: Der Gedankensinn arbeitet mit dem Lebenssinn, allerdings nur dadurch, daß er ihn gerade *nicht* verwendet. Wenn wir uns das ein bißchen zu eigen machen, werden wir allmählich erkennen, daß dies Üben in der Kindheit, dies mühevolle Erwerben der Dinge in der Jugend, ja, dies Opfern seiner selbst in der Jugendzeit später immer eine andere Kraft, eine Opferkraft bewirkt, die sich im Lebenssinn soweit zu entwickeln vermag, daß der Mensch dem *Wesen, das uns alle miteinander verbinden will,* nach und nach begegnen kann, wenn Menschen einander wirklich zuhören. Sie können einen positiven

Aspekt unserer Kultur darin sehen, daß ein unglaublich starkes Bedürfnis in unserer Kultur vorhanden ist, nicht nur zu lesen, zu studieren, sondern kleine Gruppen zu bilden. Die Menschen wollen miteinander reden, diskutieren, um zu der uns alle verbindenden Wahrheit zu gelangen. Und die Wahrheit ist die makrokosmische Konstitution, die der Schöpfung zugrunde liegt.

Das hängt mit dem *Stier* (♉) zusammen. Denn wissen Sie, was das Wunderbare am Stier – oder am Rind ganz allgemein – ist? Alles an ihm ist brauchbar: sein Fleisch, seine Haut, seine Haare, seine Hörner. Sie können nennen, was Sie wollen, es gibt nichts vom Rind, das nicht für die Kultur brauchbar wäre, von der Milch bis hin zum Mist. Dazu gehört auch die ungeheure Zugkraft dieses Tieres, sich abrackernd, dienend, wodurch die Erde zu Kulturland wird. Nicht zufällig ist es daher, daß die Kuh im Osten als heilig erlebt wird. Das kommt selbst in dem Namen Buddhas zum Ausdruck. Gotama oder Gautama Buddha bedeutet wörtlich: «Der Kuheste erwachte!» Unser Wort Kuh ist dasselbe wie «go», und im Sanskrit kann man davon einen Superlativ bilden. Kurz, der Stier oder die Kuh ist das Opfertier schlechthin. Und das finden wir also im Tierkreiszeichen als Entsprechung zum Gedankensinn. Hier haben wir es wirklich mit dem Sinnesorgan zu tun, das gleichsam alles opfert, was im Menschen vorhanden ist. Das sich nicht, wie der Lebenssinn, mit uns selbst, mit unserer eigenen Konstitution beschäftigt, sondern das uns dazu bringt, uns gerade selbst beiseitezulassen, um zu erfahren, was ein anderer sagt, was ein anderer meint. Dieser Opferprozeß, zu dem das Bild des Stieres gehört, ist in unserem Gedankenwahrnehmungssinn tätig. Und dadurch ist dies das uns alle verbindende Element geworden.

Und nun gehe ich zum Wortsinn zurück, weil ich nun darstellen kann, warum der Wortsinn mit den *Zwillingen* (♊) zusammenhängt. Was tun Sie, wenn Sie jemandem zuhören? Dann bemühen Sie sich, auf dem Wege über die Sprache bis zu seinen Ideen vorzudringen. Und dann merken Sie immer wieder in Gesprächen, daß Sie als Zuhörer so gut die Idee des andern erfassen können, daß es Ihnen manchmal sogar besser als dem Sprechenden gelingt, die Worte dafür zu finden. Sie ergänzen dann den Sprecher derartig, daß er oder sie sagt: «Ja, so meine ich es eigentlich!» Wenn wir also jemandem zuhören, dann erleben wir, wie er darum ringt, die unhörbare Welt hörbar zu machen. Das ist ein schöpferischer Vorgang. Wenn wir jemanden sprechen hören, merken wir, daß er in dieser Art schöpferisch tätig ist, um die höhere Welt herunterzuholen, die überzeitliche, dauernde Wahrheit in eine vergängliche Sprache zu kleiden.

Wir versuchen, die unseren irdischen Ohren unhörbare himmlische Sphärenharmonie, das sind die schöpferischen Kräfte, mit Hilfe der Sprache auf die Erde zu holen. Das bedeutet im eigentlichen Sinne: Handeln. Unsere Beine bringen uns zum Arbeitsplatz (Eigenbewegungsssinn), mit unseren Händen verrichten wir die Arbeit, die Handlung. Sprechen ist eine Art Handeln. Und dabei haben wir es zu tun mit dem Sternbild der Zwillinge. Oft sehen Sie das Sternbild der Zwillinge als zwei miteinander spielende Kinder abgebildet. Das ist eigentlich die beste Art, dies Sternbild abzubilden. Denn es ist das Tierkreiszeichen des schöpferisch tätigen Menschen. Und alle Kinder sind schöpferisch. Kinder spielen zu sehen erinnert uns an unsere Aufgabe: Das Himmlische muß auf die Erde kommen. Auch bei Erwachsenen kann nur das Kind im Menschen schöpferisch sein.

Philosophie vermitteln ist auch immer ein Spiel: ein Schöpfungsspiel. Es ist ein ganz ernsthaftes Spiel, dieses Bemühen, genau die Worte zu finden, die eine Idee ausdrücken. Philosophie und Poesie hängen ganz eng miteinander zusammen. Der Philosoph erschafft sein Werk in philosophischer Form, der Dichter in poetischer Form. Aber auch der Dichter ringt. Er hat dasselbe Problem. Es gibt etwas Höheres, das durch die Sprache in eine irdische Erscheinung kommen muß. Kinder, auch Jugendliche können plötzlich tüchtigere Philosophen sein als Gelehrte. Es ist bedauerlich, daß man sich auch bei Gedichten noch immer für eine Sprache entscheiden muß. Vielleicht läßt uns im Laufe der Zeit die Eurythmie die «sprachlose Sprache» erleben. Hoffentlich können wir eines Tages durch die Eurythmie eine Sprache und die Idee hinter dieser Sprache derartig sichtbar und erlebbar machen, daß wir diese «stille Sprache» kennenlernen.

Natürlich ist Sprechen auch im gewöhnlichen Leben mehr als das Äußern von Worten. Das Instrumentarium, mit dem wir sprechen, umfaßt nicht nur den Kehlkopf und den Mund, sondern auch Arme und Hände: unsere Zwillinge! Jemand, der mit den Händen in den Hosentaschen spricht, ist wie jemand, der unartikuliert nuschelt. Mit unseren Arm- und Handgebärden gehen wir nämlich zu Recht «aus uns heraus», sind wir sozial dem andern zugewendet. Wirklich sprechen erfordert begleitende Gebärdensprache.

Nach dem Wortsinn und dem Gedankensinn gibt es schließlich noch ein letztes Sinnesorgan. Und das ist der *Ichsinn*. Damit meint Rudolf Steiner nicht, daß man zu sich selbst «ich» sagen kann, daß man sich selbst als ein Individuum erlebt, sondern daß man merkt, daß ein anderer ein

«Ich» ist, daß ein anderer Mensch, mit dem man spricht, mit dem man umgeht, ein Individuum ist. Wir wissen alle, daß wir nicht nur Geräusche hören, wenn jemand spricht. Auch nicht nur, daß es eine Sprache ist. Sie hören nicht einmal nur, was der andere *meint*, sondern Sie merken auch, daß *er* es meint – zumindest, wenn Sie Ihren Ichsinn ein bißchen entwickelt haben. Es ist nämlich ein großer Unterschied, ob der eine Mensch etwas sagt, oder ob ein anderer Mensch dasselbe sagt. Das ist eine ganz besondere, aber lehrreiche Erfahrung. Leider wird diese Fähigkeit in unserer Zeit immer weniger entwickelt. Es kommt immer weniger darauf an, *wer* etwas sagt. Wenn jemand wenigstens die Wahrheit sagt, so ist das schon eine ganze Menge; man kümmert sich außerordentlich wenig darum, wer es ist, der die Wahrheit sagt. Und doch kommt es ganz allein darauf an. Es ist nämlich schwierig, etwas Originelles zu sagen. Und offenbar ist zunehmend das, was die Menschen sagen, bloße Nachbeterei oder sogar entstellte Nachbeterei. Daher ist es sehr wichtig, wahrzunehmen, *wer* etwas sagt. Ob es wirklich von ihm selbst stammt, seine Überzeugung ist. Denn in dem Falle kann sogar eine Wahrheit, die schon seit Ewigkeiten besteht, neu für uns werden. Eine nicht selbst entdeckte Wahrheit dagegen, eine nachgeplapperte Wahrheit, kann nie als Wahrheit wirken, nie eine inspirierende Kraft haben. Darum müssen wir lernen, in uns ein Gespür zu entwickeln für dieses Wahrnehmungsorgan, dieses Sinnesorgan, mit dem wir die Individualität eines andern wahrnehmen. Dann können Sie lernen zu unterscheiden. Wenn zum Beispiel der eine sagt: «Wir werden jetzt dies tun!», dann bedeutet es für Sie, daß Sie da ganz bestimmt nicht mitmachen werden, während Sie, wenn ein anderer dasselbe sagt, sofort wissen, daß Sie dabei auch mitmachen wollen.

Beim Militär muß man von einem Soldaten zwei Dinge kennen: Zuverlässigkeit und Mut. Dafür gibt es keinen Test! Der Feldwebel muß einfach monatelang mit seinen Leuten umgehen. Mit Hilfe seines Ichsinns erfährt er allmählich, was sie taugen.

Was wir mit dem Ichsinn erfahren können, ist das Rätsel, *wer* hinter den Worten, hinter einer Idee steht. Oft fragen wir uns, ob etwas politisch gemeint ist oder ob derjenige wirklich diese Überzeugung hat. Steht er selbst dahinter? Können wir auf ihn rechnen oder nicht? Und das schaffen wir nur mit dem Ichsinn. Aber dann müssen wir allerdings wach sein dafür, daß wir uns unseren Ichsinn nicht vernichten lassen durch politisches Gerede oder durch Scheinwahrheiten, die so oft von den Medien ausgespuckt werden, durch Reklame, Schlagzeilen und Werbetexte, durch frisierte Neuigkeiten oder einseitige Berichterstattung in den Zeitungen und so weiter. Wenn wir hierfür wach sind, dann werden wir die Erfahrung machen, daß tatsächlich jeder Mensch einen bestimmten Auftrag im Leben hat und daß jeder eine Sprache benutzen muß und Ideen haben, um diesen Auftrag «auszuführen», aber daß wir gleichsam durchstoßen müssen zu dem Ich desjenigen, von dem das alles ausgeht, um dahinter zu kommen, ob wir uns davon leiten lassen dürfen oder ob man dabei ist, uns zu verleiten. Dafür brauchen wir den Ichsinn. Und dieser Ichsinn ist bei jedem vorhanden, auch wenn fortwährend Attacken auf ihn ausgeübt werden.

Wenn wir uns mit jemandem unterhalten, merken wir sofort, daß dieser andere ein Ich, eine Individualität ist. Wir sprechen nicht mit einer Puppe oder mit einem Tier. Wir begegnen einander unmittelbar von Ich zu Ich. Sie werden sagen: «Aber sicher sprechen wir mit unseren Tieren!» Das stimmt natürlich. Aber sprechen ist nicht gleich sprechen. Wenn Sie mit einem Kind und mit einem Hund zusammen einen Spaziergang machen, werden Sie zum Kind sagen: «Sieh' mal, was für ein hübsches Gänseblümchen, was für wunderbare Wolken, sieh' dir mal die schöne Kirche da hinten an!» Und zu Hause sprechen Sie vielleicht noch einmal darüber. Der Hund liegt dann im Körbchen und schläft.

Sie müssen sich auch einmal überlegen, wie Sie reagieren, je nachdem ob Ihnen ein anderer Mensch oder ein Hund auf die Zehen tritt. Das ist ein enormer Unterschied. Sie sind sofort beleidigt, wenn Ihnen ein Mensch auf die Füße tritt; bei einem Hund sind Sie überhaupt nicht beleidigt, denn der weiß es nicht besser. Natürlich weiß er es nicht besser, denn er hat kein Ich. Ein anderer Mensch aber sehr wohl. Eigentlich merken wir es besonders stark gerade bei Streit oder bei Meinungsverschiedenheiten, daß der andere ein Ich hat. Bei Streitigkeiten zweifelt man niemals daran. Solange wir uns einig sind, können wir uns noch hauptsächlich mit uns selbst, mit unseren eigenen Ideen beschäftigen; aber sobald wir Streit bekommen, begegnen wir im andern ganz sicher einem Ich. Denn wir können nur böse gemacht oder beleidigt werden von einem anderen Ich. Und das ist das Lehrreiche an den Sinnesorganen, daß wir oft im Negativen erst richtig merken, daß es sie wirklich gibt!

Ich habe Ihnen gesagt, daß wir es bei der Sprache mit den Vokalen und den Konsonanten zu tun haben. Wenn ich ein Wort sage, zum Beispiel «Pflanze», so habe ich eine Reihe unterschiedlicher Instrumente hintereinander, die wunderbar organisch miteinander verbunden sind. Wenn wir nun eine Idee wahrnehmen, das Unaussprechbare, also nicht «Pflanze», sondern die Idee hinter beispielsweise der Pflanze, was nehmen wir dann eigentlich wahr? Nun, das fühlen Sie schon, das ist ein ganzes Musikstück, eine prächtige Sonate. Wie reich ist doch eine Idee, zum Beispiel die Idee «Pflanze»! Ganze Bibliotheken können das nicht fassen. Und was tun Sie, wenn Sie jemanden einen Satz aussprechen hören? Ein Satz besteht aus mehreren Kompositionen, die noch einmal in einer großen Komposition zusammengefaßt sind, weil dieser Satz nicht aus unzusammenhängenden Worten, aus unzusammenhängenden Ideen besteht, sondern ein organisches Ganzes bildet. Es ist verblüffend, wie die Kompositionen in unglaublich schnellem Tempo – Sie spüren schon, die Zeit spielt hierbei keine Rolle – in so einem Satz nacheinander zu hören sind. Es entsteht tatsächlich eine ganze Reihe von Konzerten hintereinander in der Komposition eines Superkonzertes, in dem alles das zusammengefaßt ist. Hoffentlich sagt Ihnen dieses Bild etwas. Denn mit diesem Bild möchte ich Ihnen so gern verdeutlichen, daß wir, indem wir jemandem zuhören, indem wir dem Ich eines andern begegnen, indem wir unseren Ichsinn benutzen, in Wahrheit bei dem *Dirigenten* all der Kompositionen, die uns zu Gehör gebracht werden, angekommen sind.

Wie arbeitet nun dieser Ichsinn, wie nehmen wir das Ich eines andern wahr? Wenn wir nämlich nicht mehr auf die Tonhöhe achten, wenn jemand spricht, auch nicht mehr darauf, daß er eine bestimmte Sprache spricht, nicht einmal mehr darauf achten, was er sagt, sondern fühlen, ob er hinter seinen Worten steht, ob sein Wesen wirklich das meint, was er sagt, oder wie er es gerade nicht meint. Und so, wie es schöne und häßliche Farben gibt, können wir auch hier ein dämonisches Element erleben, wenn der Sprecher nicht hinter seinen Worten steht, wenn er ein Verräter der Sache ist. Das ist das Ichelement des andern.

Dafür müssen wir ein noch viel größeres Opfer bringen als beim Gedankensinn. Jetzt müssen wir zuerst den gegenüberliegenden Sinn, den Tastsinn, in uns selbst benutzen. Ich habe Ihnen erzählt, daß wir uns im Tastsinn von der Welt abschließen. Wir geraten durch den Tastsinn nicht *in* die Welt, sondern der Welt *gegenüber*, wir ummauern uns selbst. Das ist hierfür auch notwendig, denn um das Ich eines andern zu durchschauen, dürfen wir nicht von einer Leere ausgehen, wir müssen uns zunächst selbst kräftig bekleiden. Und das tun wir mit dem Tastsinn. Dann sitzen wir in unserem eigenen Panzer. Und den müssen wir mit unserem Ichsinn wieder aufheben. Das tun wir natürlich nicht bewußt. Das geht auch nicht, denn mögen wir auch «ich» sagen, mögen wir uns auch als Ich in unserer Leiblichkeit empfinden, so ist unser Ich dennoch überhaupt nicht richtig inkarniert. Wohl spüren wir es, wir erleben es sogar so, als säße es in unserem Leib, aber das kommt nur dadurch, daß der Tastsinn sich dort befindet. Das Ich ist nicht etwas, das wie in einem Häuschen in unserem Körper sitzt, das abgegrenzt ist. Das ist Unsinn. Wir erleben es nur so, weil unser Ich durch den Tastsinn an unsere Leiblichkeit gebunden scheint. Und jetzt müssen wir gerade diese eigene Ichgebundenheit loslassen, sie nicht mehr beachten, um so dem Ich eines andern zu begegnen. Und gerade dadurch, daß dies nicht bewußt geschieht, geht es von selbst, brauchen wir dazu nicht alt zu sein. Kleine Kinder begegnen unmittelbar durch die Augen dem Ich anderer Menschen, dem der Mutter und dem anderer Menschen aus ihrer Umgebung. Aber wir müssen diese Fähigkeit gut beibehalten und ihr weiterhin Nahrung geben. Und darum ist das Tasten so wichtig.

Ich habe Ihnen in meinem ersten Vortrag erklärt, daß es

wirklich nicht dasselbe ist, ob ein Kind die Mutterbrust fühlt oder ein Fläschchen. Ich habe zu Ihnen von der Intimität des Tastsinns gesprochen, daß wir durch ihn eigentlich Abstand von der Welt nehmen, daß wir durch ihn der Welt gegenüber stehen, aber zugleich tief in uns das Gefühl festhalten, daß wir doch mit dieser Welt zusammenhängen. Der Tastsinn ist ein feines, zart arbeitendes Organ.

Dieses tiefreligiöse Element, dieses transzendentale Element, hängt mit dem Tastsinn zusammen. Alles, dem ein Kind mit Hilfe seines Tastsinns begegnet, baut an den Fundamenten seiner Existenz. Es ist wahrlich nicht dasselbe, ob ein Kind Pullöverchen aus Acryl oder aus Wolle anhat. Es ist nicht einmal dasselbe, ob das Pullöverchen von Oma gestrickt oder maschinell gewirkt ist. Das ist ein großer Unterschied. Selbst wenn das letztgenannte etwas adretter aussieht, so ist doch kein Faden seelische Liebe, kein Faden Wärme mit hineingestrickt. Alles, was ein Kind tastend erfährt, legt die Grundlage für den Ichsinn. Es ist ein großer Unterschied, ob ein Kind mit Plastikspielzeug spielt oder ob es mit lebendigen Materialien wie Holz umgeht. Sie werden schon allmählich merken, daß Sie erst ein Materialist werden, wenn Sie anfangen, sich in die Anthroposophie zu vertiefen! Sie werden dann erst ein Materialist werden in dem Sinne, daß Sie der Materie großen Wert beimessen. Rudolf Steiner war nicht der Mensch, der uns alle in die Welt der Engel und der Erzengel mitziehen wollte. Er hat uns darauf hingewiesen, daß gerade im Erdenelement, in der Materie die allertiefsten Geheimnisse verborgen sind. Und das wird auch das letzte sein, was wir begreifen: die Materie, unseren Mutterboden (mater = Mutter). Und gerade das Materielle ist von gewaltiger Bedeutung für ein Kind. Was kommt da auf das Kind zu? Denn nur wenn seine Erzieher darauf geachtet haben, kann ein Kind später, wenn es erwachsen geworden ist, wenn es als selbständiges Individuum in der Welt steht, um seinen Mitmenschen zu begegnen, durch die Ideen hindurchstoßen und zum Wesen anderer gelangen. Und diese Begegnungen, dies Hindurchstoßen zum Wesen der anderen, können wir nur haben, wenn der Tastsinn, der zuerst so gut entwickelt wurde, ausgewischt wird. Wir müssen dann völlig auswischen, daß wir selbst etwas Einmaliges darstellen. Und dadurch, daß wir dann nicht mehr nach innen gerichtet sind, stoßen wir gleichsam durch den andern hindurch. Wenn wir das Ich des andern wahrnehmen, sehen wir nicht mehr seine Leiblichkeit. Das braucht nicht nur auf dem Weg übers Gehör zu gehen, wir können das oft auch unmittelbar im Blick des andern oder in seinen Gebärden sehen. Wir rühren hier an ein tiefes Geheimnis: Das Ich ist nicht eine Rasse, ein Stamm, ein Volk, ein Mann oder einer Frau; und es hat kein Alter.

Ich hoffe, Sie verstehen jetzt, warum ich die Sinnesorgane in einer Komposition behandeln mußte. Wir können sie nicht gesondert oder in willkürlicher Reihenfolge behandeln; Sie können auch niemals musizieren, wenn Sie nicht wissen, wo die Töne auf dem Klavier liegen. Sie haben nichts von einer unzusammenhängenden Sinneslehre, denn alles hängt in überraschender Weise zusammen.

Rudolf Steiner beschreibt in seinen Vorträgen über die Sinnesorgane, wie wir eigentlich immer innerlich in Harnisch geraten, uns innerlich wehren gegen das Ich eines andern, wenn wir mit jemandem im Gespräch sind oder wenn wir jemandem intensiv zuhören, weil wir fühlen, daß der andere – dessen Ich gerade so wichtig ist wie unser eigenes, weil er nämlich auch ein Mensch ist – in einer bestimmten Weise einen Anschlag auf uns verübt. Im achten Vortrag der *Allgemeinen Menschenkunde als*

Grundlage der Pädagogik, die Steiner 1919 für die Lehrkräfte der ersten Freien Waldorfschule in Stuttgart hielt, sagt er hierüber: «Stehen Sie einem Menschen gegenüber, dann verläuft das folgendermaßen: Sie nehmen den Menschen wahr eine kurze Zeit; da macht er auf Sie einen Eindruck. Dieser Eindruck stört sie im Inneren: Sie fühlen, daß der Mensch, der eigentlich ein gleiches Wesen ist wie Sie, auf Sie einen Eindruck macht wie eine Attacke. Die Folge davon ist, daß Sie sich innerlich wehren, daß Sie sich dieser Attacke widersetzen, daß Sie gegen ihn innerlich aggressiv werden. Sie erlahmen im Aggressiven, das Aggressive hört wieder auf; daher kann er nun auf Sie wieder einen Eindruck machen. Dadurch haben Sie Zeit, Ihre Aggressivkraft wieder zu erhöhen, und Sie führen nun wieder eine Aggression aus. Sie erlahmen darin wieder, der andere macht wiederum einen Eindruck auf Sie und so weiter. Das ist das Verhältnis, das besteht, wenn ein Mensch dem anderen, das Ich wahrnehmend, gegenübersteht: Hingabe an den Menschen – innerliches Wehren; Hingabe an den anderen – innerliches Wehren; Sympathie – Antipathie; Sympathie – Antipathie. Ich rede jetzt nicht von dem gefühlsmäßigen Leben, sondern nur von dem wahrnehmenden Gegenüberstehen. Da vibriert die Seele; es vibrieren: Sympathie – Antipathie, Sympathie – Antipathie, Sympathie – Antipathie.»[29] Sie merken den großen Unterschied zum Tastsinn: Wir können nicht mit innerer Abwehr tasten.

Sie begreifen, daß Sie immer wachbleiben müssen im Umgang mit anderen. Sektenführer wissen das. Sie verstehen, Menschen völlig in ihren Griff zu bekommen in genau dem Augenblick, wenn diese Menschen eine Phase von Ichschwäche durchmachen. Darum haben Sektenführer auch oft eine solche Angst davor, daß ihre Anhänger zu viel Kontakt mit anderen Menschen haben, weil bei den Ent-Ichten vielleicht doch wieder das natürliche Gefühl zurückkommt, daß es ein Mensch nicht verträgt, wenn ein anderer völlig Besitz von ihm ergreift, völlig in ihn eintaucht. Das Gespräch, der Umgang mit anderen, muß immer ein positiver innerer Kampf mit dem andern bleiben. Und das ist ein sehr wacher Prozeß, diese Ichwahrnehmung bei anderen. Dafür ist stets unsere völlige geistige Wachheit wichtig, die wir körperlich erlangt haben, indem wir zuerst den Tastsinn gut entwickelt und ihn im Anschluß daran wieder ausgewischt haben.

Dies ist das *Widder*-Prinzip (♈). Das Sternbild des Widders gibt uns ein Bild des gewaltigen Kampfes, den wir einander liefern, ohne uns gegenseitig aus den Augen zu lassen, dieses Kampfes, in welchem wir fortwährend mit dem andern konfrontiert werden, in welchem wir den andern in uns aufnehmen und ihn wieder zurückstoßen, um dadurch innerlich Raum zu schaffen, um uns selbst wieder zu stärken, um aufs neue gegen den andern anzugehen. Denn so muß es in einem Gespräch ablaufen. In einem Gespräch können wir nie in Trance geraten, uns nie verlieren, das wäre nicht gut. Andrerseits dürfen wir nie jemanden mit Gewalt überzeugen, denn so, wie unser eigenes Ich freibleiben muß, müssen wir auch das Ich anderer freilassen.

Und damit komme ich gleich zu den beiden großen Fehlern, die wir fortwährend begehen. Der eine besteht darin, daß wir uns dauernd verführen lassen durch prächtige Schlagzeilen, Werbeslogans und so weiter. Der andere darin, daß wir unsere Meinung oder Überzeugung dauernd durchzusetzen versuchen. Beides sind unerlaubte Anschläge auf das Ich. Im ersten Fall auf unser eigenes, im zweiten Fall auf das anderer. Wir sind oft so davon überzeugt, Recht zu haben, daß wir die Meinung anderer gar nicht berücksichtigen, den andern nicht selbst urteilen lassen. Sie wissen alle, daß es bei Konferenzen oft geschieht, daß wir zu einem bestimmten Beschluß kommen und daß wir uns später überhaupt nicht an diesen Beschluß halten. Nun, das ist ein Segen! Denn es ist sehr, sehr schwierig, ein Urteil abzugeben. Ein Urteil entsteht da, wo Menschen sich begegnen. Denn wenn auch eine Konferenz stattgefunden hat, in der man zu einem gemeinsamen Beschluß gekommen ist, einem felsenfesten Beschluß – vor allem dann, wenn viele Männer anwesend sind! –, dann spricht man in den Fluren noch einmal miteinander, man begegnet anderen, und man denkt noch einmal über den Entschluß, der getroffen worden ist, nach, man schläft noch einmal darüber – oder man hat im Gegenteil gerade eine schlaflose Nacht –, und am nächsten Tag sieht man es auf einmal anders. Dann haben wir unsere Meinung verändert. Und das ist urgesund. Denn anstatt daß Menschen miteinander verabreden, mal lieber nicht mehr darüber zu sprechen, weil eine Verabredung getroffen worden ist, an der man festhalten muß, ist es wichtig, daß Menschen ihren Ichsinn entwickeln und entwickeln lassen.

Sie fühlen aber, daß es uns auch passieren kann, daß wir uns jedes Mal wieder völlig von einer anderen Meinung, von einem anderen Ich blenden lassen. Und das ist die andere Seite, und für die ist das Widderprinzip nötig. Wir müssen die Mauer durchbrechen, aber dann müssen wir uns wieder zurückziehen, und die andern müssen wieder in uns ihren Platz finden können. Und das ist das Widderprinzip schlechthin.

Sie erkennen, daß unsere höheren Sinnesorgane noch beträchtlich entwickelt werden müssen. Bei autistischen Kindern funktioniert der Ichsinn schlecht. Eine Verbesserung läßt sich dadurch erreichen, daß der gegenüberliegende Sinn, der Tastsinn, besonders gepflegt wird.

Zum Abschluß will ich Ihnen noch eine Sache als Übung, als Beispiel mit auf den Weg geben, mit dem Sie ein bißchen spielen können. Unsere Sinnesorgane sind *Fähigkeiten* unseres Wesens. Und damit meine ich, daß es Fähigkeiten sind, die im Menschen tätig sind und die wir entwickeln können. Nun ist es so, daß diese Fähigkeiten im Verlauf unserer Entwicklung – und die fängt schon im embryonalen Stadium an – besonders an bestimmten Stellen zur Auswirkung kommen. Die Fähigkeit, sehen zu können, erschafft beispielsweise das Instrument Auge, und die Fähigkeit, hören zu können, erschafft das Gehörorgan. Und um dies zu erleben, komme ich jetzt mit der folgenden Übung.

Versuchen Sie einmal, wenn Sie einem Orchester lauschen, eine Weile nur auf die Flöte zu achten. Machen Sie das mit Ihren Ohren? Ja, natürlich brauchen Sie Ihre Ohren dazu. Aber welches Sinnesorgan ist ausdrücklich scharf einseitig wirksam? Das ist das Auge. Das Auge sieht nur einen Punkt im Gesichtsfeld scharf, und zwar mit dem «gelben Fleck» in der Netzhaut. Sie schaffen nur, einzig und allein die Flöte zu hören, wenn Sie «Ihr Auge durch Ihr Ohr stecken». Das ist eine Fähigkeit des Menschen, daß Sie ein Sinnesorgan auf einem anderen Platz als da, wo es normalerweise tätig ist, gebrauchen können. Sie *schauen* plötzlich mit den Ohren.

Ist das Umgekehrte auch möglich? Können wir hören, lauschen, mit unseren Augen? Ich zeige Ihnen hier drei rechteckige Figuren. Wenn Sie ein Heft oder ein Buch kaufen wollten, welcher Form würden sie dann den Vorzug geben? Doch wohl der mittleren: Die hat schöne «Proportionen». Die horizontale und die vertikale Linie

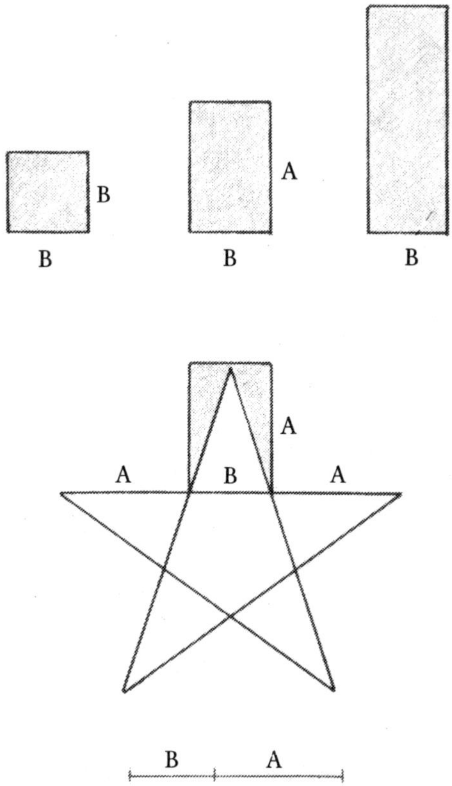

$$B : A = A : (B + A)$$

Das kleinere Stück (B) verhält sich zum größeren Stück (A) wie das größere Stück zum Ganzen (B + A)

stehen in einem harmonischen Intervall zueinander, dem *Goldenen Schnitt*. Das ist ein Verhältnis, das sehr viel in der Natur vorkommt und die Schönheit der Dinge bestimmt. Im Pentagramm finden wir dies Verhältnis auch in wunderbarer Form vor, wie Sie auf der Abbildung sehen. Merkwürdigerweise können wir es auch in Zahlen ausdrücken: etwa 8 zu 13. Aber das sehen Sie nicht. Das nehmen Sie nicht mit Ihrem Seelensinnesorgan Auge wahr, das hören Sie mit Ihrem Geistessinnesorgan Ohr.

Sie können also mit Ihren Augen hören. Sie müssen einmal in einem Museum darauf achten, wie Menschen ein Gemälde betrachten. Wissen Sie, was Menschen tun, wenn Sie die Schönheit eines Bildes aufnehmen wollen? Sie schauen nicht starr auf das Bild, sondern sie gehen ein paar Schritte zurück, sie wenden ihren Kopf ein wenig, und sie wünschen sich am liebsten Stille. Und das tun sie, weil Menschen die Harmonie eines Gemäldes, oder vielleicht die Dissonanzen des Gemäldes, aufnehmen, «hören» wollen, um es beurteilen zu können. Wenn wir das nur mit unseren Augen vermöchten, würden wir doch niemals weiter davon weggehen. Dann würden wir doch nie unseren Kopf schief halten und unser Ohr halb zum Gemälde wenden? Nein, wir wollen in Wahrheit auch mit unseren Augen hören, wie harmonisch das Ganze ist. Und das tun wir täglich. Sobald wir in die Welt der Schönheit kommen, können wir nicht nur mit unserem Auge wahrnehmen, können wir nicht bloß ein Seelensinnesorgan benutzen, sondern haben ein spirituelles Sinnesorgan nötig. Da müssen wir auch hören. «Sagt dies Gemälde mir etwas?» «Was für ein Gedanke befindet sich in dem Bild?» «Wer ist der Maler, wie finde ich sein Ich?» Das sind Fragen, auf die wir eine Antwort suchen mit Hilfe der vier Geistessinnesorgane, die sich jetzt des Augensinnesorgans bedienen.

Sie kennen vielleicht das wunderbare Gemälde «Der Säemann» von van Gogh. Es ist halb Erde und halb Himmel. Und auf der Grenze von Erde und Atmosphäre steht die Sonne. Und diese Sonne scheint gleichsam durch das Haupt des Säers. Das ist doch eine grandiose Komposition. Dahinter steht doch eine bewegende Idee, die Idee, daß der Mensch nur auf der Erde säen kann, wenn er mit der Sonne verbunden ist. Vielleicht verstehen Sie jetzt, was ich meine, daß durch das Auge hindurch auch die höheren Sinnesorgane tätig sind.

Ich habe Ihnen erzählt, wie wichtig es ist, den Geruch zuerst äußerlich zu entwickeln, um erleben zu können, was gut und was schlecht ist. Sie werden mit mir einer Meinung darüber sein, daß wir zur Zeit beinahe immer unsere Nase zuhalten müssen, wenn wir Bilderbücher für Kinder sehen. Wenn wir all die Karikaturen sehen, die einem Kind vorgesetzt werden, dann riecht das zuweilen sehr unangenehm. Um von den Zeichentrickfilmen einmal ganz zu schweigen. Wir können es überhaupt nicht fassen, wie viele Knallereien, Schocks, Zermalmungen, Mißbildungen, zügellose Erfindungen von Maschinen, Robotern, Superhelden, Ungeheuern in einem wahnsinnigen Tempo auf eine Kinderseele abgefeuert werden. Es ist erschütternd, daß Kinder am liebsten Werbespots anschauen: Da wird wenigstens etwas wiederholt! Weiß denn niemand mehr, daß ein gesundes Kind gerade an wenigem genug hat und daß es das Wenige immer wieder aufs neue erleben will? Stellen Sie sich einmal vor, daß wir nie dasselbe essen würden!

Es wäre sehr wichtig, wenn wir wirklich die Sinnesorgane als Lehrmeister nehmen würden und das eine Sinnesorgan in dem andern zu würdigen wüßten. Dann können wir beispielsweise das Riechvermögen, mit dem wir erfahren, ob etwas schmutzig oder rein ist, verinnerlichen, so daß dieses Sinnesorgan in anderen Sinnesorganen gebraucht werden kann. Dann lernen wir zu entdekken, daß etwas brillant, raffiniert gezeichnet oder fabriziert sein kann, daß es aber dennoch vollkommen geschmacklos, amoralisch ist. Genialität garantiert nichts.

Wenn Sie wollen, kann ich Ihnen nun, da wir am Schluß unserer Darstellung angekommen sind, noch ein paar Themen nennen, mit denen Sie sich weiter beschäftigen mögen. Das Gebiet ist unerschöpflich.

1. Mut und Lebenssinn
2. Mut und Wärmesinn
3. Zusammenspiel von Sehsinn und Geschmackssinn
4. Zusammenspiel von Tastsinn und Auge
5. Polarität zwischen der Zartheit beim Tastsinn und dem Kämpferischen beim Ich-Sinn
6. Vergleichende Studien über die Ohrmuschel bei Mensch und Tier, speziell bei der Fledermaus
7. Icherfahrung beim Gleichgewichts-, Wärme- und Ichsinn
8. Vergleich zwischen Auge und Sehen einerseits und weit ausgestreckten – unsichtbaren – Armen andererseits (das Auge selbst ist dabei wie das Oberarm-Schultergelenk zu nehmen)
9. Vergleich zwischen den Gehörknöchelchen und den Beinen: zusammengeschrumpfte und gebrochene Beine
   – Steigbügel: Stückchen vom Hüftbein, verwachsen mit Oberschenkelbeinhälfte
   – Ambos: halber Oberschenkel und halber Unterschenkel, gebogen und zusammengewachsen
   – Hammer: halber Unterschenkel, verwachsen mit dem Fuß auf dem Trommelfell (Schwimmfuß)
10. Für diejenigen, die die *Geheimwissenschaft* Rudolf Steiners kennen:

Zusammenhang der planetarischen Erdenphasen mit den Sinnesprozessen:
– Saturn – Löwe – Wärmesinn
– Sonne – Skorpion – Lebenssinn
– Mond – Wassermann – Riechsinn (Instinktsinn)
– Erde – Stier – Denksinn (Opfersinn)

Ich hoffe, daß ich Ihnen für den Rest Ihres Lebens «Hausaufgaben» aufgegeben habe. Mit «Haus» meine ich nicht nur Ihr eigenes Haus, sondern vor allem unser aller großes Haus, das Weltenall. Mit einem guten alten Wort: das Sonnenhaus.

7. Schlußbetrachtung

Der Ichsinn und das «historische Gewissen»

Denn falsche Christusse und falsche Propheten werden auftreten und große Zeichen und Wunder verrichten, um womöglich sogar die Auserkorenen irrezuführen.

Matthäus 24, 24

Wir Menschen sollten alle Sinnesorgane so gut wie möglich gebrauchen lernen. Aber letztlich geht es doch um den Ichsinn, das Sinnesorgan für die Begegnung von Mensch zu Mensch. Es ist das Sinnesorgan, mit dem wir in erster Linie all den Menschen begegnen, mit denen gemeinsam wir eine Zeitepoche gestalten. Das Sinnesorgan, mit dem wir aneinander aufwachen können, mit dem wir am andern erleben können: Welches ist sein Auftrag? Welches der meine? Der Bewohner des einen Hauses lernt den Bewohner des anderen kennen.

Für eine Begegnung sind zwei Voraussetzungen unentbehrlich: erstens die Aktivität eines anderen Ich, des Senders, und zweitens die meinige, die des Wahrnehmenden, des Empfängers. Wir sprechen gegenwärtig gern vom Charisma, der Ausstrahlung eines Individuums. Aber wir können ebenso viele Charismen unterscheiden, wie es in der Welt Mineralien, Pflanzen und Tiere gibt. Wir würden niemals zur Selbsterkenntnis kommen, ohne immer wieder übend zu erfahren, daß der andere, obwohl ein Mensch wie wir, doch auch wieder wesentlich anders ist.

Unser Wort, unseren Begriff «Wesen» würden wir niemals bilden können ohne das fortwährende Wahrnehmen unserer Mitmenschen. Wir könnten den Ichsinn auch «Wesensinn» nennen.

Ich beginne mit einem Beispiel. Wenn ein Lehrer seine Kinder unterrichtet, muß er dafür sorgen, daß sie dabei sind, daß sie anwesend sind. Ein Kind kann den Lehrer mit großen Augen tief anblicken, alles in sich aufsaugend, was er zu geben hat. So scheint es. Später aber stellt sich heraus, daß es nichts aufgenommen hat, daß es überhaupt kein Interesse gehabt hat. Es war nicht anwesend, es hat nur seine Traumwelt genossen. Ein anderes Kind spielt die ganze Zeit über mit seinem Bleistift, hört nicht zu. So scheint es. Viel später – und das kann Jahre später sein – kommt der Lehrer dahinter, daß sein Unterricht einen lebensbestimmenden Einfluß auf das Kind ausgeübt hat. Es war vollkommen anwesend.

Ein anderes Beispiel. Einer der Lehrer Rudolf Steiners war der Germanist Karl Julius Schröer. Seine Vorlesungen wurden immer schlechter besucht. Mit großer Mühe schaffte es Rudolf Steiner eine Zeitlang, noch einige Mitstudenten zu Schröers Vorlesungen zusammenzutrommeln, so daß sie wenigstens fortgesetzt werden konnten. Schließlich konnte er niemanden mehr finden. Er ging allein. Schröer nahm ihn mit zu sich nach Hause. Da wurde Steiner von ihm mit den «Oberuferer Spielen» in Berührung gebracht, die an den Waldorfschulen jetzt jedes Jahr von den Lehrern für die Kinder aufgeführt werden (das Paradeisspiel, das Christgeburtsspiel und das Dreikönigsspiel). Hatte Schröer Charisma? Für Rudolf Steiner ein sehr großes, für andere nicht.

An diesen Beispielen sehen Sie das Lebensproblem in seinem ganzen Umfang. Sind wir selbst immer so anwesend, daß wir das Anwesendsein des anderen wahrnehmen? Sicher nicht während des Schlafes, nicht während des Schlafwandelns, nicht in Panik, nicht während einer schweren Depression, nicht wenn wir in einem Wahn befangen sind. Auch nicht bei Gebrauch von Alkohol; dann wird alles gerade unecht. Wieviel Drogen und Arzneien schlucken Menschen auf Kosten ihres Anwesendseins! Wieviele der Tausenden von Menschen sind während eines Fußballspiels anwesend? Wieviele Menschen sind anwesend bei Massenzusammenkünften, seien sie politischer oder religiöser Art? Wieviele Arten, die Zeit totzuschlagen, des Zeitvertreibs, der Zerstreuung «ent-ichen» den Menschen!

Selbstverständlich sind wir nicht anwesend, wenn wir unter Hypnose stehen. Nach dem Erwachen aus der Hypnose kann der Mensch sich nicht mehr an das erinnern, was er erlebt hat. Das ist die tiefste Form der Hypnose. Aber wir dürfen nicht vergessen, daß auch leichtere Formen «ent-ichend» wirken. Viele sogenannte Entspannungsübungen beruhen darauf. Die Gruppenleiter sprechen der Gruppe mit monotoner Stimme beruhigend zu. Zum Beispiel so: «Stellen Sie sich vor, daß Sie herrlich auf einer Wiese liegen und sich von dem Blau des Himmels aufnehmen lassen.» Es geht darum, daß Sie sich von den Bildern mitnehmen lassen, die er bei Ihnen hervorrufen will. Oft gehen solche Übungen daher auch im Liegen vor sich, oft benutzt man Bandaufnahmen. Sie werden bei Rudolf Steiner niemals solche «Entspannungsübungen» finden. Die Übungen, die er gibt, verlangen, daß man sich bemüht, sich anstrengt, daß man sich in einen wertvollen Inhalt vertieft. Wir gelangen also zu einer Dreiheit: Entspannung – Anspannung / Bemühung – Verkrampfung. (Wir kommen auf dieses Dreierprinzip noch zurück.)

Es handelt sich also um geistige Bemühung. Das endlose Herunterbeten von Mantren, Gebeten oder Sprüchen ist etwas anderes. Dabei geht die Intensität verloren, und der Mensch entartet zur Gebetsmühle.

Lassen Sie uns noch einmal zum Phänomen der Ausstrahlung zurückkehren. Hatte Hitler eine starke Ausstrahlung? Nach Meinung von Millionen von Menschen – nun, wenn Sie daran zweifeln ... nach Meinung seines Architekten Albert Speer, eines seiner nächsten Mitarbeiter, der sein volles Vertrauen zu genießen schien, überhaupt nicht! Viele fanden, daß Hitler strahlend blaue Augen hatte. Speer zufolge hatte Hitler ausgesprochen leere Augen. Aber Hitler war, vor allem während seiner Reden, besessen! Wir sehen hier also einen Menschen, der in so starkem Maße nicht anwesend ist, daß ein anderes Wesen diesen leeren Platz einnehmen kann. Mediale Menschen sind per definitionem nicht anwesend, sondern sozusagen durchlässig für andere Wesen. (Einige behaupten sogar zu wissen, welche Geister durch sie hindurch sprechen. Daß Verirrungen hier den Ton angeben, bedarf keiner Erläuterung.)

Ein wirklicher Künstler ist gerade das Gegenteil eines Mediums; er ist ein Vermittler, der vollkommen anwesend sein muß, um beispielsweise einen Mozart anwesend sein zu lassen.

Eine starke Behinderung des Ichsinns ist auch das entstellte Gesicht des anderen, sei es angeboren, sei es als Folge einer Krankheit oder eines Unfalls. Aber auch ein sehr «schönes» Gesicht, ein sehr «schöner» Körper kann ein Hindernis sein. Viele Hollywoodfrauen haben dadurch unendliche Tragödien erleben müssen. Wirkliche Begegnungen kamen nicht zustande.

Goethes Faust endet mit den Worten «Das Ewig-Weibliche / Zieht uns hinan.» Es hängt nun entscheidend davon ab, ob wir die Betonung auf «weiblich» oder auf «ewig» legen. Im ersten Fall funktioniert der Ichsinn nicht, dann geht es nur um den sterblichen, körperlichen Menschen; erst im zweiten Fall wird der Ichsinn angesprochen.

Viele Kinder haben Gott sei Dank eine segensreiche Ausstrahlung auf uns, selbst auf Menschen, die in ihrem Leben etwas «heruntergekommen» sind, auf einen Trunkenbold beispielsweise. Auch behinderte Kinder sind oft Vorbilder dieser sonnigen Ausstrahlung. Das beginnt schon sehr früh, nach wenigen Wochen, wenn das Kind die Mutter zum ersten Mal anlächelt.

Bei keinem anderen Sinnesorgan ist dieses Selbst-Anwesendsein in so starkem Maße die Voraussetzung dafür, den anderen wahrzunehmen. Wir müssen also fortwährend auf uns selbst achten. Das Tierkreiszeichen, das zum Ichsinn gehört, wird oft als zurückschauender Widder wiedergegeben:[30]

Aus: Gaius Iulius Hyginus, De Sideribus Tractatus (15. Jahrhundert)

Das Schauen auf sich selbst ist also die zweite Voraussetzung. Farben, Klänge, Gerüche, Geschmack verlangen keine starke Anwesenheit. Wir brauchen nicht immer mit voller Aufmerksamkeit bei den Farben, Klängen und Düften unserer Umgebung zu sein. Beim Ichsinn ist dies die absolute Voraussetzung. Wir erleben es unmittelbar als etwas Unhöfliches, wenn der Gesprächspartner keine Aufmerksamkeit zeigt.

Bei keinem anderen Sinnesorgan ist es auch von so großer Bedeutung, daß wir das Denken, das Urteilen, das Vorurteilen lange genug zurückhalten. «Wie siehst du doch deinem Vater ähnlich» ist keine Wahrnehmung des Ichsinns. Jeder Mensch ist gerade anders, jeder Mensch ist seine eigene Art. Eine Hebamme wird sagen: Ich habe Hunderte von Kindern auf die Welt kommen sehen. Viele werden sagen: Ich habe Menschen sterben sehen. Wir alle sagen: Ich habe Babys, Kinder, Menschen schlafen sehen. Ist dies möglich? Sehen wir wirklich einen Menschen schlafen? Wir sehen lediglich körperliche, sinnenfällige Erscheinungen. Er atmet zum Beispiel anders. Beim Schlafen liegt die Betonung auf dem Ausatmen. Und aus Erfahrung wissen wir: Also schläft er. Aber das ist ein Gedanke, ein Urteil, keine Wahrnehmung. Ebenso bei Geburt und Tod. Wir sehen nur die körperliche Seite. Erst wenn das Wesen geboren ist, kann unser Ichsinn funktionieren. Auch am Schreien des Kindes nehmen wir wahr, daß es auf der Erde ist. Die Hineinsenkung des Ich selbst in den Körper, die durch die Atmung geschieht, sehen wir nicht. Dazu müßte man ein Hellsehender sehr hohen Grades sein. So ist es auch beim Sterben. Wir können dem Ich, das den Körper verläßt, nicht folgen. Ebensowenig können wir dem Ich während des Schlafzustandes folgen. Vom schlafenden Menschen glauben wir zwar, daß das

Ich nicht plötzlich verschwunden ist, da er nach einem überschaubaren Zeitraum wieder aufwacht. Doch ruft es merkwürdigerweise noch große Widerstände hervor, über ein Ich zu sprechen, das vor der Geburt und nach dem Sterben existiert.[31]

Unser Ich ist also hinter vielen Schalen verborgen. Wir sind einer Rasse, einer Familie und einem Geschlecht «naturverbunden». So sind wir auch einem Volk mit seiner Sprache «kulturverbunden». Und wir sind einer Zeitepoche verhaftet, wir sind Kinder unserer Zeit. Diese Schalen haben wir alle, wir sind es nicht. Aber das sagt nicht, daß wir dieses alles unwichtig finden dürfen und uns selbst auf einen Schlag «Weltbürger» nennen sollen. Gerade indem wir uns in die große Vielseitigkeit vertiefen, bereichern wir uns selbst. Und dies gilt am meisten für die Zeit, in der wir leben. Wir können unsere Zeit nicht verstehen, wenn wir sie nicht im Zusammenhang mit den vorhergehenden Epochen sehen. Was haben wir unseren Vorfahren zu danken?! Was sind wir ihnen für die Zukunft schuldig?!

Rudolf Steiner hat unendliche Mühe auf sich genommen, den tieferen Sinn der Geschichte auf die umfassendste Weise zu enthüllen. Ich muß Sie dafür auf das grundlegende Werk *Die Geheimwissenschaft im Umriß*[32] verweisen. In diesem Werk wird ausführlich die große Bedeutung der Kulturepochen behandelt: die altindische Epoche, die altpersische Epoche, die ägyptische Epoche und die griechisch-römische Epoche. Alle diese Kulturepochen, deren jede 2160 Jahre dauerte, haben an der Formung unserer Seele mitgewirkt. Die altindische Zeit, deren Niederschlag in großen literarischen Werken wie dem Mahabharata oder der Bhagavad-Gita auf uns gekommen ist, hat uns mit den göttlichen Mächten, die hinter unserer Schöpfung stehen, vertraut gemacht. Die persische Kultur hat uns gelehrt, wie wir die Erde bearbeiten und sie fruchtbar machen müssen. Den Babyloniern und Ägyptern danken wir unter anderem die Sternenkunde, den Griechen den Kunstsinn und das philosophische Denken und den Römern alles, was mit dem Rechtsgefühl zusammenhängt. Jede Epoche hat ihre erneuernden Impulse, aber auch ihre dekadenten Erscheinungen.

Wir leben jetzt in einer bemerkenswerten Epoche; Rudolf Steiner hat sie das Zeitalter der Bewußtseinsseele genannt (1413 – 3573). Ein Zeitalter beginnt niemals plötzlich; die vorangehende Epoche wirkt noch darin weiter. Aber in der Zeit, in der wir jetzt leben, kommt das Typische der Bewußteinsseele schon sehr deutlich zum Vorschein. Man könnte es so charakterisieren: Aller äußerer Halt geht verloren. Ganz aktuell erkennen wir es daran, daß der Mensch keinen Halt mehr im Glauben findet. Auch daran, daß Rang und Stand sich verwischen und auch, daß man nicht mehr weiß, was man werden soll, welchen Beruf man wählen soll – all das sind Beispiele dafür. Auch daß man den Familiennamen nicht mehr wichtig findet, weist darauf hin, daß die Menschen sich auf ihr Ich zurückgeworfen fühlen. Diese Individualisierung bringt unweigerlich Einsamkeit mit sich. Hieraus begreifen wir auch, daß es eine zunehmend größere Rolle spielt, sich aus dieser Einsamkeit erlösen zu wollen. Das ist das Suchen nach einem neuen Halt, einer neuen Identität in Gesprächsgruppen, Sekten, Massenkundgebungen und so weiter. Dem steht merkwürdigerweise gegenüber, daß wir doch oft noch sehr viel Wert auf Titel legen. Eine Berühmtheit, eine Autorität, aber auch ein Arzt, ein Pfarrer, ein Richter oder Rechtsanwalt werden schon im voraus hoch eingeordnet. Selbstverständlich können sie damit Mißbrauch treiben. Die Unbefangenheit, die für den Ichsinn notwendig ist, wird hierdurch behindert.

Es geht also darum, das «historische Gewissen» aufzuwecken. Wir können an der Zukunft nur dann bauen, wenn wir fest auf dem Grunde der Vergangenheit stehen. Aus Schutt ist niemals etwas entstanden. Die Geschichte beginnt nicht mit Napoleon, und noch weniger mit dem Urknall. (Man kann genau angeben, wann dieser Urknall stattgefunden hat: nicht vor Millionen von Jahren, sondern erst in diesem Jahrhundert, in dem Gehirn einiger Hochgelehrter, also ein ganz junges Brutkastenbaby, das nur dank künstlicher Behandlung ein armseliges Dasein fristen kann.) Wir können unsere Kleinheit dadurch erleben, daß wir die Geschichte großer Gestalten studieren. Das kann uns dazu impulsieren, ihnen als einem Ideal nachzustreben. Das entwickelt unseren Ichsinn. Diese großen Vorbilder waren nicht nur Kinder ihrer Zeit, sie waren vielmehr gerade empfänglich für das Zeitlose, das Ewige. Man spricht zu Recht von dem Ewigen in den Werken großer Denker, in Kunstwerken, in religiösen Erlebnissen.

Im täglichen Leben können wir es lernen, unseren Lebenspartner nicht nur als «meine Frau» oder «meinen Mann» wahrzunehmen, sondern als das Ich eines Menschen. Ebenso können wir die Familienbande in ihrer Einseitigkeit überwinden, indem wir unsere Kinder als Eigenwesen, befreit von allem Erbmäßigen ansehen.

Die Entwicklung des Ichsinns ist, wie gesagt, von vielen Seiten bedroht. Der beste Halt in dieser verwirrenden Welt ist in der Seelenkunde des Aristoteles zu finden. Aristoteles geht nicht von Polaritäten aus, etwa von feige gegenüber mutig, sondern von einer Dreiheit: feige – mutig – übermütig. Andere Beispiele sind:

Haß – Liebe – übertriebene Liebe (Affenliebe)
verbrecherisch – heilig, fromm – scheinheilig
schreien – argumentieren, beweisen – einflüstern
Unglaube – Glaube – Aberglaube
konservativ – geistesgegenwärtig – radikal
Isoliertheit – Geistgemeinschaft – an die Masse glauben

Ich werde nun einige der genannten Gegensätze erläutern.

Schreien bedeutet hier auch: mit Gewalt überzeugen wollen, schreiende Reklame, auffallende Kleider, äußerliches Sich-Zeigen, Glamour, Parfums, Schockieren und so weiter. – *Einflüstern* betrifft hier zum Beispiel auch die Anwendung von Schleichwerbung, aber auch das Aussprechen schöner, moralisierender Sätze wie: «Der Mensch ist ein einzigartiges Wesen» oder «Man muß natürliche Nahrung zu sich nehmen» oder «Der Mensch muß zu einem sozialen Wesen erzogen werden». Das Ideal bekommt erst einen Sinn, wenn es verwirklicht wird. Rudolf Steiner gibt an, daß das Erziehen zu einem sozialen Wesen für das Kind bedeutet, daß der Rechenunterricht nicht mit Zusammenzählen beginnen darf. Das ruft gerade Egoismus hervor. Dies ist also ein Beispiel dafür, daß man heute in der Realität meist so handelt, daß das Ideal gerade unterminiert wird. Der Rechenunterricht sollte mit dem Teilen, mit dem Verteilen beginnen. Die Mutter des Kindes ist das Vorbild dafür, wenn sie die Torte in Stücke aufteilt. Hier liegt das soziale Element. Alles weitere finden Sie in den pädagogischen Vorträgen Rudolf Steiners.

Aberglaube: an Wunder glauben (weinende Heiligenbilder, Marsmännchen, die in Kornfeldern Zeichnungen fabrizieren, Fakire, Wundertäter, Zauberer, die Ringe aus dem Nichts schaffen). Unter Aberglaube müssen wir auch das verstehen, daß gerade sehr erhabene Bilder ganz grob äußerlich-materialistisch gedeutet werden, also: Engel mit Flügeln, Gott als alter weiser Mann mit einem Bart, und die Wunder: das Verwandeln von Wasser in Wein, übers Wasser gehen, die Speisung der Fünftausend und das Kommen auf einer Wolke. Der Ungläubige neigt schnell dazu, dergleichen zu verspotten. Spötter haben meist sehr wenig Selbsterkenntnis, und es dauert lange, bevor sie erkennen, daß sie sich selbst verspotten. Man sollte sich die Mühe machen, diese Beschreibungen als Bilder von Bewußtseinszuständen höherer Gebiete zu betrachten. Ein Gaukler ist ein gesunder Gegenspieler des Wundertäters.

Bei der *Isoliertheit* geht es um das Gefühl, auserwählt zu sein, wie es so typisch bei Sekten ist, um Fanatismus, um auserwählte Ordensgründungen. – Beim *Glauben an die Masse* geht es um das Prinzip: Wer die meisten Stimmen hat, hat Recht. Sie können selbst an diesem Thema weiterspinnen. – Unter *Geistgemeinschaft* können wir eine Gruppe von Menschen verstehen, die sich für ein gemeinsames Ideal einsetzen. Beispielsweise für den Schutz der Natur, den Erhalt von Kulturgütern und Kunstwerken. Oder mehr in die Zukunft gerichtet: pädagogische oder künstlerische oder soziale Erneuerung, religiöse Impulse, das Entwickeln einer spirituellen Wissenschaft. Wunderschön sind in diesem Zusammenhang die folgenden Worte Goethes über das Schmieden geistiger Gemeinschaftsbande: «Geselligkeit lag in meiner Natur; weswegen ich bei vielfachem Unternehmen mir Mitarbeiter gewann und mich ihnen zum Mitarbeiter bildete und so das Glück erreichte, mich in ihnen und sie in mir fortleben zu sehen.» (Sprüche in Prosa.)

Als letzte und sehr wichtige Dreiheit nenne ich: der Einzelgänger (der Sonderling, der Autist) – der Lebenskünstler – der Allerweltsfreund.

Wenn Sie die Autobiographie Rudolf Steiners *Mein Lebensgang* lesen, werden Sie erstaunt sein über die große Anzahl von Menschen, denen er begegnete, und darüber, wie fruchtbar diese Begegnungen für ihn waren. Die Anzahl der Begegnungen wird verwirrend, wenn Sie die diesbezüglichen Mitteilungen in seinen Vorträgen und übrigen Werken noch hinzuzählen. Überall finden Sie reiches Material zum Thema Lebenskunst.

Sehr wichtig für die Begegnung ist es, zu begreifen, daß ein Mensch verschiedene Rollen spielt. Sie lernen einen Menschen ganz anders kennen, wenn Sie mit ihm zusammenarbeiten müssen, als wenn sie ihm nur im Freundeskreis begegnen. Ein Lehrer bekommt einen völlig anderen Eindruck von einem Kind, wenn er es auf der Klassenreise wahrnimmt, als wenn er es nur im Schulalltag erlebt. Ebenfalls wichtig ist es, sich mit anderen darüber auszutauschen, wie sie einen bestimmten Menschen wahrgenommen haben. Man merkt dann, wie einseitig man den anderen wahrnimmt. Auch wenn Sie eine gute Ehe führen, können Sie viel daran lernen, wie andere Menschen Ihrem Partner begegnen. Wir alle kennen das Gefühl der Trauer, wenn jemand stirbt und wir in dem Augenblick erst empfinden, wie eng und einseitig wir ihm begegnet sind.

Eine nicht zu unterschätzende Gefahr für den Ichsinn ist es, aus der menschlichen Begegnung eine Art Schachspiel zu machen. Das aber geschieht, wenn man sich beispielsweise vornimmt: Wenn er das sagt, werde ich so dagegenhalten; und wenn er das sagt, dann werde ich das dagegenschleudern. Man darf eine Begegnung niemals im voraus festlegen. Aber am gefährlichsten ist es vielleicht, das Element der Brüderschaft als Grundlage zu nehmen, wie sozial das auch erscheinen mag. Wir verabreden dann – in vielen Gruppenbildungen spielt das eine große Rolle –, immer freundlich und hilfreich zueinander zu sein, niemals zu diskutieren, alle Meinungen so bestehen zu lassen, wie sie sind! Könnte man sich ein besseres Ideal ausdenken? Positives Denken heißt hier die Parole. Doch dann kommt das Streithafte des Ichsinns nicht zu seinem Recht, und man verbleibt in einer Atmosphäre selbstgenügsamen Beisammenseins. Die Entwicklungsimpulse von Ich zu Ich verflachen zu gegenseitiger Genüßlichkeit. Die Entwicklung bleibt dann leider stehen. Es ist nichts anderes als eine Art Selbstbetäubung. – Wenn uns dagegen jemand grob behandelt, neigen wir schnell zu dem Urteil: Jetzt kommt erst sein wahres Wesen zum Vorschein. Ebenso könnte man aber sagen: Ich kann seine Gegenwart im Augenblick nicht gut ertragen.

Unsere gesamte Darstellung braucht noch eine letzte Verinnerlichung der Frage: Wo sind wir als Mensch? Wir neigen dazu, schlicht zu antworten: Nun ja, hier auf der Erde. – Gibt dieses Wort hier, an diesem Ort, wirklich eine Antwort? Wir haben bei der Behandlung des ersten Sinnesorgans, des Tastsinns, darauf hingewiesen, daß dieses «Hier-Gefühl», dieses körperbegrenzte Gefühl gerade nur diesem Sinnesorgan zu verdanken ist. Also der Begriff Inkarnation, «im Fleisch sein», gilt nur für dieses Sinnesorgan.

Erst wenn wir uns von diesen Erfahrungen des Tastsinns lösen, kommen wir zu einer besseren Antwort. Wir sind nicht in einem äußeren Raum anwesend, sondern in einem bestimmten inneren Bewußtseinszustand, einem bestimmten Bewußtseinsgebiet. Wir sprechen völlig zu Recht von der «Welt» der Seele, vom «Reich» des Geistes. Jedes Sinnesorgan verfügt über ein bestimmtes Gebiet.

Im täglichen Leben benutzen wir dieselbe Sprache für das äußerlich-räumlich Tastbare und für das raumlose Innerseelische. Wir nennen den Ausdruck dann «sinnbildlich» oder «im übertragenen Sinne». Unser Körper hat eine bestimmte Größe. Aber wenn wir sagen: er war ein großer Mensch, dann ist jeder irdische Maßstab sinnlos. Was wir essen, hat ein bestimmt anzugebendes Gewicht. Aber wenn jemand etwas Gewichtiges vorzubringen hat, fragen wir nicht nach der Anzahl der Kilo. Weitere Beispiele: den Lehrstoff, ein Buch verschlingen, zwei aufeinanderstoßende Meinungen, vor einem Abgrund stehen. – Dies alles ist zu bedenken, ist wichtig, um den Materialismus langsam zu überwinden. Und es ist so notwendig, um den Ichsinn zu reinigen. Wir nehmen wahr, daß ein Ich hier mir gegenüber anwesend ist. Aber dieses Ich selbst ist nicht hier oder dort in äußerlichem Sinne zu verstehen. Und das allergrößte Wunder ist: Wenn ich Homer lese, so ist Homer hier (in mir) anwesend und ich in Homer (dort).

Noch einmal das Beispiel «vor einem Abgrund stehen». Dies ist im übertragenen Sinne oft viel wirklicher als im normalen, äußeren Sinne. Andere Formulierungen wie die bereits genannten – «Gott, der Vater mit einem langen Bart», «Engel mit Flügeln», «Christus, der übers Wasser geht» – können überhaupt nur im übertragenem Sinne und nicht äußerlich materialistisch verstanden werden.

Seit dem Beginn des Zeitalters der Bewußtseinsseele finden wir uns also auf eine neue Weise in der Welt. Durch die Entdeckungsreisen ist es selbstverständlich geworden, daß alle Menschen auf der Erde zwischen Erdmittelpunkt (die

Erde ist eine Kugel) und Himmelsraum stehen. Damit beginnen wir zwei miteinander zusammenhängende Verantwortlichkeiten zu begreifen: die Verantwortung füreinander und die für die Natur, für Mutter Erde. Der Keim, der Kern alles dessen, was wir mit «Christentum» ausdrücken, ist in dem Christuswort zusammengefaßt: «Vater unser, der du bist in den Himmeln» (Mt 6,9). Das ist nicht der Vater, der uns einen Leib vererbt hat, sondern der Geistvater unseres «Ich», den jeder nicht hat, sondern der jeder ist. Das Einzigartige, Nicht-Erbliche. Das Ideal der Geistbruderschaft leitet sich her aus der Verantwortung gegenüber dem Vater, wie er im «Vater unser» angesprochen wird, unserem Geistvater; und die Ehrfurcht und Fürsorge für die Natur leitet sich aus der Verantwortung gegenüber der Mutter Erde her, wie in einem «Mutter unser». Unsere Geistmutter. Denn die Erde ist auch ein geistiges Wesen.

Den eindringlichsten Aufruf, aneinander zu erwachen, finden wir historisch im dreiunddreißigsten Jahr unserer Zeitrechnung, als Jesus Christus und mit ihm zwei Verbrecher auf Golgatha ans Kreuz geschlagen wurden. Hier wurde der Ichsinn, der Wesensinn, in allerhöchstem Maße auf die Probe gestellt.

Einer von den gehängten Verbrechern lästerte ihn: Bist du nicht der Messias? So rette dich und uns! Aber der andere erwiderte vorwurfsvoll: Hast auch du keine Ehrfurcht vor Gott, da doch das gleiche Urteil an dir vollstreckt wird? Und an uns gerechterweise, denn wir empfangen den Lohn für unsere Taten; dieser aber hat nichts Unrechtes getan. Und er sprach: Jesus, denke an mich, wenn du in dein Reich kommst. Und Jesus sprach zu ihm: Amen, ich sage dir: Heute wirst du mit mir im Paradiese sein.

Lk 23, 39-43

Hierin ist der Auftrag enthalten, den Ichsinn zu reinigen. Es ist ein langer Weg: den Ärger überwinden, jemanden ertragen, die Last des andern tragen, sie ihm erleichtern, ihm vergeben, ihn lieben, auch wenn er unser Feind ist. Nur der Christus in uns macht es uns möglich, diesen Weg zu gehen. Denn – so sagt die «Doxologie» (Lobpreisung), mit der die Christenheit aus dem Ichsinn heraus auf das ihr geschenkte Gebet antwortet:
«Denn Dein ist das Reich und die Kraft und die Herrlichkeit, in Ewigkeit. Amen.»

In diesem Kursus haben wir eine Reihe von Sinnesorganen behandelt. Im Wesentlichen ist dies ein Entwicklungsweg vom Tastsinn zum Ichsinn. Mit dem Tastsinn nahmen wir Abschied von unserem Ursprung, dem Paradies, dem Garten Eden. Mit dem Ichsinn begegnen wir den Mitbrüdern und Mitschwestern, mit denen wir die neue Kultur gründen sollen: die aus dem Himmel sich herabsenkende heilige Stadt, das Neue Jerusalem, die neue Mutter Erde, die Braut Christi, das Lamm.[33]

Nachwort

Rückblick – Besinnung – Hinblick auf die anthroposophische Bewegung

Durch Religion werden die
Menschen erst recht eins.
Novalis

In der anthroposophischen Geisteswissenschaft unterscheiden wir drei Lebensquellen. Als erstes die Nahrungsquelle, bestehend aus festen und flüssigen Stoffen; eindeutig wägbare, stoffliche Erdensubstanzen. Als zweites die Luftquelle, die Atmosphäre, aus der wir atmen. Und als drittes die Welt der Wahrnehmungen, die Sinnesorganquelle, um die es in diesem Kursus ging: unwägbar, unsubstantiell, qualitativ. Alle Erfahrungen der Sinnesorgane können in diesem Sinne zusammengefaßt werden als «Licht», als «Anti-Schwere». Dieses Gebiet ist für uns natürlich das wichtigste. Wenn wir nur essende und atmende Wesen wären, wären wir jetzt nicht hier. Wir sind erst hier durch unsere dritte Lebensquelle: unser Bewußtsein. Wir werden jetzt nicht anfangen, darüber zu diskutieren, wie es damit im Schlaf oder nach dem Tode aussieht. Auf der Erde leben wir, wenn wir Bewußtsein haben, also wahrnehmen. Wir verinnerlichen die Welten unserer Sinne. Jeder von uns macht sich seine Welt daraus – hoffentlich mit weitem Horizont. Essen und Atmen versorgen unseren vergänglichen Leib. Mit den inneren

Reichen fangen wir selbst an, an unserem unsterblichen Leib zu arbeiten – natürlich nicht, um stofflich tausend Jahre alt zu werden. Es handelt sich darum, daß wir immer wacher und bewußter werden, damit wir nach dem Tode helfende, schaffende Wesen sein können.

Mit vollem Recht macht man sich, und sei es nur aus Angst, aus Selbsterhaltungstrieb, große Sorgen über die Vergiftung der beiden ersten Lebensquellen: Land, Seen, Meere, die Atmosphäre werden immer mehr zu Giftmüllkippen. Noch allzu wenig realisieren wir, wie sehr auch die dritte Lebensquelle vergiftet ist.

Sicher, überall ertönt der Ruf «Mehr Ehrfurcht!». Aber diese kann nur aus einer Ehrfurcht erweckenden Lebensanschauung entwickelt werden. Wenn wir als Lernstoff schlucken müssen – denn alles ist ja felsenfest zu berechnen –, daß die ganze Welt aus einem Urknall entstanden ist und in einen Wärmetod ausbummeln wird; daß unser Gehirn ein Computer, das Herz eine Pumpe, unsere Leber ein chemisches Labor ist; daß alles aus Vererbung, Hormonen und Genen zu begreifen ist, kurz, daß wir ein Fabrikprodukt sind – ja, dann muß natürlich alles Nicht-Perfekte, natürlich auf möglichst humane Weise, verschwinden. Am besten selbstverständlich schon vor der Geburt! Aber auch während des Lebens soll es am besten sein, den nicht gut funktionierenden Computer freiwillig-sozial zu eliminieren.

Sie finden das alles schon ausführlich dokumentiert bei Ernst Haeckel (1834 – 1919), zum Beispiel in seinem Buch *Die Welträtsel.* Haeckel war der konsequenteste Materialist. Im übrigen war er Arzt, Zeichner, großartiger, liebevoller Naturbeobachter – und der liebenswürdigste Mensch, den man sich denken kann. Und er hat auch von seinen Anschauungen nichts praktiziert.

Aber was für einen Unsinn redest du da doch! sagen die Spiritualisten. Alles ist deutlich Geist, absolut sicher zu beweisen durch unsere spiritistischen Gespräche mit den Verstorbenen und noch deutlicher zu zeigen in photographierbaren Materialisationen. Gehorche doch deiner Sternenschrift, deinem Horoskop, jeden Tag im Fernsehen ausgestrahlt wie die Wettervorhersage. Natürlich nicht blindlings. Es gibt Kurse, um sehr schnell hellsehend zu werden. Wenn du Lebensschwierigkeiten hast, dann liegt das an deiner vorigen Inkarnation; nach einigen Sitzungen, Liegungen und etwas Hypnose kriegen wir das schon heraus. Nein, du bist sicher Geist! Also verbinde dich mit dem Allgeist, dem Kosmos! –

Es gibt heute unzählige okkult-kultusartige Veranstaltungen, die zu allerlei ekstatischen Zuständen führen, mit Hilfe von Lautsprechern, die Songs (das ist Anti-Gesang) und schwingende Musik so verunstaltet wie möglich übermitteln. «Swing» bedeutet mechanisch-metronomisches Schock-Gestampf, von formlosem Armgeflatter begleitet. Weihrauch und Kerzen nicht vergessen! Hat man das «Glück», geschickt zu sein im Hüfteschleudern und Bauchtanzen, gelingt das Einswerden mit dem Universum umso besser. Hochheilige Bibeltexte und Mantrams helfen dabei genau so wie eine große Auswahl an Drogen.

Und weiter gibt es noch eine nicht zu überbietende «Talententwicklung», die Zeit zu töten mit einem immer mehr die Scham ausradierenden Wortmißbrauch und schockierend betäubenden Demonstrationen. Noch ist man lautstark entsetzt, wenn Kinder leiblich mißbraucht werden; daß aber immer jüngere Kinder vor großem Publikum «showen», findet man entzückend. Von vielen Seiten wird schon gewarnt und die Diagnose richtig gestellt. Man fordert, die Erziehung gründlich zu verbessern, vor allem in den ärmsten Ländern. Aber gerade da kommt nun die ganze Tragik zum Vorschein. Millionen werden für Computer und Fernsehapparate ausgegeben, damit die Kinder so schnell wie möglich, so bequem wie möglich schreiben, lesen und rechnen lernen. Auf Superintelligenz-Maschinen – denn das sollen sie sein – baut man die größten Hoffungen. Babys werden schon aufrecht gehalten, damit sie mit ansehen können, «was das Leben zu bieten hat». Ich habe auch erwachsene Sterbende vor dem Fernsehapparat gesehen, der gerade ein nicht zu verpassendes Fußballspiel ausstrahlte.

Aber du vergißt die motorische Entwicklung, die verschiedenen Sportarten! Doch was wissen wir über Bewegungsformen? Bei der Darstellung des Eigenbewegungssinnes habe ich versucht, wenigstens ein bißchen Licht in die Sache zu bringen.

Bevor diese so «unschuldigen» Phänomene als äußerst giftig durchschaut werden und unter den vielen Schichten «Kultur» der gesunde Menschenverstand wieder zum Vorschein kommt, ist noch ein gewaltiger Geisteskampf zu bestehen. Rudolf Steiner nannte ihn den «Kampf Michaels mit dem Drachen»; auch in der Apokalypse des Johannes wird er dramatisch-prophetisch beschrieben. Überhaupt ist in der Bibel oft von den bösen Mächten die Rede; man denke da nur an die Versuchung im Paradies durch die Schlange, das Wirken Satans im *Buch Hiob*, die Versuchung Christi in der Wüste. Im Vaterunser erflehen wir die Erlösung von diesen Mächten. Und wie aktuell ist die kriminell-diskriminierende Macht des Mammons, des Geldes (vg. Mt 6,24 und Luk 16, 9-13)!

Die Sklaverei, die man längst abgeschafft glaubt, ist in neuer Form – als Sklaverei unter der Herrschaft des

Geldes – neu erstanden. In allen Religionen spielen die Dämonen eine wichtige Rolle, um das Wirklich-Göttliche ins Bewußtsein zu heben.

Wenn Sie sich mit anthroposophischer Literatur beschäftigen, werden sie bald auf die Namen Ahriman und Luzifer stoßen. Wer sind sie? Vorläufig genügt: Ahriman ist der zynische Geistverleugner, der absolute Materialist; und Luzifer ist der Geist des Hochmuts, der Selbstüberschätzung, der Illusionen.

Sie können sich einzeln, aber auch in vielerlei Arten des Zusammenwirkens und unter raffinierten Masken überall einschleichen. Ich habe in diesem Kurs schon viel davon durchschimmern lassen, vor allem im Kapitel über den Ichsinn und das historische Gewissen, ohne die Namen zu nennen.

Aber was möchte nun die Anthroposophie? Verbindungen suchen ist ein Urtrieb des Menschen. Daher klingt es wohl unmittelbar vertraut, wenn Rudolf Steiner sagt: «Anthroposophie ist ein Erkenntnisweg, der das Geistige im Menschenwesen zum Geistigen im Weltall führen möchte.»[34] Beim Ich-Sinn, beim Begegnunssinn geht es darum, die Fähigkeit zu entwickeln, in jedem Menschen – auch in sich selbst – das verborgene Göttliche zu schauen. So entsteht ein das ganze Leben durchpulsender Erfahrungs-Gottesdienst. Wohl gemerkt: das ganze Leben, also nicht nur am Sonntag oder an den Festen. Auch die Versuche am Labortisch sollten wie ein Zelebrieren erlebt werden; man würde dann auch zu viel geistigeren Versuchen greifen.

«Unser ganzes Leben ist Gottesdienst», sagt Novalis.

Dieser Erfahrungs-Gottesdienst sollte nicht an eine für immer festgelegte Einrichtung oder Organisation, an einen Glauben, ein Bekenntnis, an bestimmte Vorschriften gebunden sein, mögen die auch auf noch so alte Traditionen zurückgehen. Viele Menschen bedauern tief, daß es so viele fremd nebeneinander herlaufende Strömungen gibt. Sie sagen: Wir müssen tolerant sein, in allem steckt doch etwas Gutes, wir verbinden uns mit so vielem wie irgend möglich. – Das ist leider eine große Illusion. Denn es ist ja eine horizontale Verbindung. Man kommt erst dann dem Geiste näher, wenn man versucht, einander vertikal zu erheben. Das bedeutet, daß man streng kontrolliert, was jeder, natürlich auch man selbst, an Dogmatischem und Sektiererischem in sich hat. Rudolf Steiner führt einmal aus, daß es zwölf berechtigte Weltanschauungen gibt. Damit bezeugt er, daß Anthroposophie keine Weltanschauung ist, sondern die Möglichkeit bietet, genau zu wissen, von welcher Seite aus, unter welchem Aspekt wir eine Aussage machen. Meistens reden die Menschen deshalb aneinander vorbei, weil sie sich ihres Standpunktes nicht bewußt sind. Bei den zwölf Sinnen wissen wir sehr genau, welches Sinnesorgan wir gebrauchen. Kein Sinnesorgan würde sagen: Ich bin das einzig richtige Organ! Ebenso wie die verschiedenen religiösen Formen durch ihre Dogmen und Beschränkungen einseitig sind, so auch die absolut objektive Wissenschaft mit ihren Prämissen und Reduktionismen. Dies hindert jedoch nicht, die genialen und gewaltigen Errungenschaften dieser Wissenschaft mit größter Hochachtung und Dankbarkeit zu würdigen. Ob die Menschheit freilich stark genug sein wird, die großartigen Erfindungen, «das zweischneidige Schwert», zu beherrschen, steht auf einem anderen Blatt.

Vielfach werden Sie bei Rudolf Steiner auch das Wort finden: Anthroposophie ist eine Geisteswissenschaft – wobei der Nachdruck auf «Geist» liegt. Das wäre ohne Gottesdienst genauso wenig möglich wie trockenes Wasser. Sehr früh schon hat Rudolf Steiner darauf aufmerksam macht, daß unser Denken immer verbindet (religere, Religion), daß es Zusammenhänge geistig schaut: «Das Gewahrwerden der Idee in der Wirklichkeit» – der Welt der Erscheinungen – «ist die wahre Kommunion des Menschen.»[35] Das Denken, wenn es sich besinnt, ist also Gottesdienst; es steht «im Dienste der Weltauffassung».[36] Es zeigt, es offenbart das zuerst noch verborgene Göttliche in den Dingen. Es ist das Vermögen, sich mit dem heilenden Geist zu durchdringen. Und wer den Heiligen Geist auf unserer Mutter Erde ernsthaft sucht, kann ihn in seiner Offenbarung überall finden: Enthüllung des uns täglich geschenkten Lebens. Welche Verantwortung! Welche Verirrungen! Die Verirrungen und das gegenseitige Sich-Bekämpfen der verschiedenen Philosophen beruhen tatsächlich darauf, daß sie sich noch weitgehend ihrer Einseitigkeit nicht bewußt sind. Obwohl das Denken ein geistiges Vermögen ist oder weil es schon etwas Geistiges ist, kann und soll es sich weiterentwickeln, um höhere Welten zu erreichen. Grundlegend dafür ist das Buch *Wie erlangt man Erkenntnisse der höheren Welten?*[37] Nichts von Erdenflucht ist darin! Die höheren Welten sind nicht in einem Jenseits zu suchen. Rudolf Steiner versucht immer, unsere Liebe, unsere Andacht für das Kleine zu wekken und zu stärken. Als wir uns mit den zwölf Sinnesorganen beschäftigten, gingen wir diesen Weg vom Alltäglichen zu den in diesem Alltäglichen wirkenden geistigen Wesen.

Was man Anthroposophie nennt, hat als Grundlage die erstaunliche Fülle von Geistesschauungen, Geistesoffenbarungen Rudolf Steiners. Seine Schüler haben das weiterentwickelt, ausgearbeitet und durch Ergebnisse ihres eigenen Schauens bereichert. Sie werden schon gehört haben, daß das alles auch auf praktischen Gebieten ausgestaltet wurde und wird: in der Pädagogik, in der Heilkunst, Sprachgestaltung, Bühnenkunst, Bewegungskunst (Eurythmie), Architektur (das Erste Goetheanum in Dornach, an dem Rudolf Steiner noch selbst mitgearbeitet hatte, wurde in der Sylvesternacht 1922/23 durch Brandstiftung zerstört), in der Landwirtschaft mit ihrer Biologisch-Dynamischen Methode.

Einfacher spricht zu uns wahrscheinlich das Wort: Anthroposphie hat die Aufgabe, Wissenschaft, Kunst und Religion zu einer Einheit zu führen. Damit ist nicht gemeint, daß verschiedene Dinge zusammengeleimt oder miteinander verschmolzen werden, sondern daß sie zu einer höheren Gestalt gebracht werden. Nur in diesem allumfassenden, neu zu fassenden Sinne «ist die anthroposophische Bewegung nicht ein Erdendienst, sondern ein Gottesdienst, in ihrer Ganzheit mit all ihren Einzelheiten».[38]

Damit ist mit aller Deutlichkeit gesagt, daß Anthroposophie nicht etwas ist, das all dem, was schon da ist, nur noch hinzugefügt werden müßte. Sie ist keine neue Kirche, keine neue kultische Bewegung; sie ist auch nicht das Neueste und Beste. Es geht auch nicht um Moralpredigten, sondern um Geistsubstanz, um eine Leben und Liebe erweckende Kraft. Denn das Geistschauen wird zur Seelennahrung, verbindet das Geistes-Sonnenwesen mit unserem eigenen ewigen Sonnenwesen.

Ein helfendes Bild möge das folgende sein: Zwölf Religionen der Erde stehen in einem Kreis. Erst wenn Menschen einer Religion anfangen, statt den Splitter im Auge von Menschen einer anderen Religion zu sehen, den Balken im eigenen Auge zu spüren, ist die Möglichkeit geschaffen, sich und den anderen in einer höheren, gemeinsamen Region im Geiste zu schauen.

Wir müssen aber aufpassen, daß wir nicht alles in einen Topf werfen. Das Wort «Weg» hat drei Buchstaben. Der Weg selbst braucht mindestens drei Jahrhunderte. Die Propheten, die Heiligen und Märtyrer, ja auch viele «Ketzer» und Religionserneuerer können unsere bleibenden Vorbilder sein. Auch sollten wir nicht diejenigen aus unserem nächsten Bekanntenkreis vergessen, die – noch lebend oder schon in der geistigen Welt weiterschreitend – in keinen Geschichtsbüchern jemals auftauchen werden (wohl aber im ewigen Buch), uns aber teuer geworden sind, weil sie uns aus ideellen Regionen etwas Vorbildliches vorgelebt haben oder noch vorleben. Auch das ist Gottesdienst, ihre Impulse in Treue weiter zu verwirklichen.

Die Not der Menschheit ist unfaßbar groß. Und doch, es ist nicht nur in der Bibel zu lesen, daß Christus sagt: «Ich bin bei euch alle Tage bis an das Ende der Welt» (Mt 28,20). Paulus kam zum christlichen Bekenntnis nicht durch Lesen oder eine leibliche Begegnung; als «Frühgeburt» schaute und hörte er übersinnlich den auferstandenen Christus. Mit großem Nachdruck begann Rudolf Steiner 1910 darüber zu sprechen, daß das «Damaskus-Erleben des Paulus» in zunehmendem Maße bei Menschen unserer Zeit stattfinden werde: zuerst nur bei wenigen, in den kommenden Jahrtausenden bei immer mehr Menschen. Eine Heiligsprechung brauchen diese Begnadeten nicht. Heute schon ist das ein so verbreitetes Phänomen, daß es wissenschaftlich studiert wird. Nicht nur als Grenzgeschehen, als Nah-Todeserfahrung – die Berichte von George G. Ritchie und D. Brinkley sind weltbekannt geworden –, sondern auch bei vollbewußt wachen Menschen, unabhängig davon, ob sie gläubig waren oder nicht. Die Erfahrung dieses trostvollen, lichterfüllten Naheseins stellt sich immer in entscheidenden Situationen des Lebens ein. Ein einziges Mal in der Weltgeschichte war es möglich, Christus leiblich zu sehen und zu hören; möglich, denn viele haben ihn sehend nicht gesehen. Der Auferstandene wird sich niemals leiblich-irdisch zeigen (im Gegensatz zu den Bodhisattvas, den avatarischen Wesen). Die Menschen müssen sich selbst zu einer höheren Welt erkennend hinaufentwickeln. Rudolf Steiner nannte das den «umgekehrten Kultus». Ein Priester ist der Vermittler zwischen der Geistwelt, der höheren Welt, und der Gemeinde auf Erden. Die neue Zeit fordert, daß der armselige Mensch zur höheren Welt hinstrebt. Das ist nicht Überhebung, sondern Verantwortung, Rück-Antwort. Damit dies möglich wird, hat Rudolf Steiner die anthroposophische Bewegung inauguriert. Sie ist ein dreifaltiger Gottesdienst: Begegnung mit der wunderbaren Schöpfung, Begegnung mit unseren Mitmenschen in Brüderlichkeit, Begegnung mit den hierarchischen Wesen über uns, die uns behüten. Rudolf Steiner konnte das, weil er als sich opfernder Mensch aus der Geistesquelle des Auferstandenen schöpfte.

«Das Reich des Christus Jesus ist nicht von dieser Welt, aber es muß wirken in dieser Welt, und die Menschenseelen müssen die Werkzeuge des Reiches werden, das nicht von dieser Welt ist.»[39]

Eine wirkliche Emanzipation kann nur eine geistige sein, indem sie aus dem Geiste zum Geiste führt.

Michaeli 1997 *Albert Soesman*

Schematische Darstellungen

Gruppeneinteilung	*Die zwölf Sinne*	*Verwandte Tierkreiszeichen*
Physische Sinne	1 Tastsinn	♎ Waage
auf die eigene Leiblichkeit gerichtet	2 Lebenssinn (Konstitutionssinn)	♏ Skorpion
	3 Eigenbewegungssinn	♐ Schütze
	4 Gleichgewichtssinn	♑ Steinbock
Seelische Sinne	5 Geruchssinn	♒ Wassermann
Verhältnis Mensch – Welt	6 Geschmackssinn	♓ Fische
	7 Sehsinn	♍ Jungfrau
	8 Wärmesinn (Temperatursinn)	♌ Löwe
Geistige oder soziale Sinne	9 Gehörsinn	♋ Krebs
auf das Innere gerichtet / das Verborgene offenbarend	10 Wortsinn (Sprachsinn)	♊ Zwillinge
	11 Gedankensinn (Vorstellungssinn)	♉ Stier
	12 Ichsinn	♈ Widder

der zwölf Sinne

Wahrnehmungsbereiche	*Geistige Quellen*
Physischer Leib	...
Ätherleib / Lebensleib (Konstitution / Schmerz)	Geistesmensch
Astralleib (sich ausdrücken, sich anpassen)	Lebensgeist
Ich (gegenüber der Schwere)	Geistselbst
Physische Materie (unmittelbar; Instinkte)	Bewußtseinsseele (Willenscharakter) (Urteil gut / schlecht)
Äther- oder Lebensmaterie (Aufgelöstes, Flüssiges)	Verstandes- oder Gemütsseele (Gefühlscharakter) (Urteil gesund / ungesund)
Astrale Materie (Sonne, Licht)	Empfindungsseele (Denkcharakter) (Entscheidungsmöglichkeit)
Eigene (Ich-)Wärme (gegenüber der Umgebungswärme)	Astralleib (Interesse)
Physisches (harte Materie)	Engel (soziales Element)
Ätherisches (geistige Konstitution des anderen)	Erzengel
Astralisches (Innere Sonne, Wahrheit des anderen)	Christuswesen (Allgemeiner Menschengeist)
Ich (das Wesen des anderen)	...

Die zwölf Sinnesorgane als sechs Polaritäten

1	Tastsinn Begrenzung seiner selbst	12	Ichsinn Entgrenzung des anderen
2	Lebenssinn Aufbau / Abbau der eigenen Konstitution	11	Gedankensinn Wahrheit / Unwahrheit im Geist des anderen
3	Eigenbewegungssinn tätig sein / sich durch den Körper äußern	10	Wortsinn Tätigsein / Sich-Äußern des Geistes des andern
4	Gleichgewichtssinn Orientierung an der Schwerkraft (geschaffene Welt)	9	Gehörsinn Aufsteigen zum Geist der Materie (schaffende Macht)
5	Geruch Sich leer machen und füllen lassen (stofflich)	8	Wärmesinn Mit Interesse in die Welt strömen (unstofflich)
6	Geschmack Das Wägbare kontrollieren: das, was meinen Mikrokosmos bilden soll (nach innen gerichtet)	7	Sehsinn Das Unwägbare (Sonnen-/Lichtwirkung) im Makrokosmos erleben (nach außen gerichtet)

Die vier physischen Sinnesorgane stehen den vier geistigen Sinnesorganen gegenüber; die vier Seelensinnesorgane stehen sich zu je zwei gegenüber.

Setzen wir jetzt die Sinnesorgane auf den Kreis der Tierkreiszeichen, dann entsteht eine ganz bestimmte Konfiguration. Und die findet man wieder in einer Skizze, die Rudolf Steiner in ein Notizbüchlein machte (abgedruckt in *Beiträge zur Rudolf Steiner Gesamtausgabe 58/59*, Herbst 1977). Die Reihenfolge der Sinnesorgane ist dann nicht ein Kreis, sondern eine Lemniskate. Die folgende Seite zeigt eine Reproduktion und eine Ausarbeitung von Steiners Skizze.

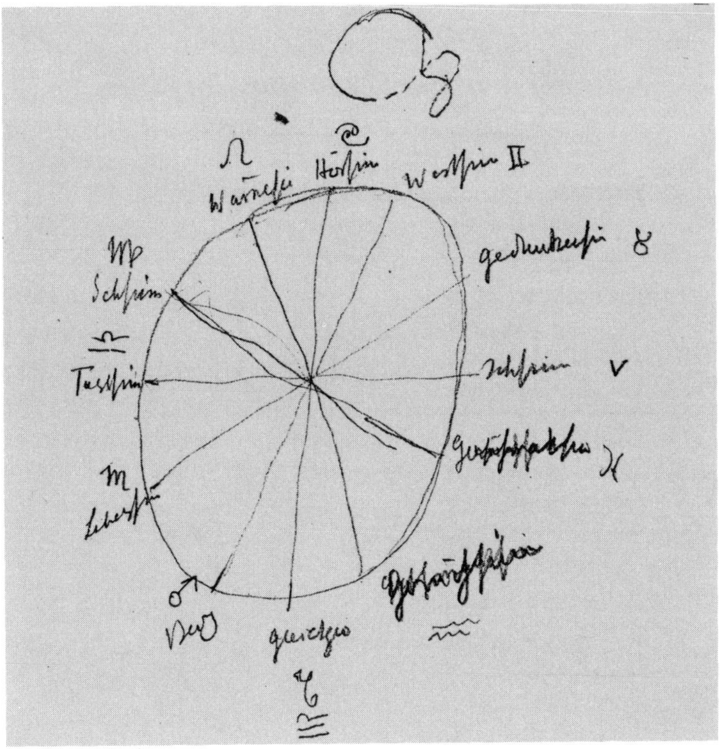

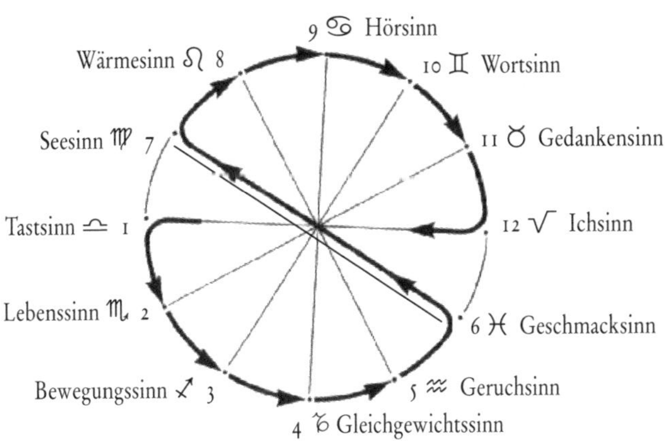
9 ♋ Hörsinn
Wärmesinn ♌ 8
10 ♊ Wortsinn
Seesinn ♍ 7
11 ♉ Gedankensinn
Tastsinn ♎ 1
12 √ Ichsinn
Lebenssinn ♏ 2
6 ♓ Geschmacksinn
Bewegungssinn ♐ 3
5 ♒ Geruchsinn
4 ♑ Gleichgewichtssinn

Die zwei Polaritäten bei den vier Seelensinnesorganen

SEHSINN
- Ende der Gehirnausstülpung (oben)
- unwägbar (Licht)
- Augen geöffnet

GESCHMACK
- Beginn der Verdauung (unten)
- wägbar (Nahrung)
- Mund geschlossen

GERUCHSINN
- sehr kleines Gebiet
- zentral tätig
- wägbar (Geruchstoff)
- die Luft einatmend

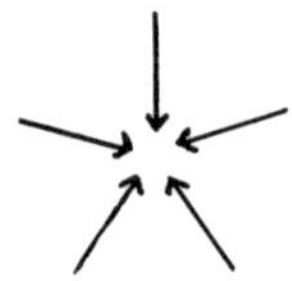

WÄRMESINN
- über die ganze Haut verbreitet
- peripher tätig
- unwägbar
- Interesse ausstrahlend

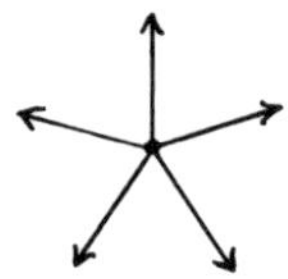

Der Gehörsinn als erstes geistiges (soziales) Sinnesorgan

Verinnerlichungsprozesse während des Veranlagens:
- aus dem Stoffwechsel-Gliedmaßengebiet (Kiefer) und dem Atemgebiet (Kiemenspalten)
- nach hinten
- nach innen
- still werdend
- bewegt werdend

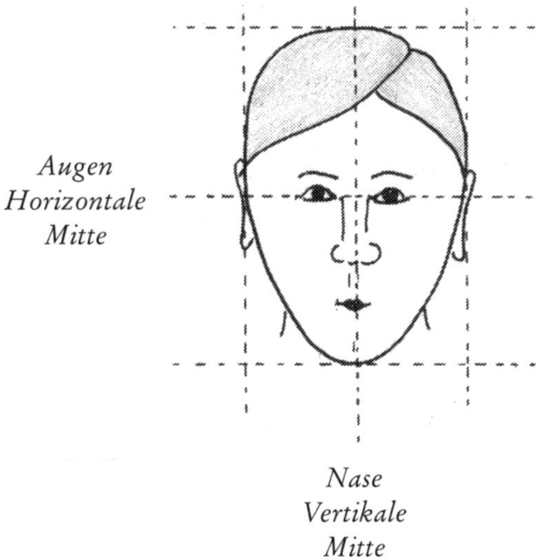

Versuch mit dem blinden Fleck

Halten Sie diese Buchseite auf Leseabstand und schauen dann mit Ihrem rechten Auge auf den linken Fleck (linkes Auge zuhalten), dann sehen Sie den rechten Fleck nicht mehr. Wenn Sie die Buchseite weiter von sich weg oder dichter heran halten, kommt der Fleck wieder zum Vorschein.

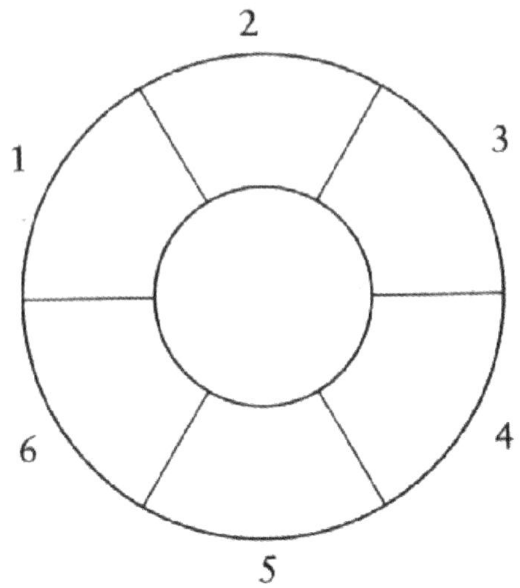

Die Farbe, die wir normalerweise Rot nennen, ist keine Primärfarbe. Der folgende einfache Versuch macht dies deutlich. Nehmen Sie Buntstifte oder Filzstifte mit den Primärfarben Purpur (Magenta, Dunkelrot, also nicht Rot oder Karminrot), Himmelblau (Zyanblau) und Gelb (Kanariengelb). Färben Sie dann im oben abgebildeten Kreis die Segmente 1, 2 und 3 purpur, die Segmente 3, 4 und 5 blau und die Segmente 5, 6 und 1 gelb. Als Resultat bekommen Sie die Sekundärfarben: 1 = Rot, 3 = Violett, 5 = Grün.

Anmerkungen

1 Rudolf Steiner, *Geistige Wirkenskräfte im Zusammenleben von alter und junger Generation,* Pädagogischer Jugendkurs, Rudolf Steiner Gesamtausgabe (GA) 217, Dornach 1988, Vortrag vom 3. Oktober 1922.

2 Rudolf Steiner, *Anthroposophie, Psychosophie, Pneumatosophie,* GA 115, Dornach 1980.

3 Rudolf Steiner, *Weltwesen und Ichheit,* GA 169, Dornach 1963.

4 Brief von Paulus an die Römer, 8:18-23.

5 Rudolf Steiner hat verschiedentlich auch auf sieben *Lebensprozesse* hingewiesen, auf Organprozesse, die mehr instinktive Gefühle hervorrufen. Ich werde hier auf die Unterschiede und das Zusammenwirken von Sinneserfahrung und den instinktiven Organgefühlen nicht näher eingehen; dazu bräuchte es ein Büchlein für sich. Vgl. aber zu dieser Frage Karl König, *Sinnesentwicklung und Leiberfahrung*, 4. Aufl. Stuttgart 1995. – Über die Lebensprozesse spricht Rudolf Steiner z. B. im Vortrag vom 12. August 1916; in: *Das Rätsel des Menschen. Die geistigen Hintergründe der menschlichen Geschichte*, GA 170, Dornach 1992.

6 Rudolf Steiner, *Weltwesen und Ichheit*, GA 169, Dornach 1963, Vortrag vom 20. Juni 1916.

7 Mündliche Mitteilung von Nora von Baditz an den Autor.

8 Rudolf Steiner, *Die Brücke zwischen der Weltgeistigkeit und dem Physischen des Menschen*, GA 202, Dornach 1993, Vortrag vom 26. November 1920.

9 Rudolf Steiner, *Grundelemente der Esoterik*, GA 93a, Dornach 1987, Vortrag vom 28. September 1905.

10 Rudolf Steiner, *Aus der Akasha-Chronik*, GA 11, Dornach 1986.

11 Plato beschreibt Atlantis in den Dialogen *Timaios* und *Kritias.*

12 Rudolf Steiner, *Mysterienstätten des Mittelalters,* GA 233a, Dornach 1991, Vorträge vom 11. und 12. Januar 1924.

13 Chakra, laut internationaler Transkription ‹cakra›; das ‹c› klingt wie ‹tch› in «Kettchen», es ist niemals als ‹sch› wie in «Schein» zu sprechen, die Schreibweise «Chakra» hat hier viel Verwirrung gestiftet. – Das Sanskritwort cakra bedeutet: Wagenrad, Kreis, Diskusscheibe.

14 Rudolf Steiner spricht sehr konkret über geistige Wesen, die als Gegenmächte in der menschlichen Entwicklung auftreten; siehe u. a. *Die Geheimwissenschaft im Umriß,* GA 13, Dornach 1989.

15 *Das Buch Tobias,* illustriert von Walther Roggenkamp, Stuttgart 1986.

16 Goethe beschreibt die Entstehung der Farben durch das Urphänomen von Licht und Finsternis in seiner Farbenlehre, Kapitel X, Dioptrische Farben §§ 145 – 177. Ausgabe mit Kommentaren Rudolf Steiners, Stuttgart ^{5}1992.

17 Ein Spiegel gibt ein Bild, das entsteht und vergeht, je nachdem, ob die dem Bild zugrunde liegende Wirklichkeit anwesend ist oder nicht. Wenn der Mensch nicht bei sich ist, ist das Auge wie ein leerer Spiegel, ausdruckslos. Bezeichnenderweise sind die Augen im Schlaf, wenn sich die Seele aus dem Leib herausgelöst hat, geschlossen.

18 Dieser Zusammenhang ist genial beschrieben von Karl Friedrich Burdach in seinem Buch *Vom Baue und Leben des Gehirns.*

19 Siehe Anm. 10.

20 Rudolf Steiner, *Welt, Erde und Mensch*, GA 105, Dornach 1983, Vorträge vom 11. und 12. August 1908.

21 Über die Epiphyse siehe Rudolf Steiner die unter Anm. 20 genannten Vorträge. – Siehe auch: Grete Bockholt, «Eine Gralsburg im Gehirn» in *Natura I,* S. 75.

22 Dante Alighieri, *Die Göttliche Komödie*. Inferno, 3. Gesang.
23 Rudolf Steiner, *Wahrspruchworte*, GA 40, Dornach 1991.
24 Christian Morgenstern, «Licht ist Liebe», aus: *Wir fanden einen Pfad*. – In seinem Buch *Die Geheimwissenschaft im Umriß*, GA 13, Dornach 1989, geht Rudolf Steiner ausführlich auf die Evolution von Erde und Mensch ein.
25 Siehe Rudolf Steiner, *Ursprungsimpulse der Geisteswissenschaft. Christliche Esoterik im Lichte neuer Geist-Erkenntnis*, GA 96, Dornach 1989, Vortrag vom 19. Oktober 1906.
26 Siehe Helmut Knauer, *Erdenantlitz und Erdenstoffe*, Dornach 1961.
27 A.C. Harwood in *The Golden Blade*, London 1953. «It was like listening to an air played on a number of successive instruments, though of course the transition was not abrupt but organic.»
28 Rudolf Steiner, *Anthroposophie, Psychosophie, Pneumatosophie.* GA 115, Dornach 1980, Vortrag vom 26. Oktober 1909.
29 Rudolf Steiner, *Allgemeine Menschenkunde als Grundlage der Pädagogik.* GA 293, Dornach 1992, Vortrag vom 29. August 1919.
30 Rudolf Steiner, *Anthroposophie als Kosmosophie - Zweiter Teil: Die Gestaltung des Menschen als Ergebnis kosmischer Wirkungen*. GA 208, Dornach 1992, Vortrag am 28. Oktober 1921.
31 Erstaunlich ist, wie selbständig beispielsweise Voltaire (1694 - 1778) darüber dachte. Er sagte: «Die Lehre von der Wiedergeburt ist weder unsinnig noch nutzlos ... Zweimal geboren werden ist nicht erstaunlicher als einmal. Alles in der Natur ersteht wieder.»
32 Rudolf Steiner, *Die Geheimwissenschaft im Umriß*, GA 13, Dornach 1989.
33 Das Lamm ist, wie auch das Tierkreiszeichen des Widders, ein Bild für den Ichsinn. – Zum Neuen Jerusalem siehe das letzte Kapitel der *Offenbarung des Johannes*: «Und ich sah einen neuen Himmel und eine neue Erde ...»
34 Rudolf Steiner, *Anthroposophische Leitsätze. Der Erkenntnis-*

weg der Anthroposophie – Das Michael-Mysterium, GA 26, Dornach 1989; Erster Leitsatz.

35 Rudolf Steiner in: J. W. Goethe, *Naturwissenschaftliche Schriften*. Mit Einleitungen und Erläuterungen im Text herausgegeben von Rudolf Steiner. Fotomechanischer Nachdruck nach der Erstauflage in «Deutsche National-Litteratur». Dornach 1982. Zweiter Band, S. IV.

36 «Das Denken im Dienste der Weltauffassung» ist der Titel des III. Kapitels von Rudolf Steiners *Die Philosophie der Freiheit. Grundzüge einer modernen Weltanschauung – Seelische Beobachtungsresultate nach naturwissenschaftlicher Methode.* GA 4, Dornach 1995.

37 Rudolf Steiner, *Wie erlangt man Erkenntnisse der höheren Welten?* GA 10, Dornach 1993.

38 Rudolf Steiner, *Die Weihnachtstagung zur Begründung der Allgemeinen Anthroposophischen Gesellschaft 1923/24*, GA 260, Dornach 1994. Vortrag vom 24. Dezember 1924.

39 Rudolf Steiner, *Bausteine zu einer Erkenntnis des Mysteriums von Golgatha*, GA 175, Dornach 1996, Vortrag vom 6. Februar 1917.